정조의
무치

허태구

서울대학교 국사학과를 졸업하고, 같은 대학교 대학원에서 석사 및 박사학위를 받았다. 서울대학교, 국민대학교, 경인교육대학교, 동덕여자대학교 등에 출강하였다. 서울대학교 규장각한국학연구원 선임연구원과 학예연구사를 거쳐 현재 가톨릭대학교 국사학과 부교수로 재직 중이다. 주로 중화주의(中華主義)와 연관된 조선 후기 정치사, 군사사, 외교사, 사상사 분야를 연구하고 있다. 주요 논저로 〈중봉 조헌의 중국과 중화〉, 〈병자호란 이전 조선의 군사력 강화 시도와 그 한계〉, 〈《인조교서》와 척화의 시대〉, 〈최명길의 주화론과 대명의리〉, 《병자호란과 예(禮), 그리고 중화(中華)》, 《조선의 국가의례, 오례》(공저) 등이 있다.

이 저서는 2015년 대한민국 교육부와 한국학중앙연구원(한국학진흥사업단)의 한국학총서 사업 지원을 받아 수행된 연구임(AKS-2015-KSS-1230005).

정조학 총서2

정조의 무치

문무를 갖춘 완전한 나라를 꿈꾸다

허태구 지음

Humanist

총론

'정조학 총서'를 펴내며

수년에 걸친 노력이 드디어 정조학 총서 4권으로 결실을 맺었다. '정조의 문(文)·무(武)·예(禮)·법(法)'이라는 주제의 학술서를 네 명의 연구자가 동시에 간행하는 일은 생각보다 쉽지 않았다. 뜻하지 않은 역병까지 겹쳐 세상이 어수선했음에도 묵묵히 연구를 수행하고 원고를 집필하여 마침내 그 결과를 세상에 선보일 수 있게 되어 너무 기쁘다. 동시에 학계의 엄중한 평가를 통과해야 하니 걱정이 뒤따른다. 실로 기대 반 우려 반의 심정이다.

총서를 함께 펴낸 네 명의 연구자는 서울대학교의 선후배들로, 알고 지낸 햇수를 따지면 수십 년이 훌쩍 넘지만 자신만의 연구 주제로 조선시대를 탐구하느라 각자의 길을 가고 있었다. 네 명이 오랜만에 함께 모여 무언가를 도모하고자, 그것도 책을 함께 써보자고 계획한 것은 6년 전쯤의 일이었다. 한국학중앙연구원의 한국학총서 지원 사업을 빌미로, 조선시대의 모순이 가장 첨예했던 18세기 후반의 시대상을 함께 연구하기로 마음먹은 것이다. 돌이켜보면 무모했지만 막상 모여서 계획을 세울 당시에는 어떻게든 잘되리라고 낙관했다. 매번 그렇게 연구를 시작하고 또 그 덕분에 치러야 할 대가 역시 녹록지 않지만 말이다.

사실 오늘날에는 18세기 후반 정조의 시대를 조선의 르네상스라고 부르는 데 익숙하다. 하지만 정작 정조 본인은 당시를 '폐단으로 곪아 터지기 직전'의 말세로 파악했다. 위기를 느꼈던 만큼 정조는 구습(舊習)을 개혁하려는 강한 의지를 품었고, 또 그러했기에 자신의 시대를 돌파하려고 다방면에 초인적인 노력을 기울였다.

군사(君師)를 자처할 만큼 학문적으로나 정치적으로 뛰어났던 정조, 그리고 그 이름에 걸맞게 정력적으로 사업을 펼쳤던 정조라는 인물, 그를 '당시의 역사적 맥락(context)'에서 읽어내야 한다는 데 기본적으로 네 명의 연구자가 동의했다. 그동안 조선의 18세기는 주로 근대주의의 시야에서 설명되어왔다. 자본주의 맹아의 흔적을 찾아 토지대장을 정리하거나 성리학의 시대를 종결하고 새로운 시대를 이끌 만한 '실학'을 찾아내었다. 때맞춰 정조는 근대 국가의 여명을 준비하는 계몽군주로 묘사되곤 했다. 그러나 당대의 사료가 보여주는 정조는 실학의 시대를 열거나 근대의 계몽군주를 자처하기보다 철저하게 '부정학(扶正學)'을 추구했다. 확실히 정조는 진실한 성리학의 신도였다. 이를 어떻게 이해할 것인가? 근대주의의 프레임 안에서 조선의 성리학은 허학(虛學)과 동의어였을 뿐 아니라 청산되어야 할 과거의 유산으로 각인되었다. 부정학을 외친 정조에게 그 어떤 진취성이나 혁신을 기대할 수 없었기에, 성리학자보다는 개혁 군주의 이미지로 애써 묘사해왔던 것은 아닐까?

의도하던 의도하지 않았던 그동안 간과되어온 역사적 사실들의 의미를 간과하지 않으려는 의지야말로 연구의 첫 출발점이었다. 네 명의 집필진은 정조와 그의 말들(텍스트)을 철저하게 18세기 후반의 조선이라는 '특정한 시간과 장소에서 발화된 특수한 조건의 산물'로 해석하고 의미를 발견하고자 했다. 남겨진 말과 글은 이미 그 자체로 어떤 맥락적 의미를 함축하거나 해석을 요구한다. 기왕의 편견으로부터 시야를 돌려 정조의 말을 당대의 맥락에서 명확히 이해할수록, 정조를 현재의 목적론에 가두거나 과거의 골동품으로 내버려두지 않고 현재에 되살릴 수 있다고 보았다.

네 사람은 각각 조금 더 잘할 수 있는 분야를 택해 문학〔文〕과 군사〔武〕 그리고 교화〔禮〕와 법치〔法〕로 나누어, 정조의 생각(텍스트)을 특정한 역사적 문맥(컨텍스트)에서 읽어냈다. 정확한 의미를 독해하고 이것들을 한데 모으면 정조와 그의 시대를 편견 없이 그려낼 수 있으리라 기대했다. 아울러 정조와 그의 시대를 관통하는 역사적 조건 가운데 정학(正學), 즉 성리학을 그 중심에 놓아야 한다는 데 네 명 모두 이견이 없었다. 이는 기왕의 해석들과 달리 정조를 역사적으로 정초할 수 있는 방법론적 토대가 되었다.

정조를 당대의 맥락에서 이해하고 부정학의 의지를 정조 독해의 중심에 놓은 후에, 네 명의 연구자들은 각각 서로의 개성을 살려 글을 완성해나갔다. 백승호는 '성리학적 세계관의 구현'을 향한 정조의 문학론을, 허태구는 '문무겸전(文武兼全)'을 기초로 한 외교국방론을, 김지영은 '수신제가에서 치국평천하'에 이르는 예교론을, 김호는 '무위이치(無爲而治)의 형정론'을 화두 삼아 각자 정조와 그의 시대를 탐색했다.

막상 결과를 내놓고 보니 자연스럽게 동의하는 바와 서로 생각이 다른 부분들을 확인할 수 있었다. 생각이 같다가도 갈라지고 갈라지다가도 수렴되었지만, 이번 정조학 총서를 통해 '정조와 그의 시대'를 확실히 역사적으로 바라볼 수 있게 되었다고 자부한다. 책을 완성하자마자, 네 명이 한결같이 '정조 이후'를 연구해보자고 제안했다. 조만간 또 한 번의 무모한 계획이 세워질 듯하다.

2020년 11월

정조학 총서 필진을 대표하여

김호

책을 펴내며

이 책은 정조대의 군사적 기획과 성취를 당대 사회의 제반 환경 속에서 종합적으로 검토하려는 시도로 기획되었다. 정조대를 근대적 개혁이 좌초된 시대로 재조명하려는 연구는, 정조를 정학(正學) 수호의 군주로 바라본 연구와는 큰 차이가 있다. 전자의 연구 시각은 필연적으로 정조대와 그 이후를 단절적으로 이해할 수밖에 없다. 정조와 그의 시대를 바라보는 필자의 입장은 대체로 후자에 가까우며, 정조가 의도적으로 근대적 개혁을 시도했다고는 보지 않는다.

책의 제목에서도 짐작할 수 있듯이, 필자는 정조대의 주요 군사적 이슈인 장용영 신설, 화성 축조, 군제 개편 시도, 병서 편찬 등과 관련된 성과와 한계를 균형 잡힌 시각으로 살펴보고자 하였다. 아울러 이러한 문제를 둘러싼 정조의 대외 인식과 문·무 인식을 함께 고찰해보고 그 함의를 구명(究明)하였다. 특히 정조대 대보단 제례와 '진하외교(進賀外交)'의 공존처럼 안과 밖이 다른 현상을 새로운 틀로 설명해보고자 하였다. 이로써 서구 근대를 척도로 하여 평가받았던 정조대 군사사 분야의 성과를 당대 사회의 지성사적 맥락에서 설명하고자 하였다.

무(武)라는 프리즘을 통해 바라본 정조는 문무병용 또는 문무합일의 도를 추구한 이상적 유교군주, 즉 그가 자임한 군사(君師)의 모델에 가까웠다. 군사 분야를 포함한 그의 전방위적 개혁은 철인 군주 정조가 자신의 의무를 철저하게 자각하고 이행한 결과물이었다. 이일분수(理一分殊)와 천리(天理)라는 성리학적 세계관을 지닌 국왕 정조는 분야를 가리지 않고 고제(古制) 또는 고례(古禮)의 복구에 힘썼다. 그의 치세 동안 조선의 외교·안보적 리스크는 안정적으로 관리되었으며, 국방력 강화의 시급한 필요성 또한 존재하지 않았다. 무에 관한 정조의 개혁 조치는 국방력의 비약적 증대보다는 문란한 제도를 통일하거나 정리하는 데 방점이 있었다. 정조에게 문·무·예·법은 하나의 이(理)로 통합된 세계였으며, 통치자로서 어느 것 하나 소홀히 할 수 없는 분야였다. 만능 군주 정조의 진면목은 바로 이러한 점에 기인한 것이다.

위와 같이 이 책의 문제의식과 연구 결과를 정리하였으나, 엉성한 논증과 설익은 해석만 난무한 것 같아 부끄러울 따름이다. 낯선 시대와 사료를 접하며 도망가고 싶은 마음이 굴뚝같았지만, 아무리 형편없는 연구라 할지라도 반면교사의 역할은 할 수 있지 않을까 하는 마음에 꾹 참고 원고를 마무리하였다. 관련 연구자의 질정과 혜량을 널리 구하는 바이다.

몇 쪽 보지 않아도 알겠지만, 이 책의 성과는 여러 선학과 동학의 공들인 연구에 많은 부분을 기대고 있다. 일일이 거론하지 못해 죄송하지만, 몇 분의 성함만은 꼭 언급하고 싶다. 필자는 은사이신 이태진 선생님의 《한국군제사》 연구를 정독하며 정조대 정치·군사 분야의 거시적 흐름을 잡을 수 있었다. 이 책은 선친과의 인연으로 이 선생님께서 공동 저자로 참여한 프로젝트의 결과물이라 더욱 감회가 남달랐다. 노영구 선배님의 정조대 군제·병서 연구 역시 필자가 먼 길을 돌아가지 않고 중요한 사실을 파악할 수 있게 해주었다. 노 선배님은 필자가 군사사 연구의 끈을 놓지 않도록 석사과정 때부터 격려해주신 고마운 분이다. 정조학 총서의 출간을 함께하며 동고동락한 김호, 김지영, 백승호 선생님께도 감사의 말씀을 드리고 싶다. 특히 김호 선배님은 학부 시절부터 진지하고 열정적인 자세로 연구자로서의 모범을 보여주었다. 그의 권유로 이 무모한 작업에 뛰어들겠다는 오만과 용기를 가지게 되었다.

한국학중앙연구원의 지원이 없었더라면 필자의 변변찮은 글이 책으로 출간되는 영광을 누리지 못했을 것이다. 휴머니스트 편집부의 도움으로 문장과 표현의 수많은 오류를 교정하였다. 항상 필자를 응원하고 믿어주는 가족·친지들에게도 다시 한 번 감사의 마음을 전한다. 구순을 넘긴 어머니의 건강과 편찮으신 장인어른의 쾌유를 기원하며 글을 마친다.

2020년 11월

성심교정에서

허태구

차례

머리말

정조의 군사적 기획과 당대 사회

문제 제기

조선 22대 국왕 정조는 할아버지 영조와 함께 조선 후기의 중흥을 이끈 개혁군주로 널리 알려져 있다. 그는 규장각을 개설하고 초계문신(抄啓文臣)과 검서관(檢書官) 제도를 도입함으로써 조선 후기 문치(文治)의 극성기를 이룬 '숭문호학(崇文好學)'의 군주로 유명하다. 아울러 무치(武治)의 측면(군사 분야)에서도 그에 못지않은 업적과 성과를 쌓았다.

그러나 정조 사후 채 80년도 지나지 않아 발생한 병인양요(1866)와 신미양요(1871)의 무기력한 패배는 우리를 당혹케 하기에 충분하다. 핵심 전력 중 하나인 조총병(鳥銃兵)의 주력이 정규군이 아닌 민간의 산행포수(山行砲手)였다는 사실[1]은 당대 조선의 군사 시스템에 심각한 의문을 갖게 한다. 두 차례에 걸친 양요의 패배가 대원군의 적극

1) 이희근, 2016, 《산척, 조선의 사냥꾼》, 따비, 169~224쪽.

적 군비 지원이 집중된 강화도의 견고한 진지에서 발생했다는 점은 더욱 충격적이다. 고종대 군사적 실패의 원인에 대한 통설은 세도정치의 문란과 이에 따른 재정 악화이지만,[2] 과연 이러한 현상을 정권 차원 또는 몇 가지 정책의 시행 여부에서만 찾아야 하는지에 대해서는 회의적이다. 한편 군사사 분야에서뿐만 아니라 한국사 전체에서 영·정조대와 세도정치기 이후 시기가 단절적으로 이해되어왔다는 사실 역시 부인하기 어렵다.[3]

그런데 여기에서 상기해야 할 점은, 바로 군사사 서술의 척도가 되었던 서구 근대의 군사적 발전 경로를 볼 때 정책 담당자의 결정은 변화의 한 가지 요인에 불과하다는 사실이다. 다시 말해, 서구 근대의 비약적 군사력 증강은 당대의 정치, 경제, 사회, 외교, 종교, 사상, 문화를 전반적으로 아우르는 복합적 상호 작용의 결과였다.[4] 예를 들어 어떤 능력 있는 아이가 태어났을 때 이 아이가 성장하여 무사(武士)가 되기를 바라는 사회와 문사(文士)가 되기를 바라는 사회는 군사적 저변의 측면에서 볼 때 매우 다른 조건과 환경을 갖고 있는 것이다. 이러한 환경과 조건은 종교, 사상 등을 기반으로 하는 집단 심성에서 비롯하였을 수도 있고, 그 사회의 역사적 경험과 전통 등에서 기인할 수도 있다. 나아가 당대의 정치·외교적 환경에 의해서도 영향받을 수 있다. 대개 이러한 구조적 제약과 조건은 몇몇 정치가의 능력과 정책으로 단기간에 극복하기 어려운 것이었다. 최근 국내에 번역된 두 권

---

2) 이병주, 1977, 〈19세기 후반의 정정(政情)과 군비(軍備)-개화기 군제 강화의 배경〉, 《한국군제사-근세 조선 후기편》, 육군사관학교 한국군사연구실 편, 육군본부, 237~261쪽.

3) 단절적 이해의 문제점에 대해서는 오수창, 1991, 〈세도정치를 다시 본다〉, 《역사비평》 12, 역사비평사 참조.

4) 이러한 관점의 대표적 연구로는 마이클 하워드, 안두환 역, 2015, 《유럽사 속의 전쟁》, 글항아리 참조.

의 책은 근대 이후 동·서양 군사력 격차의 발생 원인을 집권 세력의 우열보다 역사적 경로의 상이함, 정치·경제·지리·사회·문화적 환경의 차이 등 구조적 요인에 더 주목하여 설명한다.[5]

한국 군사사에서 정조대와 고종대 사이의 극적 차이와 간극은, 조선 후기의 군사적 발전과 변화를 서구의 기준이 아니라 당대의 맥락에서 다시 살펴볼 필요가 있음을 우리에게 알려준다. 좀 더 구체적으로 말하자면, 조선 후기 군사 분야의 여러 성취와 한계를 전체 사회구조와의 관계 속에서 새롭게 독해할 필요가 있다는 것이다. 이러한 관점에서 본다면, 성취의 정점이자 단절의 시초가 되는 정조대 군사사는 매우 중요한 연결고리이자 실마리가 된다.

'부국강병'이란 사자성어에서도 잘 드러나듯이, 국방력 강화를 위한 군비 확충은 대개 당대 사회의 한정적 자원(병력 등의 인적 자원, 군량 등의 경제적 자원)을 비생산적 국방 활동에 집중시키는 형태로 수행된다. 더구나 사회 전체의 생산력이 획기적으로 증가하거나 대내외 교역으로 인한 재부가 눈에 띄게 늘어나지 않는 상황에서 군비를 급속하게 확충할 경우, 필연적으로 증세나 노동력 징발 등 민간의 각종 부담을 가중시킬 수밖에 없다. 결국 군비 확장의 수준은 정책 담당자가 국내외 안보 상황을 얼마나 실체적이고 시급하게 인식하느냐의 정도에 따라 달라질 것이다. 물론 이 결정 역시 앞에서 누누이 강조하였듯이 당대 사회의 여러 환경과 조건에 따라 조정될 것이다.

본 연구는 정조대의 군사적 기획과 성취를 당대의 제반 환경 속에서 종합적으로 재검토하고자 하는 시도이다. 먼저 정조가 당면한 외

---

5) 필립 T. 호프먼, 이재만 역, 2016,《정복의 조건-유럽은 어떻게 세계 패권을 손에 넣었는가》, 책과함께; 아자 가트, 오숙은·이재만 역, 2017,《문명과 전쟁》, 교유서가.

교·안보적 위협의 수준이 어느 정도였는지, 그는 이것을 얼마나 절박하게 인식하고 있었는지 살펴보고자 한다. 왜냐하면 이에 대한 인식이 그가 조선 사회의 한정된 자원을 군사 분야에 투입하는 데 중요한 결정 근거로 작용했다고 생각하기 때문이다. 아울러 이러한 정조대 군사·외교 정책의 인식론적 배경과 연관되는 대명의리(對明義理) 또는 존주론(尊周論)적 심성에 대해서도 살펴보겠다.

이를 토대로 정조대에 이루어진 군사 분야의 성취를 당대 사회의 구조와 맥락 속에서 재독해하고자 한다. 이러한 시도는 서구 근대라는 기준에 의거하여 평가되어온 조선 후기의 군사사를 좀 더 풍성하고 다양하게 이해할 수 있는 계기가 되리라 기대한다. 마지막으로 국왕 정조가 문(文)과 무(武)의 대립적이면서도 상호보완적인 실체를 어떻게 인식하고 조정하려 했는지 살펴보겠다. 이를 통해 당대 사회(특히 사상, 문화, 심성 등의 요소)와 다소 분리된 채 고찰되었던 정조대 군사사 연구의 한계를 극복해보고자 한다.

연구 동향 검토

정조대 조선 외교의 주요 파트너는 북쪽의 청과 남쪽의 일본이었다. 정조대 대청 외교와 대외 인식에 대해서는, 청의 패권이 강고해져 조선에 대한 강압적 태도가 완화되고 조선 사대부가 청의 번영과 실상에 눈뜨게 되면서 이전 시기보다 훨씬 유화적이고 안정적 기조를 유지하였다는 것이 통설이다.[6] 이와 관련해서 영·정조대의 연행(燕行) 및 북학(北學)을 다룬 연구가 셀 수 없이 많이 축적되었지만, 정작 정조대 대청 외교의 거시적 흐름과 정조의 외교 노선 등을 종합적으로

검토한 연구는 많지 않았다.7)

그러나 최근 정조대 '진하외교(進賀外交)'와 관련한 일련의 연구 성과는 그동안 포착하지 못한 이 시기 대청 외교의 특징을 보여준다는 점에서 그 의미가 작지 않다.8) 정조대 진하사은사행(進賀謝恩使行)을 집중 분석한 구범진은 이 시기 양국의 사행이 정조의 전례 없는 성의와 건륭제의 파격적 우대 속에서 상호 교환되었고, 이것이 누적되면서 양국 관계가 확실히 우호적으로 바뀌었을 뿐 아니라 특히 조선 사신의 접대 의례에 반영되었다고 주장하였다. 그러나 이 연구가 대부분 청대사에 관심 있는 연구자에 의해 수행되었기 때문에 소위 '진하외교'를 촉발한 정조의 외교 노선과 대외 인식에 대해서는 큰 관심이 기울여지지 않았다. 다시 말해 전례 없는 우호적 교류라는 현상은 잘 설명하였지만, 이러한 현상을 이 시기에 일어나게 만든 조선 측의 동인에 대한 상세한 설명은 부족한 편이다. 이와 관련하여 선행 연구는 주로 동일 사안과 연관된 조선 측과 청 측의 자료를 선별하여 대조·검토하는 방법론을 사용하였기 때문에, 여기에 부합하지 않아 검토에서 누락시킨 조선 측의 대외 관계 사료가 많이 보인다. 이런 자료들을 활용한다면 이 시기 양국 관계의 특징에 또 다른 방법으로 접근

---

6) 김한규, 1999, 《한중관계사》Ⅱ, 아르케, 725쪽; 김문식, 2001, 〈조선 후기 지식인의 자아 인식과 타자 인식-대청 교섭을 중심으로〉, 《대동문화연구》 39, 성균관대학교 대동문화연구원, 430~435쪽.

7) 최소자, 2005, 〈건륭 시기(1736~1795)-청·조 관계의 완성〉, 《청과 조선-근세 동아시아의 상호 인식》, 혜안; 노대환, 2018, 〈18~19세기 조선의 대청 외교〉, 《한국의 대외 관계와 외교사-조선편》, 동북아역사재단 한국외교사편찬위원회 편, 동북아역사재단.

8) 구범진, 2013, 〈조선의 건륭 칠순 진하특사와 《열하일기》〉, 《인문논총》 70, 서울대학교 인문학연구원; 구범진, 2014, 〈조선의 청 황제 성절 축하와 건륭 칠순 '진하외교'〉, 《한국문화》 68, 서울대학교 규장각한국학연구원; 구범진, 2017, 〈1780년대 청조의 조선 사신에 대한 접대의 변화〉, 《명청사연구》 48, 명청사학회; 김창수, 2019, 〈건륭 연간 외교 공간의 확장과 조선 사신의 교류-조선·청 지식 교류의 기반에 관하여〉, 《한국학논총》 51, 국민대학교 한국학연구소; 손성욱, 2018, 〈청 조공국 사신 의례의 형성과 변화〉, 《동양사학연구》 143, 동양사학회 등.

해볼 수 있으리라 생각한다.

정조대 대일 관계는 1763년 계미사행(癸未使行)이 이루어진 영조대와 역지통신(易地通信)[9] 교섭이 타결된 순조대에 비해 관련 연구가 거의 없는 상태이다. 다시 말해 이 시기의 대일 관계와 인식을 전론(專論)으로 다룬 논저가 희귀하다. 이것은 연구자의 관심 부족 때문이라기보다 사료 자체의 부족에서 기인한 바가 크다. 정조대의 대청 관계가 외교적 현안은 없었지만 수차례 사행이 오고 가면서 《열하일기(熱河日記)》와 같은 유명한 연행 기록을 남겼음에 비해, 대일 관계의 경우 외교 현안이 없었을 뿐만 아니라 통신사의 파견 자체가 일본 측 요청에 따라 아예 이루어지지 않았다. 따라서 《정조실록》에는 대일 외교 관련 기사가 거의 없고, 《동사록(東槎錄)》 류의 사행 기록도 존재하지 않는다.

역지통신 요구가 정조대 말엽 일본 측으로부터 나왔기 때문에 이와 관련된 정조의 발언이 《일성록》에 단편적으로 실려 있다. 이와 관련하여 순조대 역지통신의 전사(前史)로 정조대 대일 교섭과 정조의 입장을 분석한 연구가 있다.[10] 당대 실학자들의 일본 인식은 하우봉의 연구로 그 실체가 밝혀지기 시작하였다.[11] 이상의 연구 성과를 토대로 정조대 대일 외교의 추이와 대일 인식의 특징을 간략히 정리하고자 한다.

정조대 외교 인식과 실상에 관한 검토는 궁극적으로 '정조와 조정

---

9) 에도(江戶)가 아닌 대마도(對馬島)에서 조·일 양국의 국서를 교환하고 통신사를 접대하는 의례.

10) 미야케 히데토시(三宅英利), 손승철 역, 1990, 《근세 한일관계사 연구》, 이론과실천, 405~416쪽; 이와카타 히사히코(岩方久彦), 2015, 〈정조대 대마도 역지통신 교섭과 '에도 통신(江戶通信)' 연구〉, 《한일관계사연구》 52, 한일관계사학회; 이와카타 히사히코, 2017, 〈통신사 연기와 대마도 역지통신 교섭〉, 《19세기 조선의 대일 역지통신 연구》, 경인문화사.

11) 하우봉, 1989, 《조선 후기 실학자의 일본관 연구》, 일지사.

신료들이 잠재적 적국인 청과 일본의 군사력을 어떻게 평가하고 그들의 안보적 위협을 어떻게 보았는가.'라는 문제에 대한 해명을 목표로 한다. 당대인들이 자국의 국방력을 어느 수준으로 강화할 것인가를 판단할 때, 바로 이 문제가 중요한 기준으로 작용하였을 것으로 짐작되기 때문이다. 이 사안은 한정된 국가의 재원을 어디에 어떻게 배분할 것인가라는 문제와도 연동된다.

조선 후기 대외 인식과 외교 활동의 배경이 되는 당대인의 세계관은 대명의리 또는 존주론의 심성과 깊게 연관되어 있다. 대명의리란 명이 위급할 때나 심지어 명이 멸망한 이후에도 명에 대한 사대를 의리로 간주하고 지켜야 한다는 조선 지식인의 이념이다.[12] 통설에 따르면 조선 지식인의 소중화주의(小中華主義)와 긴밀하게 연관되어 있던 재조지은(再造之恩)·척화(斥和)·대명의리 등의 의식은 1637년 삼전도(三田渡) 항례(降禮) 이후 북벌론·존주론으로 표출되다가, 1644년 청의 입관(入關) 이후 명의 재기 가능성이 점차 사라지자 '조선만이 중화 문물을 담지한 유일한 명의 후계 국가'라는 자존의식으로 귀결되었다고 한다. 이로써 이른바 조선중화주의(朝鮮中華主義)가 성립되었

---

12) 대명의리론(對明義理論)은 조선 후기 사료에 흔히 보이는 '명에 대한 의리를 지켜야 한다.'는 류의 주장을 지칭하는 근대 학자의 조어이다. 학자에 따라 '대명의리론(大明義理論)'이라고도 표기한다. 조선 후기 대명의리론의 전개에 대해서는 유봉학, 1988, 〈18~19세기 대명의리론(大明義理論)과 대청 의식의 추이〉, 《한신논문집》 5, 한신대학교; 이태진, 1994, 〈조선 후기 대명의리론(對明義理論)의 변천〉, 《아시아문화》 10, 한림대학교 아시아문화연구소; 노대환, 2003, 〈숙종·영조대 대명의리론(對明義理論)의 정치·사회적 기능〉, 《한국문화》 32, 서울대학교 규장각한국학연구원; 정옥자, 1998, 《조선 후기 조선중화사상 연구》, 일지사, 100~116쪽; 우경섭, 2013, 《조선중화주의의 성립과 동아시아》, 유니스토리; 배우성, 2014, 《조선과 중화-조선이 꿈꾸고 상상한 세계와 문명》, 돌베개 등 참조.
흔히 대명의리론을 1644년 명의 멸망 이후 형성된 것으로 보아 북벌론과 맞물려 제기된 것으로 이해한다. 그러나 당대인들이 명에 대한 사대의 명분 또는 의리를 고수하기 위해 척화론을 주장하였다는 점을 감안하면, 대명의리론의 개념과 범주는 좀 더 확장되어야 한다. 후금(청)과의 화친에 반대한 척화론의 동기가 명에 대한 의리를 지키기 위한 것이었기 때문이다. 따라서 필자는 척화론 또한 대명의리론에 포섭되는 개념이라고 생각한다.

으며, 조선 후기 조선의 고유색을 강조한 진경문화(眞景文化)나 영·정조대의 문화 부흥은 이를 배경으로 한 것이라고 흔히 설명된다.

조선중화주의에 대해 학계는 긍정·부정의 상반된 평가를 내리고 있지만,[13] 어느 쪽이든 이것이 조선 후기 정치·외교·사회·사상·문화를 지배했던 이데올로기였다는 점은 부정하지 않는다. 정조는 바로 이러한 당대의 인식론적 자장 안에서 《존주휘편(尊周彙編)》의 편찬, 대보단(大報壇) 의례의 준행, 대명의리 순절인의 포상, 대명유민(大明遺民) 우대 정책 등을 시행하였다.

근대 역사학 도입 이후, 조선 후기 성리학과 중화주의는 망국의 근원으로 지목되어 신채호와 같은 한국의 민족주의 역사가나 일본의 식민주의 사학자 양면으로부터 타기(唾棄)와 극복의 대상으로 비난받았다. 조선중화주의 학설은 이러한 흐름에서 벗어나 근대 지향적이고 단선론적인 조선 후기의 역사 해석을 수정할 계기를 열었다는 긍정적 평가를 받았다. 그러나 조선의 고유성을 지나치게 강조하거나 이러한 사조를 은연 중에 근대 민족주의의 기원으로 설정하고자 한 시도에 대해서는 실체와 어긋난 명명(命名)이었다는 비판이 제기되기도 하였다.[14]

나아가 조선중화주의는 정체성의 근원을 조선이 아니라 명에 둔 의존적 성격의 것이었으며 명·청 교체 이후에도 국내 군신(君臣) 질서를 강화하기 위한 용도로 기능하였기 때문에, 조선을 끝내 세계사적 조류에 편승하지 못한 고립된 국가로 만든 근원에 불과했다는 좀

13) 우경섭, 2012, 〈조선중화주의에 대한 학설사적 검토〉, 《한국사연구》 159, 한국사연구회; 계승범, 2012, 〈조선 후기 중화주의와 그 해석 문제〉, 《한국사연구》 159, 한국사연구회; 김영민, 2013, 〈조선중화주의의 재검토-이론적 접근〉, 《한국사연구》 162, 한국사연구회.

14) 허태용, 2019, 《조선 후기 중화론과 역사 인식》, 아카넷, 23·24쪽.

더 적극적인 반론도 나왔다.[15] 이러한 비판은 조선이 국내에서는 대명의리를 존중하고 실천하였지만, 정작 대청 외교의 현장에서는 이것을 전혀 관철하지 못한 현상을 집중적으로 부각하였다. 이 입장에 서면, 조선 후기 외교는 국내 정치의 측면에서는 유효했지만 국제 관계의 현실과는 유리된 관념적이고 허구적인 틀 안에서 작동하였다고 평가할 수밖에 없게 된다.

통설에서는 흔히 조선중화주의의 지속 동력을 영조의 발언에 근거하여 왕권 강화의 차원에서 이해하지만,[16] 이것은 원인과 결과를 혼동한 순환론적 설명이다. 이 주장이 유효하려면 먼저 다음과 같은 의문이 해소되어야만 한다. 명이 멸망한 상황임에도 불구하고, 대명의리와 연관된 제례의 시행을 통해 조선 후기 왕권이 강화될 수 있었던 이유는 무엇인가? 언제부터, 어떻게, 이러한 방식의 왕권 강화 시도가 한국사에서 유효하게 되었는가? 따라서 우리는 명이 멸망했어도 대한제국 선포 이전까지 대명의리가 강고하게 지속된 기이한 현상을 자주와 사대라는 틀에서 벗어나 새로운 시각으로 설명할 필요가 있다.

그동안 '문약(文弱)'이라는 선입견에 의해 일방적으로 매도당했던 조선시대 군사사를 발전적이고 내재적으로 이해하기 위한 일환으로, 영·정조 시대의 군사적 성취와 관련된 많은 연구가 선학에 의해 다양한 분야에서 축적되었다. 그 결과 도성 방어 체제의 변화, 오군영(五軍營) 체제의 정비, 장용영(壯勇營)의 신설과 화성 축조, 양역변통(良役變通) 논의와 균역법 시행, 병서 편찬과 전술 발달, 기병 육성

---

15) 계승범, 2011,《정지된 시간-조선의 대보단과 근대의 문턱》, 서강대학교출판부.

16) 《영조실록》 권40, 영조 11년 3월 1일(신미), "上引見大臣備堂 左議政徐命均以日寒請寢皇壇親祭 上曰 予欲行臣禮於皇壇 使諸臣知君臣之義耳". 계승범, 2011, 앞의 책, 133쪽 참조.

등 조선 후기 군사 분야의 많은 변화와 발전 양상이 새로이 조명되었다.[17] 이러한 변화의 성과를 측정하는 기준은 서구 근대의 군사적 발전상이었다.[18]

정조대 군사 개혁의 가장 큰 성과로 꼽히는 것 가운데 하나는 장용영 설치를 통한 친위군영(親衛軍營)의 강화이다.[19] 생부 사도세자의 죽음이라는 핸디캡을 지닌 정조의 지난한 왕위 승계 과정은 군주의 신변과 왕권의 불안을 초래하였다. 그는 이에 대처하기 위해 금군의 강화를 끊임없이 시도하는 한편, 군영대장(軍營大將)의 인사 추천권을 혁파하고 병조판서를 중심으로 한 무관의 인사권 체계를 통일시켰다. 장용영의 설치와 확대는 필연적으로 군사 재정의 지출을 수반하였는데, 이것은 훈련도감·수어청·금위영 등의 불필요한 군액(軍額)을 이관하는 방식으로 해결하였다. 따라서 기존 중앙 군영의 기득권을 장악하고 있었던 노론 벌열(閥閱) 세력은 정치적 타격을 입었다고 한

17) 선구적 업적으로는 다음과 같은 것이 있다. 이태진, 1977, 〈중앙 오군영제의 성립 과정〉, 《한국군제사-근세 조선 후기편》, 육군사관학교 한국군사연구실 편, 육군본부, 41~162쪽; 이태진, 1977, 〈삼군문(三軍門) 도성 수비 체제의 확립과 그 변천〉, 《한국군제사-근세 조선 후기편》, 육군사관학교 한국군사연구실 편, 육군본부, 165~234쪽; 이태진, 1985, 《조선 후기의 정치와 군영제 변천》, 한국연구원. 이후 최근까지 학계의 연구는 이왕무, 2012, 〈화성 축조와 장용영 창설〉, 《한국군사사 7권-조선 후기 I》, 육군군사연구소 기획·주간, 육군본부 등에 잘 정리되어 있다. 이 밖에도 정조·화성·장용영과 관련해 수많은 연구 업적이 있지만, 이 책에서는 주로 군사 문제와 밀접하게 연관된 논저만을 선별하여 참고하였음을 미리 밝힌다.

18) 이와 관련된 한국 군사사의 대표적 연구로는 노영구, 2007, 〈'군사혁명론(Military Revolution)'과 17~18세기 조선의 군사적 변화〉, 《서양사연구》 36, 한국서양사연구회 참조.

19) 배우성, 1991, 〈정조 연간 무반 군영 대장과 군영 정책〉, 《한국사론》 24, 서울대학교 국사학과; 유봉학, 1996, 〈정조대 정국 동향과 화성 성역의 추이〉, 《규장각》 19, 서울대학교 규장각한국학연구원; 이근호·조준호·장필기·심승구 공저, 1998, 《조선 후기 수도 방위 체제》, 서울시립대학교 서울학연구소; 김준혁, 2007, 〈조선 정조대 장용영 연구〉, 중앙대학교 박사학위논문; 박재광·김영호·장필기·김태완·김준혁 공저, 2012, 《조선 후기 군사 개혁과 장용영》, 수원화성박물관; 최형국, 2013, 《조선 후기 기병 전술과 마상 무예》, 혜안; 노영구, 2018, 《조선 후기 도성 방어 체계와 경기도》, 경기문화재단 등. 장용영 재정을 주제로 한 최근의 경제사 연구는 그동안 천착하지 못했던 장용영 설치와 확대 과정에 대해 정밀한 논증과 새로운 견해를 제시하고 있어 주목된다. 박범, 2017, 〈정조대 장용영의 군제와 재정 운영〉, 고려대학교 박사학위논문.

다. 이상에서 정리한 선행 연구에서도 알 수 있듯이, 정조의 군제 개편 시도는 한양을 중심으로 한 경기 지역에 집중되었다. 정조대 군영 정비의 성과는 그의 지방군 대책과 결합하여 살펴보아야만 더욱 명확한 의미와 한계가 드러날 것이다.

정조가 거둔 군사 분야의 대표적 성과를 하나 더 꼽으라면 다양한 병서의 출간을 들 수 있다.[20] 1742년(영조 18) 《진법(陣法)》(초판은 1451년 간행)을 복간하여 《병장도설(兵將圖說)》을 출간한 데 이은 《병학통(兵學通)》과 《무예도보통지(武藝圖譜通志)》의 간행은 정조대 병학의 수준과 성취를 보여주는 지표로, 군사사, 무예사, 국어사 등 다양한 분야의 연구자들에 의해 그 의도와 의미가 부각되었다.[21] 다만 그 발전상을 부각하려다 보니 전근대 병서나 병학 자체가 갖는 본질적 한계를 균형 있게 고찰하지 못한 느낌이다. 당연한 말이지만 전쟁의 승패는 병서나 여기에 기재된 한두 가지 진법에 의해 결정되는 것이 아니다. 병학에서 다루는 내용은 어디까지나 이론적인 부분으로 실제 전투 현장에서는 병서가 정형화하거나 예측할 수 없는 다양한 변수가 등장하기 마련이다. 이것은 병서나 병학 관련 담론이 무관보다 주로 문관에 의해 기록되고 소비되는 문화 또는 관습과도 연관된 것으로 보인다.[22] 이러한 점을 함께 고려하면서, 당대의 병서 편찬이 갖는 다

---

20) 대표적 업적으로 노영구, 2000, 〈병서〉, 《정조대의 예술과 과학》, 문헌과해석사; 노영구, 2000, 〈정조대 병서 간행의 배경과 추이〉, 《장서각》 3, 한국학중앙연구원; 노영구, 2002, 〈조선 후기 병서와 전법의 연구〉, 서울대학교 박사학위논문 등.

21) 허선도, 1969, 〈무예도보통지-정예병 양성의 신묘한 기련(技鍊)〉, 《한국의 명저》, 현암사; 배우성, 2001, 〈정조의 군사 정책과 《무예도보통지》 편찬의 배경〉, 《진단학보》 91, 진단학회; 이현희, 2001, 〈《무예도보통지》와 그 언해본〉, 《진단학보》 91, 진단학회; 나영일, 2003, 《정조시대의 무예》, 서울대학교출판부; 정해은, 2004, 《한국 전통 병서의 이해》 상권, 국방부 군사편찬연구소; 정해은, 2008, 《한국 전통 병서의 이해》 하권, 국방부 군사편찬연구소; 노영구, 2016, 《조선 후기의 전술-《병학통》 연구를 중심으로》, 그물 등.

양한 의미와 목적에 대해서 고찰해보고자 한다.

정조대 화성 건설에 대해서는 그 용도를 놓고 공성포(攻城砲)를 막기 위한 것인지 아니면 조총(鳥銃)을 막기 위한 것인지에 대한 이견은 있지만,[23] 그 자체가 조선 후기 축성술의 극치를 보여주는 걸작임을 부정하는 연구자는 없다.[24] 이처럼 화성은 기존 축성 방식을 탈피하여 조선 후기 건축 및 군사 기술의 정수를 집결시킨 성곽 도시라는 평가를 받았다. 물론 필자도 이에 동의하는 입장이나 한두 가지 더 해명되었으면 하는 지점이 있다. 우선 화성 축조의 부작용도 함께 살펴볼 필요가 있다. 대략 80만 냥으로 어림잡는 화성의 축성 비용은 조선 전체의 관방(關防)이란 구도 속에서 정조가 한정된 자원을 어떻게 배분하였는지 헤아리게 하는 중요한 가늠자가 될 것이다. 아울러 화성의 군사적 기능과 의미에 대해서도 긍정 일변도의 서술보다는 균형 잡힌 평가를 할 필요가 있다. 이러한 시도는 화성 축성의 특징과 의미를 당대적 맥락에서 복원하는 데, 그리고 정조 이후 군사사의 단절적 이해를 극복하는 데에도 도움을 주리라 생각한다.

정조 재위기(1776~1800)인 18세기 후반은 조선시대의 마지막 부흥기이자 쇠락의 롤러코스터를 탄 세도정치기(1801~1863)의 전사(前史)로서 해방 이후 많은 연구자의 주목을 받아왔다. 그 결과 정조는 붕당

---

22) 김홍백, 2014, 〈병서를 읽는 두 가지 방법-조선 중후기 병서 비평 자료를 중심으로〉, 《한국한문학연구》 54, 한국한문학회 참조.

23) 노영구, 1999, 〈조선 후기 성제 변화와 화성의 성곽사적 의미〉, 《진단학보》 88, 진단학회; 정연식, 2001, 〈화성의 방어 시설과 총포〉, 《진단학보》 91, 진단학회.

24) 화성 축성 및 경영에 대한 대표적 연구로는 다음과 같은 것이 있다. 유봉학, 1996, 《꿈의 문화유산 화성》, 신구문화사; 한영우, 1998, 《정조의 화성 행차, 그 8일》, 효형출판; 최홍규, 2001, 《정조의 화성 건설》, 일지사; 최홍규, 2005, 《정조의 화성 경영 연구》, 일지사; 정해득, 2009, 《정조시대 현륭원 조성과 수원》, 신구문화사 등. 정조대 화성 관련 연구에 관한 리뷰는 김정자, 2003, 〈정조대 '화성 성역' 연구의 동향과 과제〉, 《경기 지역의 역사와 문화》 24, 한신대학교출판부 참조.

의 모순을 타파하기 위해 탕평정치(蕩平政治)를 시도한 국왕,[25] 조선 후기 문예 부흥을 주도하고 정학(正學, 성리학)을 수호한 '숭문호학(崇文好學)'의 군주,[26] 조선 후기 각 분야에서 개혁을 주도한 국왕,[27] 근대적 민국(民國)을 지향한 절대군주,[28] 권도(權道)와 정치적 술수를 마다하지 않은 현실 정치가,[29] 문치와 의리 지향의 군주[30] 등으로 다양하게 규정되었다. 이와 같은 연구들은 주로 문(文)의 범주에서 정조의 업적과 활동을 부각한 것이다. 한편, 앞서 검토하였듯이 무(武)의 범주에 속하는 정조 재위기의 군사적 성취와 업적을 조망한 연구도 적지 않다.

그 결과 우리는 조선의 22대 국왕 정조의 다양한 측면에 대한 풍부한 이해를 갖게 되었지만, 그 어느 면이 과연 정조의 진면목인지에 대한 판단 기준을 잃어버린 느낌도 없지 않다. 특히 일반인을 대상으

25) 박광용, 1994, 〈조선 후기 '탕평' 연구〉, 서울대학교 박사학위논문; 김성윤, 1997, 《조선 후기 탕평정치 연구》, 지식산업사; 박광용, 1998, 《영조와 정조의 나라》, 푸른역사.

26) 정옥자, 1988, 《조선 후기 문화운동사》, 일조각; 정옥자, 2000, 《정조의 수상록 《일득록》 연구》, 일지사; 김문식, 2000, 《정조의 경학과 주자학》, 문헌과해석사; 김호, 2007, 〈정조의 속학 비판과 정학론〉, 《한국사연구》 139, 한국사연구회; 강문식, 2020, 〈정조의 주자학 연구와 《주서백선》 편찬〉, 《한국문화》 89, 서울대학교 규장각한국학연구원; 백민정, 2020, 〈정조의 경학 이해와 정치의 문제〉, 《한국문화》 89, 서울대학교 규장각한국학연구원 등.

27) 유봉학, 2001, 《정조대왕의 꿈-개혁과 갈등의 시대》, 신구문화사; 유봉학, 2009, 《개혁과 갈등의 시대-정조와 19세기》, 신구문화사 등.

28) 이태진, 1993, 〈정조-유교적 계몽절대군주〉, 《한국사시민강좌》 13, 일조각; 이태진, 1999, 〈18세기 한국사에서의 민의 사회적·정치적 위상〉, 《진단학보》 88, 진단학회; 이태진, 2011, 〈조선시대 '민본' 의식의 변천과 18세기 '민국' 이념의 대두〉, 《조선 후기 탕평정치의 재조명》 상, 태학사 등.

29) 박현모, 2001, 《정치가 정조》, 푸른역사; 백승호, 2009, 〈새로 발굴한 정조어찰첩의 내용 개관〉, 《대동문화연구》 66, 성균관대학교 대동문화연구원; 안대회, 2019, 〈정조대 군신의 비밀 편지 교환과 기밀의 정치 운영〉, 《정신문화연구》 154, 한국학중앙연구원 등. 정조의 글쓰기와 정치 활동의 연관성에 대해서는 백승호, 2013, 〈정조시대 정치적 글쓰기 연구〉, 서울대학교 박사학위논문 참조.

30) 윤정, 2007, 〈18세기 국왕의 '문치' 사상 연구-조종사적(祖宗事蹟)의 재인식과 계지술사의 실현〉, 서울대학교 박사학위논문; 최성환, 2009, 〈정조대 탕평정국의 군신의리 연구〉, 서울대학교 박사학위논문 등.

로 한 교양도서나 드라마 등에서 거의 완전무결한 성군으로 형상화되는 정조의 이미지[31]와 정조시대에 대한 긍정 일변도의 평가는 조선시대에서 근대화의 가능성을 찾으려는 열망과 결합되어 당대의 실상과 맥락을 오독하게 할 우려가 있다. 이러한 분위기는 정조와 정조시대의 발전과 성취를 과도하게 부각함으로써 오히려 그 정당한 평가를 방해할 수도 있다. 이와 관련하여 영·정조 시대와 세도정치기를 과연 단절적으로 이해할 수밖에 없는가라는 의문 역시 국사학계에서 이미 오래전부터 제기되어 왔다.[32]

비교적 최근에 나온 군사사 분야의 두 연구 성과는 정조의 문무겸전론(文武兼全論)이 이전 논의와 다른 시대적 의미를 지닌 것이라고 과감하게 규정하였다. 한 연구는 정조의 문무겸전론이 문과 무의 가치를 동일한 반열에 올려놓으려는 의도를 가진 것으로서 취약한 왕권을 보호하려는 의도에서 시행되었다고 해석하였다.[33] 아울러 이러한 논의가 문무겸비의 세조대를 이상으로 하는 부국강병의 패도정치를 지향하는 것이라고 주장하였다. 나아가 사공(事功)과 실학(實學)을 강조하는 정조의 경학관(經學觀)이 궁극적으로는 국왕에 대한 충성을 지향하는 것이자 탈성리학적인 것이라고 평가하였다. 또 다른 연구 역시 앞의 연구를 계승하면서 정조의 문무겸전론이 문무병용론이라기보다 무풍(武風)의 확산을 통한 국정 쇄신 또는 '무' 중심의 새로운 국정 운영을 도모하고 당색에 치우친 문무벌(文武閥) 또는 문신들

31) 김백철, 2011, 〈1990년대 한국 사회의 '정조 신드롬' 대두와 배경-나약한 임금에서 절대계몽군주로의 재탄생〉, 《국학연구》 18, 한국국학진흥원, 206~209쪽.

32) 오수창, 1991, 앞의 논문; 이경구, 2017, 〈정조와 세도정치 이해를 위한 세 가지 고려〉, 《내일을 여는 역사》 68, 내일을 여는 역사; 박범, 2017, 앞의 논문 등.

33) 박성순, 2008, 〈정조의 경장책과 왕권강화론-문무겸전론과 실학적 경세관을 중심으로〉, 《동양고전연구》 31, 동양고전학회.

을 압박하기 위한 것이라고 보았다.[34] 《병학통》, 《무예도보통지》, 《대전통편(大典通編)》 등 군무(軍務)와 직접적인 연관이 있는 이른바 삼통(三通)의 간행에 대해서도 정조의 정국 장악 또는 왕권 강화의 수단으로 해석하였다.

그러나 정학, 즉 성리학 수호와 관련하여 정조가 남긴 수많은 언설과 어제서(御製書)를 정치적 난관을 돌파하기 위한 그의 정치적 수사에 불과한 것[35]으로 볼 수 있는지도 의문이거니와, 실학과 성리학의 차이점보다 공통점을 더 강조하는 최근의 연구 경향[36]을 돌이켜볼 때 위의 논지를 그대로 수용하는 것은 무리이다. 본문에서 상술하겠지만, 정조의 문무겸전론은 어디까지나 문을 중심에 놓고 무의 가치를 인정하는 국초의 의론(議論)을 계승하는 성격의 것이었다. 정조 경학론의 본질을 '실학=국왕에 대한 충성'의 구도로 설명한 것 역시 다소 성급한 논증이다.[37]

양자의 연구를 포함한 여러 선행 연구가 잘 설명하였듯이, 정조가 무의 범주에 해당하는 여러 제도의 정비와 활동에 노력을 기울였으며 이것이 그의 왕권 강화와 일정 부분 연관이 있다는 점은 널리 알려진 사실이다. 그러나 이러한 그의 노력을 탈성리학적이라고 평가

34) 최형국, 2012, 〈정조의 문무겸전론과 병서 간행-인식과 의미를 중심으로〉, 《역사민속학》 39, 한국역사민속학회.

35) 박성순, 2008, 앞의 논문, 190·191쪽.

36) 관련 연구사 정리는 허태용, 2006, 〈'북학사상'을 연구하는 시각의 전개와 재검토〉, 《오늘의 동양사상》 14, 예문서원; 조성산, 2011, 〈실학 개념 논쟁과 그 귀결〉, 《한국사시민강좌》 48, 일조각 등 참조.

37) 박성순, 2008, 앞의 논문, 209쪽. 그 핵심 논거로 든 것 가운데 하나가 《군서표기(群書標記)》에 있는 "孟子曰 我欲正人心 君子反經而已 尊朱所以尊經也 尊經所以尊王也 王道尊於上 然後學術明於下"라는 구절이었지만, 여기서의 존왕(尊王)과 왕도(王道)는 정조를 직접적으로 가리킨다기보다는 문자 그대로 존주왕(尊周王)이나 왕도정치를 의미하는 것으로 보는 것이 더 합리적이다.

하거나 무를 문보다 우위에 놓으려는 시도라고 말하는 것은 논란의 여지가 있을 뿐 아니라 정조의 의도와 행위를 정당하게 평가하는 것도 아니라고 생각한다. 무와 관련된 정조의 모든 시도가 군사력을 강화함으로써 취약한 왕권을 보호하기 위한 것이었는지에 대해서도 면밀한 검토가 필요하다. 관련하여 세조대에 대한 이해나 삼통의 간행 역시 계지술사(繼志述事) 및 문무일체(文武一体)라는 관점에서 좀 더 정밀한 설명이 가능할 것으로 보인다.

'노론 벽파와의 팽팽한 줄다리기'라는 왕권-신권 대립의 정조대 정치 구도 자체가《정조어찰첩(正祖御札帖)》공개 이후 학계 일각에서 문제시되고 있는 현 시점에서 볼 때,[38] 무와 연관된 정조의 노력과 업적 역시 왕권 강화라는 범범하고 동어반복적인 설명보다 좀 더 새로운 분석틀에서 독해될 필요가 있다. 사실 전근대 왕조에서 국왕의 정책은 대부분 정치적 의미를 내포한 것이며 당연히 왕권의 약화를 의도한 것이라 보기 어렵기 때문이다.

정조의 '문무겸전론'과 연관하여 확장할 수 있는 소재가 바로《이충무공전서(李忠武公全書)》(이하 필요에 따라 '《전서(全書)》'로 약칭)의 발간이다. 이에 대해서는《전서》의 발간과 정조대 이충무공 현창의 맥락을 이른바 대명의리론적 심성과 연관하여 이해한 선구적 연구가 이미 학계에 제출된 바 있다.[39] 정조가《일득록(日得錄)》인물조(人物條)에서 이순신을 문무를 겸전한 인물로 언급한 것은,[40] 당대의 무인들

---

38) 김문식, 2009, 〈정조 말년의 정국 운영과 심환지〉,《대동문화연구》66, 성균관대학교 대동문화연구원; 최성환, 2011, 〈'정조-심환지 어찰'과 조선 후기 정치사 연구의 전망〉,《역사와 현실》79, 한국역사연구회 참조.

39) 노영구, 2004, 〈역사 속의 이순신 인식〉,《역사비평》69, 역사비평사, 345~348쪽; 정두희, 2007, 〈이순신에 대한 기억의 역사와 역사화-400년간 이어진 이순신 담론의 계보화〉,《임진왜란 동아시아 삼국전쟁》, 휴머니스트, 196~206쪽 등.

이 문인적 소양을 갖추지 못했을 뿐만 아니라 염치없는 비루한 인물로 여겨지는 세태를 인식했기 때문이다. 정조는《전서》발간을 통해 이충무공을 문무겸전의 바람직한 모델로 제시함으로써, 당대 사회에서 무인이 천대받는 문화를 개선하는 한편 이와 같은 풍토에서 군사력 약화가 초래되는 악순환을 타파하려 했다. 이순신은 이러한 정조의 의도에 꼭 부합하는 상징적 인물로 여겨졌는데, 이상의 문제 제기를《전서》와 기타 기록을 통하여 실증적으로 입증하는 것이 이 책의 또 다른 과제이다.

정조는 빈번한 사례(射禮) 시행과 다양한 상무(尙武) 정책 등을 통해 무인의 사기를 진작한 군주로도 유명하다. 빈번했던 정조의 능행에 대해 정치·사회·경제·의례적 측면이 검토되면서 여기에 수반된 군사 조련과 다양한 상무 활동도 함께 부각되었다.[41] 아울러 문무겸전의 이상을 지향한 정조의 신궁(神弓)에 가까운 활 솜씨 역시 다양한 분야에서 조망되었다.[42] 최근에는 그의 활쏘기가 문신을 압박하고 문·무의 위상을 변화시키려는 행위의 일환이었다는 적극적 해석도 나왔다.[43] 그러나 유교 전통 안에서 기원한 사례가 갖는 도덕적 자아 수양의 측면과 정치·의례적 효과를 고려한다면, 정조의 활쏘기는 단순

---

40) 《홍재전서》 권173,《일득록》13,〈인물〉3, "大抵我國人物 若數文武兼備者 忠武一人惟當之".

41) 김문식, 1997,〈18세기 후반 정조 능행의 의의〉,《한국학보》88, 일지사, 56~64쪽; 이왕무, 2016,《조선 후기 국왕의 능행 연구》, 민속원, 221~256쪽; 김지영, 2017,《길 위의 조정-조선시대 국왕 행차와 정치적 문화》, 민속원, 345~354쪽 등.

42) 나영일, 2003, 앞의 책, 113~130쪽; 송일훈·진윤수·안진규, 2007,〈《조선왕조실록》에 보이는 정조대왕의〈궁술(弓術)〉〈무(武)〉의 신체지(身體知)〉,《한국사회체육학회지》30, 한국사회체육학회; 이찬우, 2008,〈조선시대 활쏘기 의식-18세기 영·정조 시대를 중심으로〉, 서울대학교 석사학위논문; 홍형순, 2015,〈정조의 궁원(宮苑) 유락(遊樂)〉,《한국전통조경학회지》33-4, 한국전통조경학회, 19·20쪽; 장을연, 2017,〈정조 활쏘기와 고풍〉,《규장각》51, 서울대학교 규장각한국학연구원 등.

43) 최형국, 2012, 앞의 논문, 116·117쪽.

한 군사 기술의 습득이라기보다 고제(古制)·고례(古禮) 회복의 추구와 더 밀접한 연관을 갖는 것으로 보인다.[44] 이 책에서는 활쏘기를 중심으로 정조가 펼친 다양한 상무 정책을 살펴보면서, 그것이 가진 시대적 특징과 의미를 밝히고자 한다.

책의 구성과 논점

이상에서 서술한 문제 제기에 기초하여 이 책은 다음과 같이 서술될 것이다. 1부에서는 정조대 외교 활동의 실상과 노선, 그 인식론적 기반이 되는 대명의리의 내용과 성격, 마지막으로 정조의 대외 인식과 지방군 전력 정비의 상관관계 등을 점검해볼 것이다.

1부 1장에서는 양국 사신의 왕래를 중심으로 한 대청 외교의 양상과 흐름을 정리한다. '진하외교'를 다룬 선행 연구 성과를 먼저 정리한 다음, 이에 호응한 정조의 청 사신에 대한 대우와 인식은 어떤 시대적 특징을 갖는지 여러 측면에서 조망해보고자 한다. 아울러 검토할 문제는 청의 군사적 능력과 안보적 위협 등에 대한 정조 및 당대인의 판단이다. 왜냐하면 정조와 신료들이 바로 이것에 연동하여 군사적 대응의 수준을 결정하였을 것이라고 짐작되기 때문이다.

2장에서는 정조대 역지통신 교섭을 둘러싼 대일 외교의 양상과 정조의 대일 인식을 간략히 정리하겠다. 이를 통해 정조가 대일 외교에서 우선순위에 둔 것이 무엇이었는지, 어떤 인식론적 전제 위에서 일본과의 교섭을 이끌어가고자 했는지 검토해보겠다.

---

44) 송현이, 2018, 〈정조대 연사례(燕射禮) 연구〉, 《국악원논문집》 38, 국립국악원 참조.

3장에서는 '조선이 청의 전성기를 목도하고 또 대청 외교에서도 호혜적이고 안정적인 관계를 유지했으면서도 왜 국내에서는 여전히 대보단 제례나 《존주휘편》의 편찬 등을 통하여 대명의리의 실천을 강조하였는가.'라는 문제를 설명하고자 한다. 필자는 명·청 교체 이후 조선의 외교와 내정이 분리되는 모습을 보인 것이 오히려 당연하고 자연스러운 현상이라고 생각한다. 대외적 대청 외교의 준행과 대내적 대명의리의 선양을 상호 모순적인 것으로 설명한 선행 연구의 전제는 당대인이 고수하였던 대명의리의 본질과 성격을 오해한 데에서 비롯된 것이다. 본 장에서는 이러한 필자의 논지를 입증하는 데 주력할 것이다.

4장에서는 이상 검토한 대외 관계와 대외 인식이 외적 방어의 핵심이라고 할 수 있는 지방군 전력에 어떤 영향을 미치고 있었는지 살펴보고자 한다. 관련하여 당시 지방군의 대종을 이루던 속오군(束伍軍)과 수군에 대한 정조의 인식과 대책을 정리하겠다.

2부에서는 정조의 군제 개혁과 화성 방어 체제 정비의 과정과 함의를 다양한 측면에서 살펴볼 예정이다.

2부 1장에서는 군제 개혁과 관련하여 정조의 대표적 업적으로 손꼽히는 장용영 문제를 다룰 것이다. 선행 연구의 성과를 토대로 정조의 왕권을 제약한 요소가 무엇인지, 그의 국정 운영을 반대한 세력이 누구였는지 검토해보겠다. 아울러 정조가 자신의 친위 체제를 구축하기 위해 장용영을 설치하는 과정을 살펴보겠다. 신설 군영의 설립에 따른 군사적·재정적 조치가 무엇이었는지 구체적으로 살펴보고 여기에 수반된 부작용도 함께 검토할 예정이다.

2장에서는 수어청(守禦廳)·총융청(摠戎廳) 통합과 관련된 정조의 문제의식과 대책을 오위제(五衛制) 복구론과 연관하여 검토할 것이다.

그리고 그의 양영(兩營) 통합 시도가 어떤 환경 속에서 좌절되고 말았는지 살펴보겠다.

3장에서는 정조의 또 다른 군사적 업적인 병서 편찬의 문제를 다룬다. 국왕 정조가 어떤 맥락 속에서 병서를 바라보고 편찬 작업을 추진했는지 새로운 역사적 관점에서 접근하고자 한다.

4장에서는 화성 축성과 관련된 문제를 살펴본다. 특히 현륭원(顯隆園) 조성과 거의 동시에 추진된 장용영 외영의 확대 개편이 군제상 어떤 변화를 가져왔으며, 조선 후기 축성의 백미인 화성 성곽의 건축기술이 어떠한 과정을 거쳐 입수되었는지 정리해보고자 한다. 아울러 장용영 외영에 이어 화성 건설을 추진함으로써 군사력과 경제력을 집중한 정조에 대한 비난 여론에 대해서도 면밀하게 살펴보겠다. 이러한 시도를 통해 정조가 화성을 축성하고자 한 근본 목적이 군사적 측면 못지않게 상징적·의례적 측면에 있었다는 점을 강조하고자 한다.

3부에서는 정조의 문·무 인식이란 주제로 정조가 제기한 문무겸전론의 본질과 목적이 무엇이었으며, 이를 위해 정조는 어떤 정책을 시행했는지 고찰해보겠다.

3부 1장에서는 먼저 문무겸전 또는 문무병용 논의의 유교적 기원과 변천을 다루고, 이것이 조선 건국 이후 어떻게 수용되었는지 살펴볼 것이다. 아울러 조선 초 문치주의 지향에 의해 문·무의 위상이 어떻게 달라지는지 관료제와 과거제 운영 등을 통해 상세히 검토할 예정이다. 문·무 불균형이 심화됨에 따라 나타나는 여러 부작용과 함께 이것이 무인에 대한 천시라는 사회문화적 현상으로 드러나는 흐름도 정리할 것이다. 그리고 이러한 요인이 궁극적으로 조선의 국방력 약화에 일조하였다는 점 역시 밝히고자 한다. 이와 같은 검토는 정조대 문무겸전론의 역사적 맥락과 함의를 밝히는 데 도움을 줄 것이다. 정조가 문무겸전론을 제기한 의도를 명확히 이해하기 위해서는, 먼저 당대 사회에서 무가 차지하는 위상과 함께 문·무가 맺고 있는 관계의 양상이 무엇이었는지 좀 더 세밀하게 포착할 필요가 있기 때문이다.

2장에서는 이상의 성과를 토대로 정조가 왜 문무겸전론을 제기했는지, 그리고 그 성격은 본질적으로 어떤 것인지 본격적으로 설명해 보겠다. 선행 연구는 정조의 문무겸전론을 국방이나 왕권 강화의 관점에서 설명했는데, 이와 같은 이해를 전적으로 수용할 수 있는지 최신 연구를 리뷰하며 검증할 예정이다. 그리고 군사적 동기로 설명되었던 정조대 병서 편찬 사업의 추진도 문무겸전과 계지술사의 맥락에서 새롭게 설명하고자 한다. 이러한 이해는 2부 3장에서 검토할 병서 편찬의 고제·고례적 지향과도 모순 없이 연결된다. 그리고 병서 편찬에 반영된 정조 병학 사상의 특징도 간단히 살펴보겠다.

3장에서는《이충무공전서》의 발간 의도와 목적을 문무겸전론의 시각에서 부각해보고자 한다. 선조 이후 여러 국왕들은 이순신에 대한 숭모의 뜻(사당 건립, 추모비 건립, 제문 하사, 후손 등용 등)을 아끼지 않았다. 그 가운데에서도 방대한 양의《전서》를 발간하고〈신도비문〉까지 직접 지은 정조의 관심은 각별한 것이었다. 이러한 특별 조치를 시행한 국왕 정조의 정치적 의도, 당대의 사회문화적 환경을 이 장에서 검토할 것이다. 연관하여《전서》발간의 배경에 이순신을 문무겸전론의 상징적 인물로 표창(表彰)하고자 하는 정조의 의도가 개입되어 있음을 좀 더 상세히 논증해보겠다.

4장에서는 그동안 주로 군사적 측면에서 강조되었던 정조의 활쏘기를 병서 간행의 맥락과 유사하게 고제·고례 회복의 측면에서 이해해보고자 한다. 아울러 정조가 어떠한 상무 정책을 시행함으로써 당대 사회에서 무의 위상을 유지하려고 하였는지 살펴보고, 이것의 시대적 특징과 의미가 무엇인지 설명하고자 한다.

1부

정조의 대외 인식과 외교

1.

'진하외교'와 대청 관계

1637년(인조 15) 1월 30일 삼전도 항례는 조·청 양국의 위상이 형제 관계에서 군신 관계로 전환하는 또 하나의 계기가 되었다.[1] 주지하다시피 양국 관계의 전환은 평화적으로 이루어지지 않았고, 정묘·병자 호란이라는 두 차례의 큰 전쟁을 수반하였다. 게다가 전쟁 발발의 근본 원인이었던 명이 건재한 상황이었기 때문에, 양국 관계는 명·청 대결의 추이에 따라 살얼음판을 걸을 수밖에 없는 구조였다. 청은 조선을 견제하기 위해 소현세자를 비롯한 인질을 심양에 억류하는 한편, 대명 정복전에 조선의 적극적 동참을 강요하였다. 그러나 조선은 조병(助兵) 요청 등에 적극 호응하지 않았을 뿐만 아니라 명과의 밀통을 시도하여 청의 큰 반발을 초래하였다.[2]

1644년(인조 22) 북경을 접수한 청은 소현세자를 귀환시켰지만 조

1) 다른 중요한 계기는 1637년(인조 15) 1월 20일 청측에 발송된 칭신(稱臣) 국서, 같은 해 11월에 시행된 청의 인조 책봉이다.

2) 청은 조선의 반청적 태도와 비협조적 행위를 문제 삼아, 1640년(인조 18)과 1642년(인조 20) 두 차례에 걸쳐 조선의 전·현직 관료들을 심양에 장기간 구금하였는데, 이것을 심옥(瀋獄)이라 한다.

선에 대한 감시의 눈초리를 거두어들이지 않았다. 복왕(福王, 재위 1644~1645), 노왕(魯王, 재위 1645~1662), 당왕(唐王, 재위 1645~1646), 계왕(桂王, 영력제, 재위 1646~1662)이 연속해서 즉위하면서 남명정권이 소멸되지 않은 상태였고, 이자성(李自成)·장헌충(張獻忠)의 잔존 부대도 남중국 각지에서 끈질기게 저항하고 있었기 때문이다.[3] 복건·절강에 근거지를 둔 정지룡(鄭芝龍)·정성공(鄭成功) 부자의 해상 세력이 반청복명(反淸復明) 활동에 가담한 것도 청에게는 큰 위협이 되었다. 1657년(효종 8)에는 유력한 무장 세력인 손가망(孫可亡)이 청에 투항하고, 2년 뒤에는 영력제(永曆帝)가 미얀마로 패주하기에 이른다. 이를 추적한 오삼계(吳三桂)는 미얀마를 압박하여 영력제를 인도받은 뒤 1662년(현종 3) 처형하였다. 이로써 간신히 명맥을 이어가던 남명정권은 소멸하고 말았다. 그러나 정성공이 1661년(현종 2) 대만으로 건너가 네덜란드 세력을 축출한 뒤 독자적 반청 활동을 여전히 벌이고 있었다. 이 와중에 강희제의 철번(撤藩) 명령에 반발한 오삼계(1673), 경정충(耿精忠, 1674), 상지신(尙之信, 1676)이 차례로 반란을 일으켜 양자강 이남의 남중국 일대는 또 한 번 반란의 소용돌이에 휩싸였고 청조의 중국 지배도 결정적 위기를 맞이하였다.

이러한 정세 속에서 조선에서도 효종대에 복수설치(復讎雪恥)를 위한 북벌이 은밀하게 표방될 정도로 청에 대한 적대적 감정이 조정과 재야를 가리지 않고 역력히 남아 있었다. 청도 이와 같은 분위기를 모르지 않았기 때문에, 숙종대 초반까지 양국 관계는 민감한 외교 현안을 그때그때 봉합하며 꾸려나가는 수준이었다. 청은 성지(城池) 수

3) 입관 이후 건륭 연간까지 청의 정세에 대해서는 이근명 편역, 1993, 《중국역사》 하권, 신서원, 296~328쪽을 주로 참조하였다.

축 시도, 염초(焰硝) 밀수 등 조선의 군사적 사안에 대하여 강력한 압박을 가하였고,[4] 중원을 여행한 조선 사신 역시 청의 조속한 패망을 전망하는 감정 섞인 보고를 내놓기 일쑤였다.[5] 삼번(三藩)의 난이 발발했을 무렵인 1675년(숙종 1) 원접사(遠接使) 오시수(吳始壽)가 숙종에게 "신이 저들과 동행하며 그 기색을 살펴보니, 우리를 의심하는 뜻이 뚜렷하게 있었습니다. 그들이 문득 '천하(天下)의 형세가 이러하므로 동국(東國)에서 우리를 박대할 것이라고 예상하였더니, 이제 과연 그러하다.'고 하였습니다"[6]라고 전한 청 사신의 속내는 당시 양국의 긴장도를 반영한다.

조·청 양국의 관계는 17세 말부터 점차 우호적 분위기로 전환되었다. 그 시점은 역설적이게도 청의 중원 지배가 공고화되고 대외적으로 전례 없는 팽창을 거듭하면서부터이다. 청은 이전과 달리 조선을 강하게 압박하지 않았고, 조선 역시 청과의 외교적·군사적 마찰을 원하지 않았다. 1681년(숙종 7) 삼번의 난이 진압되고, 2년 뒤에는 대만의 정씨 세력도 청군의 진공에 의해 소멸되었다. 청의 중국 지배는 더는 부정할 수 없는 현실이 되었다. 강희(康熙, 재위 1661~1722), 옹정(雍正, 재위 1722~1735), 건륭(乾隆, 재위 1735~1796)으로 이어지는 청의 성세(盛世)는 대조선 외교의 국면을 전환시키는 결정적 요인이 되었다. 이 기간 동안 청은 중앙유라시아 초원 지대에 근거한 준가르부를 70여 년간의 격돌 끝에 완전히 정복하였고, 1758년(영조 34) 무렵에는

---

4) 허태구, 2017, 〈효종 원년(1650) 용주(龍洲) 조경(趙絅)의 백마산성 유수(幽囚)〉, 《한국학연구》 47, 인하대학교 한국학연구소; 유승주, 1979, 〈17세기 사무역에 관한 일고찰-조·청·일 간의 염초·유황 무역을 중심으로〉, 《홍대논총》 10, 홍익대학교, 121~126쪽 참조.

5) 김창수, 2009, 〈17세기 대청 사신의 '공식 보고'와 정치적 파장〉, 서울시립대학교 석사학위논문, 23~28쪽 참조.

6) 《숙종실록》 권3, 숙종 1년 3월 3일(신유).

준가르부 남서쪽 동투르키스탄의 타림 분지 지역도 병합하였다. 이슬람교도인 회족(回族)이 거주하는 이 지역을, 청은 새로 획득한 영토라는 뜻에서 신강(新疆)이라 명명하였다. 이후 건륭제는 미얀마, 베트남, 네팔, 대만, 금천(金川, 사천성 서쪽 일대) 지역으로 출병하였는데, 이 무공을 기려 '십전노인(十全老人)'이라 자칭하였다. 이로써 청은 명대에 비해 거의 두 배에 달하는 영토를 얻게 되었다.

청의 대륙 패권이 확고해지면서 대조선 정책도 점차 완화의 조짐을 보였다. 우선 청은 정축화약(丁丑和約)에서 규정된 세폐의 액수를 순차적으로 감면하였다. 조공품에 해당하는 방물과 달리 전쟁 보상금의 성격을 띤 세폐는 조선에 유례없는 외교적 비용을 유발하였다.[7] 세폐 감면은 청 입관 이후 본격적으로 시작되어, 1736년(영조 12)에 이르면 세폐 총액이 정축화약 당시의 삼분의 일 이하로 줄어들었다.[8] 조공 사신이 진헌하는 예물에 해당하는 방물의 경우도 1674년(현종 15) 주청사(奏請使) 방물이 면제되었으며, 1686년(숙종 12)에는 사은사(謝恩使) 방물의 폐지가 공식화되었다. 1727년(영조 3)에는 진주사(陳奏使) 방물도 면제되었다. 이러한 조치에도 불구하고 조선은 사신의 방물 납부를 중지하지 않았는데, 청은 이것을 삼절사행(三節使行), 즉 성절사행(聖節使行)·정조사행(正朝使行)·동지사행(冬至使行)의 방물로 이전하는 이준(移准)을 시행함으로써 조선의 부담을 덜어주었다.[9]

뿐만 아니라 1697년(숙종 23) 강희제는 을병대기근(1695~1699)으로

---

7) 홍선이, 2014, 〈세폐·방물을 통해 본 조청 관계의 특징-인조대 세폐·방물의 구성과 재정 부담을 중심으로〉, 《한국사학보》 55, 고려사학회 참조.

8) 홍성구, 2017, 〈청 질서의 성립과 조청 관계의 안정화-1644~1700〉, 《동양사학연구》 140, 동양사학회, 174쪽.

9) 방물 면제에 대해서는 장춘우(張存武), 김택중 외 공역, 2008, 《근대한중무역사》, 교문사, 29·30쪽 참조.

곤경에 처한 조선이 미곡의 무역을 요청해오자, 예부(禮部)의 반대에도 불구하고 흔쾌히 5만 석의 곡물을 보내주었다.[10] 강희제에게 조선은 더 이상 감시와 정복의 대상이 아니라 자소(字小)와 위무(慰撫)의 대상이었으며, 중화천자(中華天子)로서 자신의 위상을 각인시켜주는 존재였던 것이다. 심지어 그는 조선의 대명의리조차 예의의 상징으로 기억할 정도의 여유를 보이기도 하였다.

> 이 지방은 태종 문황제(太宗文皇帝, 홍타이지)께서 조선의 역(役)을 정하였을 때 우리 군사가 이르지 않은 곳이 없었고, 이미 깨진 나라를 아조(我朝)가 거듭 더하여 영건(營建)하여 예전처럼 안도(安堵)하게 하였다. 그런 까닭에 그 나라 사람들이 태종 문황제께서 주군(駐軍)하셨던 곳에 석비를 세우고 갱생시켜주신 덕을 갖추어 기록하여 대대로 감격하여 떠받들어 지금에 이르고 있다. 또한 저들에게 더 취할 만한 것은, 명의 말년에 시종 명을 배반하지 않았으니 오히려 예의를 중시하는 나라라고 할 만하다.[11]

양국 관계가 해빙 무드에 접어들면서 나타난 또 하나의 양상은 문금(門禁)의 해제이다. '인신무외교(人臣無外交)'의 원칙 아래 '국서(國書) 수수(授受)'를 본질로 하는 전근대 외교 업무의 특성상, 북경에 간 조선 사신단과 그 일행의 경우 공적 사무를 마치면 지정 숙소(회동관, 옥하관)에만 머무르는 것이 상례였다. 잡인(雜人)의 출입도 금지되었다. 1683년(숙종 9) 청의 중원 지배가 확고해지자, 이와 같은 문금

---

10) 김문기, 2014, 〈청미(淸米), 여역(癘疫), 대보단-강희제의 해운진제(海運賑濟)와 조선의 반응〉, 《역사학연구》 53, 호남사학회, 112~117쪽 참조.

11) 《청세조실록》 권217, 강희 45년 10월 23일(정미).

이 완화되어 적어도 정식 사신이 아닌 수행원의 경우 홍대용(洪大容, 1731~1783)의 회고와 같이 자유로운 출입도 가능하게 되었다. 양국 교류를 활성화하는 문이 활짝 열린 것이다.

> 공사(貢使)가 연경(燕京)에 들어가면 명대부터 이미 문금이 있어 함부로 나다니며 돌아볼 수 없었다. 그러나 사신이 글을 올려 청하면 혹 허락하기도 하였지만 끝내 제한이 없지 않았다. 청주(淸主)가 중국을 지배한 이후는 전쟁이 갓 끝난 처지인지라, (조선에 대한) 의심이 없지 않았으므로 문금이 더욱 엄중하였다. 강희 말년에 이르러서는 천하가 이미 안정되어 동방(東方)을 그리 염려하지 않아도 된다고 여겨 방금(防禁)이 조금 풀렸다. 그러나 유람에 있어서는 오히려 '물을 길으러 간다'고 핑계하였는데 공공연히 드나들지는 못하였다. 수십 년을 내려오면서 태평시대가 이미 오래 계속되고 법령이 점점 느슨해져 출입에 거의 간섭하지 않았다.[12]

이 시기 전후 사료에 빈번히 나오기 시작하는 '조선이 가장 모범적이고 공손한 번국(藩國)'이라는 취지의 기록[13] 역시 앞서 고찰한 병자호란 이후 양국 관계의 변화를 반영한 것이다. 이러한 시대의 유산을 이어받은 정조가 조·청 관계를 어떻게 유지해나갔는지 이제 본격적으로 살펴보자.

북학 또는 실학의 시대로 알려진 정조 재위기의 대청 관계는 그간

---

12) 홍대용(洪大容), 《담헌서외집(湛軒書外集)》 권7, 〈연기(燕記)〉, '아문제관(衙門諸官)'.

13) 《청세조실록》 권217, 강희 45년 10월 23일(정미), "諭大學士等曰 觀朝鮮國王 凡事極其敬慎 其國人亦皆感戴"; 《영조실록》 권8, 영조 1년 11월 15일(기유), "上幸慕華館 迎勅還宮 …… 而上以爲 我國 以禮義之邦 聞於中國"; 《동문휘고보편(同文彙考補編)》 권4, 〈동지정사윤순부사조익명별단(冬至正使尹淳副使趙翼命別單)〉(1728), "(皇上云)盖外藩中 朝鮮孝順最先 小心供職 彼國大小事件 必要具表奏聞 請旨行事 實與我朝內地 無異".

외교사 분야에서 조·청 관계의 완성기 또는 전성기로 규정[14]되었을 뿐, 별다른 외교 현안이 없었기 때문에 큰 주목을 받지는 못하였다. 그러나 최근 구범진이 제창한 '진하외교(進賀外交)'의 개념 아래 정조대 조·청 관계의 시대적 특징과 의미가 새로이 부각되고 있다.[15] 그 요지는 한마디로 정조와 건륭제의 공명(共鳴) 아래 이 시기 조청 관계가 전례 없는 우호적 분위기 속에서 진행·격상되었으며, 이것이 대청 인식 변화의 중요한 계기가 되었다는 것이다. 이른바 정조대 '진하외교'의 양상과 전개를 간단히 정리해보면 다음과 같다.[16]

정조 재위기의 조선은 청의 강건성세(康乾盛世)에 대응되는 부흥기로 탕평의 시대이자 문화의 융성기였다. 이러한 시대적 배경 아래, 정조대 조선은 청과 총 49회의 사행을 주고받았다.

〈표 1〉 정조대 조·청 사행 일람표[17]

횟수	파견 시기 (청은 입경 시기)	파견국	사행 명칭	정사 (청은 상사)	부사	서장관
1	정조 즉위(1776) 6월	조선	고부겸청시승습사 (告訃兼請諡承襲使)	김치인(金致仁)	정창순(鄭昌順)	이진형(李鎭衡)
2	정조 즉위(1776) 10월	청	조제책봉사(弔祭冊封使)	만복(萬復)	숭귀(嵩貴)	
3	정조 즉위(1776) 11월	조선	진하겸사은사 (進賀兼謝恩使)	이은(李溵)	서호수(徐浩修)	오대익(吳大益)
4	정조 즉위(1776) 11월	조선	사은겸삼절연공사 (謝恩兼三節年貢使)[18]	박명원(朴明源)	정호인(鄭好仁)	신사운(申思運)

14) 최소자, 2005, 《청과 조선-근세 동아시아의 상호 인식》, 혜안, 92~132쪽; 김문식, 2009, 《조선 후기 지식인의 대외 인식》, 새문사, 39~44쪽 참조.

15) 구범진, 2013, 〈조선의 건륭 칠순 진하특사와 《열하일기》〉, 《인문논총》 70, 서울대학교 인문학연구원; 구범진, 2014, 〈조선의 청 황제 성절 축하와 건륭 칠순 '진하외교'〉, 《한국문화》 68, 서울대학교 규장각한국학연구원; 구범진, 2017, 〈1780년대 청조의 조선 사신에 대한 접대의 변화〉, 《명청사연구》 48, 명청사학회 등.

16) 이하 '진하외교' 및 사행과 관련한 부분은 주로 구범진, 2014, 앞의 논문, 228~246쪽을 참조하여 정리한 것이다.

17) 劉爲, 1988, 《清代中朝使者往來研究》, 黑龍江教育出版社, 215~222쪽; 정은주, 2012, 《조선시대 사행 기록화-옛 그림으로 읽는 한중관계사》, 사회평론, 601·602·614쪽을 참조 후 수정.

5	정조 1년(1777) 3월	청	고부사(告訃使)	융흥(隆興)	영염(永琰)	
6	정조 1년(1777) 4월	조선	진위겸진향사(陳慰兼進香使)	정상순(鄭尙淳)	송재경(宋載經)	강침(姜忱)
7	정조 1년(1777) 10월	조선	진하사은겸삼절연공사(進賀謝恩兼三節年貢使)	이광(李洸)	이갑(李玾)	이재학(李在學)
8	정조 2년(1778) 3월	조선	사은겸진주사(謝恩兼陳奏使)	채제공(蔡濟恭)	정일상(鄭一祥)	심염조(沈念祖)
9	정조 2년(1778) 윤6월	조선	심양문안사(瀋陽問安使)	이은(李溵)		남학문(南鶴聞)
10	정조 2년(1778) 9월	조선	사은사(謝恩使)	이광(李洸)	윤방(尹坊)	정우순(鄭宇淳)
11	정조 2년(1778) 11월	조선	삼절연공사(三節年貢使)	정광한(鄭光漢)	이병모(李秉模)	조시위(趙時偉)
12	정조 3년(1779) 10월	조선	사은겸삼절연공사(謝恩兼三節年貢使)	황인점(黃仁點)	홍검(洪檢)	홍명호(洪明浩)
13	정조 4년(1780) 5월	조선	진하겸사은사(進賀兼謝恩使)	박명원(朴明源)	정원시(鄭元始)	조정진(趙鼎鎭)
14	정조 4년(1780) 10월	조선	사은사(謝恩使)	이당(李塘)	이숭우(李崇祐)	윤장렬(尹長烈)
15	정조 4년(1780) 11월	조선	삼절연공사(三節年貢使)	서유경(徐有慶)	신대승(申大升)	임제원(林濟遠)
16	정조 5년(1781) 11월	조선	사은겸삼절연공사(謝恩兼三節年貢使)	황인점(黃仁點)	홍수보(洪秀輔)	임석철(林錫喆)
17	정조 6년(1782) 10월	조선	사은겸삼절연공사(謝恩兼三節年貢使)	정존겸(鄭存謙)	홍양호(洪良浩)	홍문영(洪文泳)
18	정조 7년(1783) 6월	조선	성절급심양문안사(聖節及瀋陽問安使)	이복원(李福源)	오재순(吳載純)	윤확尹矆
19	정조 7년(1783) 10월	조선	사은사(謝恩使)	홍악성(洪樂性)	윤사국(尹師國)	이노춘(李魯春)
20	정조 7년(1783) 10월	조선	사은겸삼절연공사(謝恩兼三節年貢使)	황인점(黃仁點)	유의양(柳義養)	이동욱(李東郁)
21	정조 8년(1784) 7월	조선	사은겸진주주청사(謝恩兼陳奏奏請使)	김익(金熤)	김상집(金尙集)	이긍연(李兢淵)
22	정조 8년(1784) 10월	조선	진하사은겸삼절연공사(進賀謝恩兼三節年貢使)	이휘지(李徽之)	강세황(姜世晃)	이태영(李泰永)
23	정조 8년(1784) 12월	조선	사은사(謝恩使)	박명원(朴明源)	윤승렬(尹承烈)	이정운(李鼎運)
24	정조 8년(1784) 12월	청	책봉칙사(冊封勅使)	공서명(公西明)	아숙(阿肅)	
25	정조 9년(1785) 10월	조선	사은겸삼절연공사(謝恩兼三節年貢使)	이륭(李㻊)	이치중(李致中)	송전(宋銓)
26	정조 10년(1786) 8월	청	조제사(弔祭使)	소릉아(蘇凌阿)	서보(瑞保)	
27	정조 10년(1786) 9월	조선	사은겸삼절연공사(謝恩兼三節年貢使)	황인점(黃仁點)	윤상동(尹尙東)	이면긍(李勉兢)
28	정조 11년(1787) 10월	조선	사은겸삼절연공사(謝恩兼三節年貢使)	유언호(兪彦鎬)	조환(趙瑍)	정치순(鄭致淳)
29	정조 12년(1788) 10월	조선	사은겸삼절연공사(謝恩兼三節年貢使)	이재협(李在協)	어석정(魚錫定)	유한모(兪漢謨)

30	정조 13년(1789) 10월	조선	진하사은겸삼절연공사 (進賀謝恩兼三節年貢使)	이성원(李性源)	조종현(趙宗鉉)	성종인(成種仁)
31	정조 14년(1790) 5월	조선	진하겸사은사 (進賀兼謝恩使)	황인점(黃仁點)	서호수(徐浩修)	이백형(李百亨)
32	정조 14년(1790) 10월	조선	사은겸삼절연공사 (謝恩兼三節年貢使)	김기성(金箕性)	민태혁(閔台爀)	이지영(李祉永)
33	정조 15년(1791) 10월	조선	사은겸삼절연공사 (謝恩兼三節年貢使)	김이소(金履素)	이조원(李祖源)	심능익(沈能翼)
34	정조 16년(1792) 10월	조선	사은겸삼절연공사 (謝恩兼三節年貢使)	박종악(朴宗岳)	서용보(徐龍輔)	김조순(金祖淳)
35	정조 17년(1793) 10월	조선	사은겸삼절연공사 (謝恩兼三節年貢使)	황인점(黃仁點)	이재학(李在學)	정동관(鄭東觀)
36	정조 18년(1794) 10월	조선	진하사(進賀使)	박종악(朴宗岳)	정대용(鄭大容)	정상우(鄭尙遇)
37	정조 18년(1794) 10월	조선	사은겸삼절연공사 (謝恩兼三節年貢使)	홍량호(洪良浩)	이의필(李義弼)	심흥영(沈興永)
38	정조 19년(1795) 10월	조선	사은겸삼절연공사 (謝恩兼三節年貢使)	민종현(閔鍾顯)	이형원(李亨元)	조덕윤(趙德潤)
39	정조 19년(1795) 11월	조선	진하겸사은사 (進賀兼謝恩使)	이병모(李秉模)	서유방(徐有防)	류경(柳畊)
40	정조 20년(1796) 10월	조선	사은겸삼절연공사 (謝恩兼三節年貢使)	김사목(金思穆)	유강(柳烱)	이익모(李翊模)
41	정조 21년(1797) 10월	조선	사은겸삼절연공사 (謝恩兼三節年貢使)	김문순(金文淳)	신기(申耆)	홍악유(洪樂遊)
42	정조 22년(1798) 10월	조선	사은겸삼절연공사 (謝恩兼三節年貢使)	이조원(李祖源)	김면주(金勉柱)	서유문(徐有聞)
43	정조 23년(1799) 3월	조선	진위겸진향사 (陳慰兼進香使)	구민화(具敏和)	김이익(金履翼)	조석중(曺錫中)
44	정조 23년(1799) 3월	청	전부칙사(傳訃勅使)	장승훈(張承勳)	항걸(恒傑)	
45	정조 23년(1799) 7월	조선	진하겸사은사 (進賀兼謝恩使)	조상진(趙尙鎭)	서형수(徐瀅修)	한치응(韓致應)
46	정조 23년(1799) 10월	조선	진하겸삼절연공사 (進賀兼三節年貢使)	김재찬(金載瓚)	이기양(李基讓)	구득로(具得魯)
47	정조 24년(1800) 1월	조선	진하겸사은사 (進賀兼謝恩使)	구민화(具敏和)	한용구(韓用龜)	유경(柳畊)
48	정조 24년(1800) 1월	청	반조칙사(頒詔勅使)	전국영(田國榮)	영화(英和)	
49	정조 24년(1800) 윤4월	조선	진주겸주청사 (陳奏兼奏請使)	이병모(李秉模)	이집두(李集斗)	박종순(朴鍾淳)

청은 입관 이후 천도로 연장된 사행의 거리를 감안하여, 1645년(인조 23) 말부터 매년 단 한 차례의 정기사행, 즉 삼절연공행(三節年貢行)의 파견으로 '1년 4공'의 의무를 처리하도록 하는 병공(倂貢)의 조치를 조선에 시행하였다. 원칙대로라면, 조선은 청에 1년에 네 차례의 사행을 파견해야만 했다. 성절사행·정단사행·동지사행에 세폐를 진헌하는 연공사행(年貢使行)이 그것이다. 병공은 이것을 전부 합쳐 1년에 한 차례만 사신을 파견하도록 한 조치였다. 국초에 조선은 명에 성절사행, 정조사행(정단사행), 그리고 황태자가 있을 경우 천추사행(千秋使行)을 파견하였다. 그러다가 1531년(중종 26)에 명이 정단(正旦) 대신 동지(冬至)에 사행을 파견하도록 조선에 요구하여 수행되었다. 이로써 정조사행을 동지사행이 대체하게 된 셈이 되었다. 조선은 정조(正朝, 정단)에 맞추어 보내던 표문(表文)과 방물(方物)을 없애고, 동지사행의 그것으로 대신하였다. 한편, 성절사행과 천추사행 파견은 그대로 유지되었다. 조선에서는 겨울철에 정기적으로 시행되는 이 삼절연공행의 사행을 1531년(중종 26) 이후 명대의 관행처럼 동지사(冬至使)라 불렀지만, 실제 이 사행은 정단을 축하하는 정조 사행에 합쳐진 것이었다. 따라서 조선의 삼절연공행 사행은 청 황제의 성절(聖節)에 맞추어 보내지지도 않았고, 동지 이전 북경에 도착할 수 없을 정도로 늦은 날짜에 이루어지는 것이 관례였다.[19]

'1년 4공'의 정기 사행 외에도, 조선은 특수한 사건이나 현안이 있을 때 별사(別使)를 파견하였다. 사은사, 진주사〔陳奏使, 주청사(奏請使)〕, 진하사〔進賀使, 진하사(陳賀使)〕, 진위사(陳慰使), 진향사(進香使), 변무사

18) 《정조실록》에는 동지겸사은사(冬至兼謝恩使)로 나오지만, 동지사는 전부 삼절연공사(三節年貢使)로 고쳐 표기하였다. 이하 동일.

19) 구범진, 2014, 앞의 논문, 218~220쪽 참조.

(辨誣使), 고부사(告訃使), 문안사(問安使), 참핵사(參覈使) 등이 그것이다. 대개의 경우, 이들은 삼절연공행에 딸려 파견되는 경우가 많았다. 약식의 실무 사행으로는 뇌자행(賚咨行)·역행(曆行)·진응행(進鷹行)의 세 종류가 있었다.[20] 반면, 청은 책봉사(册封使), 조제사(弔祭使), 문위칙사(問慰勅使), 고부사(告訃使), 사사(査使) 등을 파견하였다. 이들의 경우 직접 칙사가 나오는 경우도 있었지만, 삼분의 일 정도는 순부(順付)라 하여 조선의 정기 사행이 귀환하는 편에 국서만 발송하는 방식으로 대체되었다. 조선의 사신 접대 부담을 덜어주려는 청나라 측의 배려 때문이었다.

이러한 사신 파견 관행에 중대한 변화가 일어난 시점이 바로 1779년(정조 3) 삼절연공행이었다. 정조는 이 사행을 통하여 다음해 건륭제의 칠순(8월 13일)을 경하하는 〈하황상칠순표(賀皇上七旬表)〉와 방물을 진헌함으로써 전례 없는 성의를 보였다. 1780년(정조 4) 정월 초하루 건륭제가 〈황제칠순칭경조(皇帝七旬稱慶詔)〉를 반포하자, 외국 가운데 유일하게 조서의 수령 대상이 된 조선은 이것을 사은하기 위한 또 다른 사행을 준비하였다. 그런데 이때도 역시 삼절연공행에 사행을 딸려 보내지 않고 별사[21]를 파견함으로써, 이들로 하여금 북경에서 열리는 건륭제의 칠순만수절 망하례(望賀禮)에 직접 참석하도록 하는 이례적 성의를 보였던 것이다.[22] 8월 1일 조선 사행의 북경 도착 소식을 접한 건륭제는 이들을 일부러 열하(熱河)의 피서산장에 불러 8월

20) 전해종, 1970, 《한중관계사연구》, 일조각, 62쪽.

21) 《정조실록》에 기재된 이 사행의 명칭은 진하겸사은사(進賀兼謝恩使)로, 정사는 박명원(朴明源), 부사는 정원시(鄭元始), 서장관은 조정진(趙鼎鎭)이었다.

22) 《정조실록》 권10, 정조 4년 9월 17일(임진), "進賀兼謝恩正使朴明源副使鄭元始狀啓言 …… 臣等館於本府太學 皇帝特遣軍機章京素林 諭臣等曰 使臣等之着來行在 即前所未有 而該國以朕萬壽奉表陳賀 故使之前來行禮 正使 序於二品之末 副使 序於三品之末 係朕格外之恩 云云".

13일 만수절 하례에 참석케 하였다. 조선 사신의 만수절 당일 하례 참석은 청 입관 이후 최초로 시행된 것이었다. 이로써 조선 사신은 열하의 성절 하례에 참석한 유일한 조공국 사신이 되었다. 건륭제는 조선 사신을 다섯 차례나 인견하는 등 전례 없는 우대를 베풀었다.

이에 대해 조선 조정은 삼절연공행이라는 정기 사행을 코앞에 두고도 건륭제의 후대에 감사를 표하기 위해 종친 이당(李塘)을 정사로 하는 사은사를 또다시 별도로 파견한다.[23] 건륭제의 파격적 우대 조치에 대하여 정조는 또다시 파격적 성의로 화답하였던 것이다. 이후에도 건륭제의 즉위 50주년(1785)을 축하하는 진하사행, 건륭제의 팔순(1790)을 축하하는 진하사행, 건륭제의 즉위 60주년(1795)을 축하하는 진하사행, 건륭제의 양위와 가경제(嘉慶帝)의 등극(1796)을 축하하는 진하사행이 잇달아 파견되었다. 이 밖에도 박명원(朴明源)의 사행과 같이 건륭제의 만수절을 제 날짜에 맞추어 축하하는 경우도 종종 있었으며, 파격적인 사은사행의 특파도 이당의 경우가 마지막이 아니었다. 1729년(영조 5) 이후 조선의 사은사행은 삼절연공행이 겸무하는 것이 원칙이었음에도 불구하고, 정조는 경제적 비용을 개의치 않고 누차에 걸쳐 사은사행을 특파하였다. '청을 사대 외교의 대상이 되는 대국 또는 적어도 우호 관계를 다질 필요가 있는 인국(隣國)으로 인정하지 않았다면 나타날 수 없었'[24]던 현상임에 틀림없다.

정조와 건륭제가 주고받은 이례적 성의 표시와 우대의 반복은 결국 조선 사신의 접대에 대한 내용도 바꾸게 하였다. 청은 대외 업무를 예부에 전담시켰던 명과 달리, 이번원(理藩院)이 관리하는 외번(外

23) 《일성록》, 정조 4년 10월 9일(갑인), "領議政金尙喆啓言 卽見先來狀啓 宜有謝恩別使 而節行拜表 期日已迫 容旋無路 勢當以謝恩兼冬至使治送".

24) 구범진, 2014, 앞의 논문, 245쪽.

藩)과 예부가 관리하는 조공국으로 나누어 분담시켰다. 그리고 외번과 조공국 사신의 의례를 철저히 분리하여 두 세계를 명확히 구분하였다. 외번과 조공국 사신의 접대 의례는 횟수와 공간에서 구분되었다. 외번 사신은 조공국 사신보다 많은 의례에 참석하였을 뿐만 아니라, 연회나 제례 등 황제가 친림(親臨)하는 행사에 참석하여 어가의 지송(祗送)과 지영(祗迎)을 행하였다. 이처럼 외번 사신이 황제와 근거리에서 접촉한 반면, 조공국 사신은 황제가 참석하는 연회에 초대되는 경우가 거의 없었다. 원단에 행해지는 조하(朝賀) 의례를 제외하면 황제를 먼발치에서 볼 기회조차 드물었다.[25]

그러나 정조의 '진하외교'를 계기로 변화가 일어나기 시작한다. 1780년(정조 4) 8월 이례적으로 조선 사신을 열하의 피서산장에 초치하였던 건륭제는 정조 5~6년의 연말연시가 되자 더욱 파격적인 우대조치를 시행한다.[26] 자신의 친림 행사에 조선 사신을 뻔질나게 불러 친근감을 드러내기 시작하였던 것이다. 조선 사신은 황제의 태묘(太廟) 방문이나 원명원(圓明園) 이동시 어가를 영송하러 나가야 했고, 황제가 주최하는 어연(御宴)에 초대받거나 원명원에서 열리는 각종 세시(歲時) 놀이에도 참석했다. 정조 7~8년부터는 자금성 보화전(保和殿)에서 열리는 제석연(除夕宴)에도 참석하였다. 이 모두가 황제의 특은(特恩)에 의한 것으로 매년 반복되었음에도 불구하고 상례(常禮)로 간주되지 않았으므로, 조선은 이듬해 삼절연공행의 정기 사행편에 사은의 표문을 올리곤 하였다.

---

25) 손성욱, 2018, 〈청 조공국 사신 의례의 형성과 변화〉, 《동양사학연구》 143, 동양사학회, 306·307쪽 참조.

26) 이하 서술한 건륭 연간 외번 의례의 변화는 구범진, 2018, 〈청 건륭 연간 외번 연례(宴禮)의 변화와 건륭의 '성세'〉, 《역사문화연구》 68, 한국외국어대학교 역사문화연구소, 545~557쪽을 참조하여 정리하였다.

아울러 건륭제는 자금성 보화전의 제석연(12월 말일), 원명원 정대광명전(正大光明殿)의 상원연(上元宴, 1월 15일), 중해(中海) 자광각(紫光閣)의 세초연(歲初宴, 제석연과 상원연 사이에 개최)의 3대 외번연, 즉 이번원이 관할하는 외번의 왕공(王公)만 참석할 수 있었던 연회에 대해 조선뿐만 아니라 유구(琉球)·남장(南掌)·섬라(暹羅)의 조공국 사신에게도 문호를 정기적으로 개방함으로써, 회유원인(懷柔遠人)과 일시동인(一視同仁)의 이미지를 창출하고자 하였다고 한다. 대일통(大一統)과 만국래조(萬國來朝)의 실현을 달성한 진정한 중화천자의 자리에 올랐음을 자신의 눈으로 확인하고, 아울러 청의 신하와 한 자리에 모인 외이(外夷, 조공국+외번)에게 보여주고자 한 것이다.[27] 이 기획의 중대한 계기는 다름 아닌 1780년(정조 4) 8월 정조가 특파한 사은사행단의 열하 방문이었다. 조선 사신 역시 건륭의 성세를 자신의 눈으로 좀 더 실감나게 확인하였다.[28] 청의 전례 없는 우대를 조선 측에서도 분명 느끼고 있었다.[29]

앞에서는 주로 청 측의 시각에서 정조대 '진하외교'의 전개와 양상을 정리해보았다. 지금부터는 이 시기 '진하외교'가 어떤 동력 하에 추진되었는지, 조선 측의 입장에서 살펴보겠다. 구범진 등이 조명한

---

27) 건륭제는 이 밖에도 자신의 성세와 '십전무공'을 기리는 여러 이벤트(전승비 수립, 지도·그림 제작, 군사 퍼레이드)를 벌였다. 이 모든 것이 대규모 부정부패와 인구의 폭발적 증가 등으로 인한 청조의 재정난을 가중시키는 중대한 요인이 되었다. 이런 점에서 건륭 통치의 말기는 청조 추락의 롤러코스터가 시작되는 출발점이기도 하였다. 마크 C. 엘리엇, 양휘웅 역, 2011,《건륭제》, 천지인, 225~237쪽, 314~353쪽 참조.

28) 《정조실록》, 정조 7년 2월 27일(무자), "冬至兼謝恩正使鄭存謙副使洪良浩 在燕馳啓曰 …… 十三日晩後 皇帝出御山高水長閣簷楹間 命召朝鮮使臣 …… 仍陳諸般雜戲 又設各樣燈砲 賜臣等餠糖果肉等饌 遍給於從官從人 而俱係內辦云 每宴輒設諸戲 以至於回㺚金川苗蠻之類 各着其國之服 各奏其國之樂 舞蹈歌唱 俱是新年祈壽之意 蓋示賓服四夷 賁飾太平之象 而其他火戲 每日異觀 亦出鼓發陽和之意云"; 《정조실록》, 정조 18년 3월 10일(정유), "冬至兼謝恩正使黃仁點副使李在學 以回還渡江馳啓曰 …… 近年以來 海外諸國無不入貢" 등.

29) 《정조실록》, 정조 19년 9월 29일(정축), "右議政蔡濟恭曰 皇帝之於我國 其所優待者 逈出尋常".

사신 파견과 접대의 양상 외에도, 영조와 정조 연간 양국 관계의 질적 변화를 감지할 만한 요소는 적지 않다. 우선 호칭의 차이이다. 청을 지칭하는 관련 표현의 전면적 변화가 특히 실록에서 감지되는 점이 흥미롭다.

노사(虜使)는 오랑캐 사신을 의미한다. 조선 후기 이 호칭의 주인공은 청 사신이었다. 반면 명 사신은 명사(明使), 천사(天使), 조사(詔使), 칙사(勅使) 등으로 지칭되었다. 명사는 객관적 호칭인 데 비해, 천사는 명백한 경칭이다. 조사나 칙사는 이들이 갖고 온 조서와 칙서라는 문서에서 유래된 것인데,[30] 그중에서도 전자의 격이 높았기 때문에 조사가 더 격이 높은 호칭이었다. 청 사신은 청사(淸使), 북사(北使), 호사(胡使), 노사, 칙사로 지칭되었을 뿐 천사와 조사라 불린 경우는 보이지 않는다.[31] 중요한 점은 《정조실록》부터 더는 노사라는 경멸적 지칭이 보이지 않는다는 사실이다. 헌종, 철종, 고종대에 각각 한 사례씩 발견되지만, 이것은 국왕이나 조정의 공식적 호칭·지칭이라기보다 유생이나 신료의 상소문에서 사용된 경우였다.[32] 호사 역시 멸칭이라 할 수 있는데, 그 용례가 《숙종실록》에 집중적으로 나타나고 《영조실록》에는 정언(正言) 송형중(宋瑩中)의 상소문 중에 딱 한

30) 조서는 중국 황제가 발급하는 대표적인 외교 문서의 하나로, 고사를 폭넓게 인용하면서 현란한 문학적 표현을 많이 사용하며 엄격한 격식이 정해져 있는 매우 의례적인 문서이다. 이에 대응하여 제후국의 국왕이 올리는 외교 문서가 표문(表文)이다. 반면, 칙서는 황제가 발급하기는 하나 조서와 달리 외교 현안을 주제로 행정적인 문체와 용어를 사용하는 실무적 성격의 문서이다. 이에 대응하여 번국의 국왕이 올리는 외교 문서가 주문(奏文)이다. 정동훈, 2009, 〈고려-명 외교 문서 서식과 왕래 방식의 성립과 배경〉, 서울대학교 석사학위논문, 31쪽 참조.

31) 김경록, 2008, 〈조선의 대청 관계 인식과 외교 체계-조선 후기 외교 문서의 정리를 중심으로〉, 《이화사학연구》 37, 이화사학연구소, 160쪽 참조.

32) 《헌종실록》, 헌종 13년 8월 9일(을묘); 《철종실록》 권7, 철종 6년 8월 2일(임진); 《고종실록》 권43, 고종 40년 3월 23일(양력).

번 나타난다.[33] 심지어 대제학 홍양호(洪良浩)가 지은 정조의 〈시장(諡狀)〉에서는 청의 사신을 조사라고 지칭하기도 하였다.[34] 이것을 청 문물 도입에 우호적이었던 홍양호 개인의 캐릭터 때문이라고만 보기에는 이론의 여지가 있다.[35] 국왕의 〈시장〉이라는 공식 제술(製述)에 당대인의 공감대가 형성되어 있지 않았다면, 개인의 의지만으로 조사라는 호칭을 쓰기는 힘들었을 것이다.

게다가 이러한 호칭의 변화가 정조에게서도 드러난다는 점이 의미심장하다.[36] 명의 군주는 조선에서 황제, 천자, 황상(皇上), 연호 또는 '영락황제(永樂皇帝)'처럼 연호 뒤에 황제를 연칭하는 방식으로 지칭하는 것이 일반적이었다. 반면 청의 군주를 연호나 황제로 지칭하는 경우는 많아도 천자나 황상으로 부르는 경우는 거의 없었다. 노추(虜酋), 청한(淸汗)은 후금 시기에 많이 사용된 호칭이고, 병자호란 이후에는 청주(淸主), 청황(淸皇)이라 낮추어 부르는 사례가 적지 않았다. 그런데《정조실록》을 기점으로 청주라는 표현이 더는 등장하기 않는다. 또한 정조 자신이 직접 청을 피국(彼國) 또는 청국(淸國)이라는 중립적 표현보다 대국(大國) 또는 상국(上國)이라 부르기도 하였다.[37] 이러한 호칭의 변화와 연관되어 눈에 띄는 현상은 바로 청사 접대의 변화이다.

---

33) 《영조실록》, 영조 25년 8월 15일(신묘).

34) 《정조실록》, 〈시장〉, "詔使之來 特命上卿 遠逆境上 館待之節 饔餼之需 虔潔敬愼".

35) 홍양호의 청 문물 인식에 대해서는 김창수, 2019, 〈이계 홍양호의 화이관과 청 인식의 두 층위〉, 《사림》 69, 수선사학회, 138~145쪽 참조.

36) 검증은 국사편찬위원회의 《조선왕조실록》 DB를 이용하였다.

37) 《정조실록》 권43, 정조 19년 9월 29일(정축), "上曰 …… 此是大國無前之慶 宜送別使 以示慶賀之意 而旣無前例 今番使行 若先期入送 以示稍異常年之意 則甚好矣"; 《정조실록》 권43, 정조 19년 11월 19일(병인), "上曰 …… 嗣皇帝辭位奏文 諸王貝勒等奏文及上諭 至有日馳六百里頒示之擧者 卽上國別異之盛禮也 亦爲我國除弊之事也".

김창수가 지적한 대로 '진하외교'가 초래한 건륭제의 후대로 인하여 1782년(정조 6) 이후 조선 사신들은 예외 없이 연말·연초에 시행되는 수차례의 연회에 참석하였다. 연회에서 황제가 하사하는 술을 받고 또 황제의 어시(御詩)에 수답하면서 그 답례로 상물(賞物)을 받았다. 이러한 교류는 청조에 대한 반감과 심리적 거리를 줄이는 데 도움을 주었을 것이다.[38] 여기에서 눈여겨보아야 할 것은 이러한 접대시 공간·빈도의 변화가 교류의 내용에도 영향을 주었다는 사실이다. 북경에 파견된 동지정사(冬至正使) 황인점(黃仁點), 부사 홍수보(洪秀輔)의 치계(馳啓) 내용에서 이러한 변화상을 대표적으로 확인할 수 있다.

> 신 등은 12월 27일 북경에 도착하였습니다. 28일 황제가 친히 태묘에서 제사를 지냈으므로 신 등이 오문(午門) 밖에 나아가 머물러 기다리고 있었는데, 황제가 회가(回鑾)할 적에 신 등에게 '국왕은 평안한가?'라고 물었습니다(①).
>
> 정월 초5일에 태화전 뜰로 들어가서 정조(正朝)의 조참에 참여하였습니다. 황제가 예부상서 덕보(德保)에게 외국의 반차(班次)에 대해 하문하니, 조선이 첫머리이고 유구·남장·섬라 이 세 나라가 그 다음이라고 대답하였습니다(②).
>
> 초8일에 이르러 신(臣) 정사·부사 등이 황제가 머무는 영수각(靈壽閣) 밖으로 들어가서 황지(皇旨)를 들었습니다. 초9일에 자광각 내정(內庭)으로 들어가 세수연(歲首宴)에 참여하였는데, 단필(緞疋)·색낭(色囊)·주배(酒盃)를 반사(頒賜)하였습니다. 물러나올 적에는 오문 밖으로 나아가 사은하였습니다. 초10일 황제가 원명원에 행행하였으므로, 신 등이 지송

38) 김창수, 2016, 〈19세기 조선·청 관계와 사신 외교〉, 서울시립대학교 박사학위논문, 58쪽.

하고 나서 원명원으로 따라 들어갔습니다. 12일에는 연연(筵宴)에 참여하였고, 13일에는 후원에 있는 희대(戲臺)에 들어가서 화희(火戲)를 관람하였습니다. 14일에는 어좌 앞으로 들어가 반열(班列)에 참여하여 희자(戲子) 놀이를 관람하였습니다(③).

파할 때에 임해서 호부상서 화신(和珅)이 황지를 전하여 왔는데, 그 내용은, 계절이 '정월 대보름이 되었으므로 놀이를 설행하고 등불을 켠다〔節屆上元 設戲放燈〕'는 제목으로 즉각 칠언사운시(七言四韻詩)를 지어 올리라는 것이었습니다. 신 등이 각각 1수씩 지어 전주(轉奏)하였습니다. 15일에 또 연연을 시행하였으므로 신 등이 정대광명전 뜰로 들어가서 연회에 참석하였는데, 응제(應製)했다는 것으로 특별히 단필을 상으로 내렸습니다. 그리고 신 등을 인도하여 계단 위로 올라가서 사은하게 하였습니다. 오후에 또 상원의 불놀이를 시행하였는데, 신 등은 어좌 앞에 입참(入參)하였으며 지축(紙軸)과 필묵(筆墨)을 반사하였습니다. 전언하기를 "이번에 공헌(貢獻)하러온 외국이 매우 많았으나, 그대들이 유독 사율(詞律)에 능하였기 때문에 짐이 가상하게 여긴다."고 하였습니다(④).[39]

중국 황제와 조선 사신의 면대면 접촉이 늘어나자 이전에는 볼 수 없었던 현상이 나타난다. 이전에는 조서나 칙서를 통해 조선 국왕의 안부를 물었는데, 이제는 건륭제가 직접 사신에게 정조의 안부를 묻는 것이다(①). 건륭제는 의례적 안부 인사를 넘어서 정조의 득남을 걱정하고 기원하기까지 하는 모습을 보이기도 하였다.[40]

---

39) 《정조실록》 권13, 정조 6년 2월 24일(신묘).

40) 《정조실록》 권29, 정조 14년 2월 20일(신미), "冬至正使李性源副使趙宗鉉馳啓言 …… 皇帝曰 國王有斯男之慶乎 臣對曰 一國臣民 方顒望矣 …… 皇帝曰 朕手書福字以送者 欲國王遄得螽斯之慶也 臣等又叩頭 皇帝曰 國王喜書大字乎 特送福字方箋矣 臣等叩頭領受".

조공국 사신의 반열 중에 최상위가 조선이었다는 점도 눈에 띈다(②). 명조의 관행을 본받은 것이라 할 수도 있지만, 사실 청조의 조선에 대한 대우는 명보다도 그 격을 높인 것이었다. 명은 조선의 국왕을 관료제적 질서에서는 1~2품관, 작제적(爵制的) 질서에서는 친왕(親王)과 동급으로 규정한 데 비해,[41] 청은 삼전도 항례 당시 조선 국왕 인조의 좌차(座次)를 외국 군주라는 이유로 친왕들보다 상석에 배치한 바 있었다.[42] 영송, 연회 등을 통하여 황제를 가까이 볼 수 있었음은 물론이요(①·③), 황제가 시제나 운을 정해주면 조선 사신이 이에 맞추어 시문을 지어 올리는 사례도 빈번하였다.[43] 이러한 응제에 대하여 황제는 또다시 은상을 내리는 것이 일반적이었으며, 이것은 군신 간의 의(義)와 정(情)을 돈독히 하는 행위이자 태평성대의 상징이었다.[44] 이 응제에서 청의 외이(外夷)[45] 가운데 가장 두각을 나타낸 것이 조선이었다(④). 춘추전국시대 이래 가장 고급의 의사 교환 수단인 시를 조공국 조선 사신이 능수능란하게 다루었다는 사실은 건륭제에게 각별한 의미가 있었을 것이다. 진정한 중화천자의 임무가 정치적으로는 영토의 통합〔大一統〕과 안민〔太平盛世〕에 있었다면, 문화적으로는 화이일가(華夷一家)가 실현된 문명교화의 추구에 있었기 때문

41) 정동훈, 2012, 〈명대의 예제 질서에서 조선 국왕의 위상〉, 《역사와 현실》 84, 한국역사연구회, 284쪽 참조.

42) 인조 좌차의 의미와 영향에 대해서는 구범진, 2008, 〈청의 조선 사행 인선과 '대청제국체제'〉, 《인문논총》 59, 서울대학교 인문학연구원, 20·21쪽 참조.

43) 《정조실록》 권21, 정조 10년 2월 28일(임인); 《정조실록》 권29, 정조 14년 2월 20일(신미); 《정조실록》 권39, 정조 18년 2월 22일(경진); 《정조실록》 권48, 정조 22년 2월 19일(계축) 등.

44) 《영조실록》 권113, 영조 45년 9월 13일(임진), "命芸館 刊進君臣同會錄 上以君臣同會一堂中爲題 命諸臣應製 自爲序文 印出作册 命名曰君臣同會錄 一件進獻 餘各頒賜應製人"; 김승심, 2010, 〈왕유(王維) 시에 표현된 성당기상(盛唐氣象)〉, 《중국문화연구》 17, 중국문화연구학회, 241~246쪽.

45) 필자는 이번원이 관할하는 외번과 예부가 관리하는 조공국을 합친 개념으로 사용하였다.

이다.[46] 이러한 점을 고려한다면, 시문을 잘 짓는 조선 사신의 존재는 문명교화라는 천자의 공덕을 보증하는 또 하나의 지표였다.

흥미로운 점은 이러한 변화의 양상이 영·정조 연간의 청 사신 접대에서도 명확히 드러났다는 점이다. 불안정한 대륙의 정세로 인하여 숙종대 초반만 하더라도 조선 조정에서는 북벌이 공공연하게 운위되는 실정이었다.[47] 1685년(숙종 11) 압록강 건너 삼도구(三道溝)에서 발생한 청 관리에 대한 상해 사건은 그동안 누적된 청의 불만을 폭발시키는 계기가 되어 숙종대 청사의 접대에는 긴장감이 흘렀다.[48] 청 사신은 이때 조선이 청의 사정을 염탐한 것, 북벌을 추진한 정황, 사신을 소홀히 접대한 것 등에 대하여 강력히 항의하였다.[49] 이러한 상황은 영조대에 들어 변화의 조짐을 보인다.

> 상께서 관소(館所)에 나아가 칙사를 접견하였다. 상칙사(上勅使)가 오는 도중에 병이 심했으므로 의관 진필웅(秦必雄)을 보내어 치료하게 하였다. 상이 몸소 상칙사의 방에 나아가 문병하려고 하자, 상칙사가 굳이 사양하면서 감히 감당하지 못한다고 하므로 중지하였다. 상이 칙사를 접대하는 즈음에 정성과 예의를 다하니〔克盡誠禮〕, 칙사가 아주 감격하여 즐거워하였다.[50]

---

46) 와타나베 히로시(渡邊浩), 김선희·박홍규 역, 2017, 《일본 정치사상사(17~19세기)》, 고려대학교출판문화원, 23~41쪽 참조.

47) 홍종필, 1977, 〈삼번란(三藩亂)을 전후한 현종·숙종 연간의 북벌론-특히 유림과 윤휴를 중심으로〉, 《사학연구》 27, 한국사학회 참조.

48) 《숙종실록》 권16, 숙종 11년 12월 1일(정해), "史臣曰 虜人之侵責上躬 雖不至於始初所慮 而其爲羞辱 亦自不淺".

49) 우경섭, 2018, 〈병자호란 이후 조선의 대청 외교, 1637~1700〉, 《한국의 대외 관계와 외교사-조선편》, 동북아역사재단 한국외교사편찬위원회 편, 동북아역사재단, 444쪽 참조.

50) 《영조실록》 권4, 영조 1년 3월 19일(정사).

숙종대 삼도구 사건의 트라우마로 영조가 지레 몸을 사린 것이라고 볼 수도 있지만, 굳이 청 사신의 시선이나 문책을 느낄 필요가 없는 사안에서도 영조는 그야말로 정성과 예의를 다하려는 모습을 종종 보이곤 하였다.[51] 청사에 대한 극진한 대접이 단발성으로 끝난 것도 아니었다.[52] 영의정 김재로(金在魯)와 국왕의 대화는 청사 접대에 임한 영조의 속내를 보여주는 것 같아 흥미롭다.

김재로: 청나라 사신들이 잔치를 대접받고 기뻐하였으며 또 처음으로 예악문물을 보았다고 하였습니다.

영조: 우리가 저들에게 어찌 잔치를 열어 대접할 뜻이 있겠는가? 다만 거짓으로 대접하는 것은 옳지 않다〔但待之不可以虛僞〕. 옛날 숙묘(肅廟)께서도 항상 풍우를 피하지 아니하고 반드시 교외에 나아가 청나라 사신을 영접하여 능히 그 환심을 샀으니, 우리는 다만 우리가 당연히 해야 할 것을 할 뿐이다.[53]

국왕의 입장에서 볼 때 종묘사직의 보존을 위한 청사의 접대는 소홀히 여겨서도 안 되고 그렇게 할 수도 없는 것이었다. 하지만 대명의리의 측면에서는 문제가 있는 행위였다. 영조의 발언을 보면, 청사를 극진히 대접하는 것에 대한 정당성을 숙종대의 전례에서 구하는

51) 《영조실록》 권4, 영조 1년 3월 21일(기미), "延接都監堂上申思喆入侍言 …… 勅使回還時 郊外動駕 宜如舊例托疾 上以先朝每親送 托疾有欠誠實 不許"; 《영조실록》 권8, 영조 1년 11월 15일(기유), "上幸慕華館迎勅還宮 行禮于殿庭 接見勅使于仁政殿 是日 王世子受册 行禮于殿庭 蓋以方在沖齡 勅使除郊迎之禮 行禮時 亦許除後四拜之節 而上以爲 我國 以禮義之邦 聞於中國 予拜而世子不拜 甚不可 遂行前後四拜".

52) 《영조실록》 권30, 영조 7년 11월 7일(병인); 《영조실록》 권40, 영조 11년 11월 15일(경술); 《영조실록》 권69, 영조 25년 6월 13일(기축) 등.

53) 《영조실록》 권69, 영조 25년 6월 13일(기축).

모습이 보인다. 아울러 기왕 해야 하는 접대라면 거짓이 없어야 함을 강조하고 있는 것이다. 명에 대한 지성사대(至誠事大)의 수준은 아니지만, 그렇다고 해서 단순한 권도(權道)의 차원에서 표리부동한 접대를 하고 있다고 보기도 힘들다. 오히려 영조는 대청 사대를 임시방편으로 인식하면서도, 그것이 거짓되지 않은 방법으로 행해진다면 보국(保國)과 안민(安民)이라는 실리와 함께 양국의 장기적이고 우호적인 관계도 증진될 것이라 믿었던 것으로 보인다.[54] 이 시기 건륭제의 유화적 대조선 정책 또한 영조가 이러한 믿음을 확고히 하는 계기가 되었을 것이다.[55]

대청 사대를 단순한 권도나 전략 전술적 차원에서 행하지 않았던 것은 정조의 경우도 마찬가지였다. 1795년(정조 19) 건륭제의 양위를 앞두고 정조가 우의정 채제공(蔡濟恭)과 나눈 대화는 이러한 의식의 단면을 보여준다.

정조: 황제 자리를 물려준다는 일에 대해서는 이미 확실하게 전해온 기별이 있는데, 새 황제의 연호까지 벌써 정해졌다는 말이 들려온다. 이는 그야말로 대국에 있어 전에 없는 경사라 할 것이니, 별사(別使)를 보내어 경하하는 뜻을 보이는 것이 마땅할 것이다. 그런데 그런 전례가 일단 없는 만큼 이번에 보내는 사행을 정해진 기일보다 먼저 들여보냄으로써 보통의 해와 조금 다르게 하는 뜻을 보여준다면 매우 좋을 것이다. 대국

54) 《영조실록》 권30, 영조 7년 11월 4일(계해), "上將接見北使 以擧哀當否 問于應教李宗城曰 忠信可行於蠻貊 不哭而只使諸臣助哀 得不欠誠乎 宗城曰 國家以小事大 凡事無不貶屈 何獨於節目間事而有所持疑乎 今殿下 不以蠻貊而鄙夷之 必欲以誠信孚感 聖人亦有用權之時 擧哀亦聖人一時之權也 上是之".

55) 범월(犯越) 문제에 대한 건륭제의 유화적 태도는 이화자, 2008, 《조청 국경 문제 연구》, 집문당, 118~128쪽 참조.

에서 만약 혹시라도 왜 사행이 보통 때보다 조금 일찍 들어왔느냐고 의문을 가질 경우 다른 해와는 다르기 때문이라고 대답을 한다면, 대국에서도 필시 그럴 듯하게 여길 것이다. 무릇 대국이 외국에 대해서 특별히 우대하는 은혜를 베풀지 않았다 하더라도 사대하는 방도에 있어서는 정성을 다하는 것이 본래 당연한 일인데(事大之節, 固當盡其誠), 더구나 지금의 황제가 우리나라를 대하는 것을 생각하면 더 말해 무엇하겠는가?

채제공: 황제가 우리나라를 우대해준 것이야말로 보통을 훨씬 뛰어넘는 것이었습니다. 생각건대 60년 동안 태평스러운 정사를 펼친 것은 진나라나 한나라 이래로 있지 않았던 일인데, 필시 그럴 만한 이유가 있기 때문에 그렇게 되었을 것입니다

정조: 일세(一世)를 가운데 두고 모두가 60년의 태평시대를 향유하였는데, 강희에 비해 건륭이 더욱 왕성하다고 하겠다. 즉위했을 때의 나이가 벌써 25세였는데 즉위한 지 회갑이 되는 해에 황태자에게 자리를 물려주게 되었으니 이는 과거 역사를 상고해도 찾아볼 수 없는 일이다. 강희는 60년이었는데 건륭은 앞으로 또 몇 년이나 더 향유할지 모를 일이다.[56]

정조에게 사대란 대국이 특별히 은혜를 베풀지 않아도 소국이 마땅히 정성을 다해야 할 일이었다. 게다가 채제공도 동의하듯이 조선에 대한 건륭제의 후대는 각별한 것이었다. 정조는 60년 동안이나 재위에 있으면서 태평스러운 정사를 펼친 건륭제를 군왕의 모범으로 인식하였다. 청의 시선을 의식할 필요 없는 조선의 궁궐 안에서 군신 간에 이러한 대화가 오고 갔다는 점에서, 이 내용은 정조와 채제공의 속내를 있는 그대로 드러낸 것이라 보아도 무방하다. 이 밖에도 대청

56) 《정조실록》 권43, 정조 19년 9월 29일(정축).

사대의 행례(行禮)를 의리(義理)와 사체(事體)의 차원에서 인식하는 정조의 발화(發話)는 적지 않게 남아 있다.[57] 청에게 보내는 표문을 전송할 때의 궐례(闕禮)를 지적한 그의 심성을 외교상의 전략·전술의 차원에서는 이해할 수 없다. 청의 시선을 전혀 의식할 필요가 없는 곳에서의 행례였기 때문이다.[58]

> 오늘 표문을 올리면서 우리나라가 조회와 시장을 정지하고 있다는 이유로 음악을 연주하지 않았으니, 너무나 의의가 없다. 일찍이 전례를 상고해보니 재계(齋戒)하는 날에도 음악을 거행하였으니, 오늘 거행한 것은 실의(失儀)를 면치 못하였다. 예조의 당상을 추고(推考)하라.[59]

이러한 배경 아래 정조대의 청사 접대는 영조대와 크게 구별되는 특징을 보인다. 바로 정조를 대상으로 한 청사의 시문 진헌이다. 영조대 극진한 청사 접대의 내용은 다례(茶禮)와 연향(宴享)이었지, 시문이 오간 경우는 없었던 것으로 보인다.[60] 반면 이 시기에는 청사가 정조를 접견할 때 시문을 올리는 유례없는 현상이 벌어졌다. 정조가 호학숭문(好學崇文)의 군주라는 사실이 건륭제에게 알려져, 이 무렵 조선에 파견되는 청 사신의 자격으로 제술(製述)의 능력이 중시되기도

---

57) 《정조실록》 권16, 정조 7년 9월 30일(무오), "上以謝恩使方物事 語諸臣曰 有事載質 古之禮也 順付與別使 體例懸殊 不送別使則已 夫安有無方物 而只送使价之擧乎 皇帝以八旬高年 萬里遠役 此實載籍所未有也 且以尊高年之義言之 其在相待之道 不可無慰賀之辭 如以方物 謂之違命而有還送之擧 在此無所損 而實合於德無不酬之義也"; 《정조실록》 권43, 정조 19년 11월 21일(무진), "上曰 皇帝之六十年在位 旣是前代稀有之事 而今此傳位 尤爲所未有之盛擧也 使行到燕後 先呈奏文 次進賀表 體禮當如此矣" 등.

58) 조선시대 배표례(拜表禮)의 기원과 창출 과정에 대해서는 최종석, 2019, 〈고려 후기 배표례의 창출·존속과 몽골 임팩트〉, 《한국문화》 86, 서울대학교 규장각한국학연구원 참조.

59) 《정조실록》 권14, 정조 6년 10월 22일(을유).

하였다.[61] 청 사신은 《시경》을 인용하는 세련된 방법으로 겸사(謙辭)를 표현하거나 조선의 명승을 보며 제영시(題詠詩)를 짓기도 하였다.[62] 무엇보다도 국왕을 접견할 때 시문을 지어 올리곤 하였는데, 그 시에서 정조는 기자의 유풍이 남아 있는 조선 땅을 다스리는 어진 군주였다.[63] 《정조실록》은 그 오랑캐 사신의 전례 없는 시문을 삭제하지 않고 곳곳에 남겨 놓았다.

문물과 의관이 갖추어져 있는 나라에
사명(使命)을 띠고 잠시 와 머무노니.
해상의 흰 구름은 창문에 비치고
푸른 나무는 누각 가까이 서 있네.
전하의 빛나는 모습 가까이 뵈니
동남쪽 땅의 영험이 발휘됐어라.
몇 번이나 멀리 눈길을 보내어
천리 밖 황제의 궁궐을 바라봤던고.[64]

---

60) 《영조실록》 권8, 영조 1년 11월 16일(경술); 《영조실록》 권69, 영조 25년 6월 13일(기축); 《영조실록》 권40, 영조 11년 11월 15일(경술), "都監言 淸主新卽位 勅使以宗室來 宜加優異 請依癸卯故事 贈揭帖示款 上令槐院考稟 至是 淸使書其詩六七篇與謝幅三四行 求轉達 都監據例不受 或慮揭帖之後 彼若稱謝儀 附達文字 事有難處 都提調金興慶白請停之".

61) 《정조실록》 권19, 정조 9년 2월 14일(갑오), "(上)問 朝鮮爲文物之邦 國王亦與爾等講學問否 阿肅奏 王以臣進士出身 且在尙書房師傅 上行走 令臣作詩 臣勉强作七律二首 王立就和韻四章 詩才敏捷 足見學問深厚"; 《정조실록》 권52, 정조 23년 7월 10일(병인), "湖廣道監察御史繼善劾奏 朝鮮自是文華之邦 詔使之必以進士派送者 意有在焉 恒傑素乏地望 且無文識 不可送".

62) 《정조실록》 권18, 정조 8년 12월 3일(갑신), "上迎勅慕華館 仍還仁政殿庭 行受詔勅禮 禮訖 接見勅使于殿內 行茶禮 仍行宴禮 凡七爵 每爵各呈樂舞 至第二爵 勅使曰 詩云 旣醉以酒 旣飽以德 此之謂也 宴罷"; 정조 8년 12월 14일(을미), "副勅到黃州 書示七言律詩一首曰 葱秀巖石絶奇 前人詩板多揭站壁 俺亦搆成一律 使之刻期刊出 卽爲懸揭 以其印本 傳送於所到處".

63) 《정조실록》 권18, 정조 8년 12월 5일(병술), "二首曰 箕疇衍化夙敦仁 秉恪尤聞布治新 ……".

64) 《정조실록》 권53, 정조 24년 1월 27일(경진).

위와 같은 청사의 시문 진헌은 건륭제와 조선 사신 간의 응제를 전유(專有)한 방식이었다. 정조대 군신에게 청사는 강포하고 돈만 밝히는 오랑캐의 사신이 아니라, 동국(東國)을 다스리는 국왕의 덕과 교화를 보증해주는 존재였다. 명 사신과 조선 군신이 행한 시문 수창(酬唱)의 오랜 역사를 떠올려보면[65] 청사의 존재는 완벽하지는 않지만 명사를 대체하고 있는 것으로도 보인다. 동문동궤(同文同軌)의 문명의식 또는 중화라는 보편문명의 자장 안에서 정조대의 '진하외교'는 수행되고 있었던 것이다.

다만 반복해서 강조하지만, 이러한 방식의 대청 사대 또는 대청 외교가 굴종적이거나 맹목적인 성격의 것이 아님은 대명 사대의 경우와 동일하다.[66] 건륭제에 대해 전례 없는 성의를 거듭 표하고 청사 역시 소홀하게 대접하지 않은 정조였지만, 그 시행은 예의(禮義)와 사체(事體)에 부합하는 것인지 검토하는 궁리(窮理)의 과정을 통하여 이루어졌다. 건륭제의 상복을 벗는 과정에서 정조의 이러한 자세가 잘 드러난다. 1799년(정조 23) 3월 건륭제의 붕어를 알리는 고부칙사(告訃勅使)가 '중국에서는 황제의 상복을 27일 만에 벗는데, 왜 조선은 3일 만에 벗는지' 역관에게 물었다. 역관은 해를 날로 바꾸는 전례〔以日計年〕 때문이라고 대답했지만 청사는 황제의 은혜가 특별하지 않았냐고 다시 반문한다. 역관이 순치제 이후의 전례가 이와 같다고 대답하자 더 큰 문제는 발생하지 않았다. 사건의 전말을 보고받은 정조는 '비단 숭덕(崇德, 청 태종의 두 번째 연호, 1636~1643) 이후의 전례가 이와 같았을 뿐만이 아니다. 한(漢)의 제도에 내복제후(內服諸侯)의 거림(擧

65) 김한규, 2019, 《동아시아의 창화 외교》, 소나무, 57~168쪽 참조.

66) 조선시대 대명 사대와 대명의리의 성격에 대해서는 허태구, 2019, 《병자호란과 예(禮), 그리고 중화(中華)》, 소명출판, 296~343쪽 참조.

臨)도 3일을 넘지 않았다. 예제(禮制)에 있는 것을 감히 변경할 수 없다는 뜻을 다시 역관을 시켜 전하라.'는 취지로 하명한다.[67] 정조대는 아니지만, 조선은 황태후 성절에 표문을 올리라는 청의 반복된 요청도 끝내 거절한 바가 있다. 표문은 황제에게만 올리는 외교 문서식이기 때문이다. 이러한 요구는 1697년(숙종 23), 1723년(경종 3), 1736(영조 12), 1738년(영조 14), 1744년(영조 20), 1820년(순조 20), 1834년(순조 34), 1835년(헌종 1)에 이르기까지 지속적으로 있었다.[68] 더욱 재미있는 점은 황태후에게 전문(箋文)이 아닌 표문을 올리라는 요구를 처음 한 나라가 명이었다는 사실이다. 이때에도 조선의 대답은 '불가(不可)'였다.[69] 이상의 사례는 정조가 '진하외교'를 오로지 국익 추구를 목표로 전략 전술적 차원에서 실행한 것은 아니라는 점을 보여준다. 동시에 예의의 차원에서 시행된 당대 조선 외교의 역사적 특징을 드러내는 인상적 장면이다.

그러나 오해하지 말아야 할 것은 정조의 '진하외교' 또는 대청 사대가 안민과 보국이라는 외교의 본질 또한 망각하지 않았다는 사실이다. 정조는 우선 외교 문서 정리의 중요성을 강조하였다. 1778년(정조 2)에는 《통문관지(通文館志)》가 중간(重刊)되었다. 늘어난 연대의 기사를 추가하는 정도의 속찬(續撰)이 아니라 내용 보완과 체제 개편을 수반한 개찬의 성격을 띤 것이었다.[70] 청사를 영접하는 의궤의 제본

---

67) 《정조실록》 권51, 정조 23년 3월 2일(경신).

68) 이은영, 2011, 〈조선시대 표전(表箋) 연구 (1)-보국(保國)과 화국(華國)의 역할을 중심으로〉, 《한국한문학연구》 48, 한국한문학회, 103쪽.

69) 《세종실록》 권31, 세종 8년 2월 17일(신사).

70) 김윤제, 2006, 〈규장각 소장 《통문관지》의 간행과 판본〉, 《규장각》 29, 서울대학교 규장각한국학연구원, 68쪽.

과 함께 청에 보내는 외교 문서의 인간(印刊)도 명하였다.[71] 당연히 청에 보내는 외교 문서의 작성에도 각별한 주의를 기울였다.[72] 칙사 왕래시의 접대와 호위에도 문제가 생기지 않도록 신경을 썼다.[73]

정조의 능수능란한 외교술도 돋보인다. 그는 1784년(정조 8) 문효세자(文孝世子) 책봉을 위해 조선을 방문한 정사 서명(西明)과 부사 아숙(阿肅)을 알뜰히 챙겼다. 청 사신과 조선 신료는 시문 수창을 통하여 우의를 돈독히 하였는데, 그 결과 조선의 문명(文名)을 자연스레 떨쳐 청나라에 소문이 날 정도였다.[74] 흥미로운 것은 정조가 이들 청 사신에게 전년도에 연행 간 사신으로부터 전달받은 건륭제의 어제시 모각(摹刻)을 보여주었다는 점이다.

> (상이) 또 대신을 보내어 "작년에는 삼가 황상의 시를 받고 글씨를 받는 은전을 입었습니다. 삼가 이미 모각하여 여러 대인들이 구경하는 데 대비하여 또한 쌓아두고 있습니다. 지금 바야흐로 가져오고 있으니, 여러 대인들도 또한 공경히 지영례(祗迎禮)를 행해야 할 것입니다."라고 전하고, 섬돌을 내려가서 경건히 맞이한 다음에 자리를 내려가서 직접 건네주었다. 두 칙사가 손으로 쓸어 만지면서 "각법(刻法)이 매우 정밀하여 황상의 친필과 다름이 없습니다. 그 가운데는 국왕의 이름이 있어서 비록 가져가기는 미안하지만, 이것은 돌아가서 황상께 바치지 않을 수 없

71) 《정조실록》 권18, 정조 8년 10월 9일(신묘).

72) 《정조실록》 권43, 정조 19년 11월 7일(갑인), "召見進賀正使李秉模 …… 上謂秉模曰 事大文字自當致慎 今番表咨 卿須照察也".

73) 《정조실록》 권2, 정조 즉위년 10월 29일(정묘); 《정조실록》 권2, 정조 즉위년 11월 2일(경오).

74) 《정조실록》 권19, 정조 9년 2월 14일(갑오), "別單…江南狄翔 名以漢人 臣行帶來中人 以彼之能文 與之相識 此人素與阿肅甚親切 筆談間以爲 欽差阿公 自貴國回 盛稱東國接待 逾於常格 文華彬彬".

습니다."라고 말하며 이어서 받아놓았다.[75]

감격한 청 사신은 정조가 준 모각을 다시 가지고 가서 황제에게 진헌하였다. 이것이 건륭제를 얼마나 기쁘게 하였을지는 굳이 확인하지 않아도 짐작이 가능하다. 주도면밀한 정조는 이듬해 12월 진하겸사은사(進賀兼謝恩使)로 파견한 정사 박명원과 부사 윤승렬(尹承烈)로 하여금 서명과 아숙의 집을 방문하도록 하였다. 그들을 통해 폐백(幣帛)을 전달하며 안부를 물었을 뿐만 아니라, 건륭제의 호의적 반응도 확인하였다.[76] 이들 사신은 칙사의 통관(通官)도 따로 만나 지선(紙扇)과 환약(丸藥) 등을 주며 환심을 샀다.[77] 이러한 정조의 노력이 조선의 국익을 추구하는 데 도움이 되었다는 것은 의심의 여지가 없다. 그는 나이 어린 세자의 책봉 등 민감한 현안을 건륭제의 전폭적 지원 아래 순조롭게 해결하였다.[78] 요컨대 이 시기 양국 관계는 정조의 성의와 건륭제의 호의가 공명하며 순항하였다고 할 수 있다.

정조가 이처럼 대청 사대에 진력한 배경에는 중원의 패권을 장악한 청의 안정이 곧 조선의 안위와 연동된다는 무시할 수 없는 현실 또한 잠재해 있었다. 이미 영조대부터 청과 조선의 안보가 밀접하게 연관되어 있다는 군신의 발언이 자주 보인다.[79] 뿐만 아니라, 강포하고 미개한 몽골이나 준가르부보다는 차라리 청이 낫다는 냉정한 판

75) 《정조실록》 권18, 정조 8년 12월 4일(을유).

76) 《정조실록》 권19, 정조 9년 2월 14일(갑오).

77) 위의 각주.

78) 김창수, 2016, 앞의 논문, 62~68쪽 참조.

79) 《영조실록》 권28, 영조 6년 11월 17일(임오), "上曰 胡無百年之運 災異如此 我國雖有雪恥之心 脣亡則齒豈不寒乎 淸皇每顧護我國 我國玩愒以度矣"; 《영조실록》 권40, 영조 11년 1월 3일(갑술), "副使朴文秀言 淸皇爲人 自聖多苛刻之政 …… 年近六十 不立太子 其勢不久 然則將爲我憂"; 《영조실록》 권58, 영조 19년 10월 27일(병자), "上曰 中原之有亂 我國之憂也" 등.

단도 하고 있었다.[80] 정조와 그의 신료들 역시 영조와 생각이 다르지 않았다. 강성한 몽골이 잠재적 위험이라고 관성적으로 인식했지만, 그렇다고 단기간 내에 청이 몰락할 거라고 예상한 것은 아니었다.[81] 여기에는 자신들이 목도한 건륭제의 개인적 능력에 대한 믿음도 깔려 있었다.[82] 정약용(丁若鏞)은 청과 국경을 맞대고 있는 지리적 형세가 임진왜란과 같은 일본의 전면적 침략을 제어하는 데 도움이 된다고 판단하였을 뿐,[83] 청에 대한 특별한 경계심을 드러내지는 않았다. 가장 공손하고 신뢰가 가는 번국이라는 청조의 평가도 특히 건륭 연간에 빈번히 나온다.[84] 결론적으로 정조대 조·청 관계는 외교 안보적 측면에서 민감한 현안의 발생이나 갈등 없이 매우 순조롭게 흘러갔다고 할 수 있다.

대제학 홍양호는 자신이 작성한 〈시장〉에서 정조의 외교적 성과를 다음과 같이 평가하였다. 사대의 예를 정성으로 행함으로써 양국의 우호를 다지고 결국 그 혜택이 백성들에게까지 미쳤다는 것이 그 요

---

80) 《영조실록》 권47, 영조 14년 2월 14일(병신), "上引見大臣備堂 …… 光佐曰 …… 蒙古雄悍 過於女眞 若入中原 則待我之道 必不如淸人矣"; 《영조실록》 권82, 영조 30년 9월 19일(을미), "上召見領議政李天輔 左議政金尙魯 …… 時淸主方到瀋陽 而西㺚强甚 上憂淸主之盤遊無度 禍及我國".

81) 김문식, 2009, 《조선 후기 지식인의 대외 인식》, 새문사, 122~133쪽; 김창수, 2016, 앞의 논문, 87~91쪽 참조.

82) 《정조실록》 권6, 정조 2년 7월 9일(병신), "召見玉堂沈念祖 …… 乾隆 蓋英主"; 《정조실록》 권43, 정조 19년 9월 29일(정축), "上曰 間一世俱享六紀治平 而乾隆比康熙 尤盛焉 卽位之時 已爲二十五歲 且卽位回甲之年 傳位於儲嗣者 求之往牒 亦未之見也 康熙則六十年 乾隆則又不知更享幾年".

83) 정약용(丁若鏞), 《다산시문집(茶山詩文集)》 권12, 논(論) 〈일본론(日本論)〉 2, "淸人以我邦爲左臂 而我之北界 又與其根本之地 逼近而相附 淸人決不使慓悍習兵之虜 據其左臂".

84) 《청고종실록》 권32, 건륭 1년 12월 7일, "諭 朝鮮歸順我朝 恪守藩封之職 累世恭謹"; 《청고종실록》 권1065, 건륭 43년 8월 25일, "又諭 朝鮮列在外藩 世篤忠貞 謹守侯度"; 《청고종실록》 권1214, 건륭 49년 9월 3일, "諭 禮部奏 據朝鮮國王李祘奏稱 自守藩封 已逾八載 年過三十 尙未有子 前歲始生子㬀 今已齡及三齡 懇請賞給封號 理合據情轉奏等語 朝鮮於藩服最為恭順 是以恩賚便蕃 疊加優厚" 등.

지이다. 청에 대한 북벌이나 복수가 아닌 지성사대가 국왕의 〈시장〉에 업적으로 실렸다는 점에서 중요한 시대적 변화가 감지된다.

> 사대의 예에 있어서는 극진한 정성을 다해 제후로서의 도리를 엄숙히 닦고, 사개(使价)를 신중히 선발하여 철따라 조청(朝請)하는 시기를 놓치는 일이 없었으며, 방물을 바칠 때도 꼭 친히 점검했다. 그리고 경하를 당하거나 은전을 입었을 때면 대신을 별도로 보내 축하와 감사의 뜻을 표했으며, 조사(詔使)가 올 때면 특별히 상경(上卿)을 명해 멀리 경상(境上)까지 가서 맞이하게 하고 거처와 음식 대우에 있어서도 깨끗하고 경건히 모시기에 주력하였다. 그리고 그 일행이 왕성에 당도하면 친히 교외에 나아가 맞고 예를 갖추어 잔치를 베풀었으며 보낼 때도 마찬가지로 있는 정성을 다했는데, 그 때문에 고종순황제(高宗純皇帝)가 독특한 사랑과 보살핌으로 내복(內服)과 동등한 대우를 해주고 사랑의 표시로 내린 물품도 많았으며, 특히 어필의 어시와 복(福) 자의 보전(寶箋)을 내려 자기 나라 신민들에게 베풀듯이 베풀었고 배신(陪臣)을 대할 때면 언제나 안부를 물었으며 심지어 왕자 탄생의 기쁨이 있거나 세자 책봉 때를 당하면 보통과는 월등히 다른 각별한 은례를 보였기에, 이 나라 신민들은 지금까지도 그를 감지덕지하고 있는 것이다.[85)]

---

85) 《정조실록》 부록, 〈시장〉.

2.
역지통신 교섭과 대일 관계

임진왜란 이후 조·일 외교를 대표하는 사건은 조선통신사의 에도(江戶) 파견이다. '통신(通信)'이란 신의(信義)로써 교류한다는 의미이다.[86] 조선과의 교역이 생명선이었던 대마도는 도요토미 히데요시(豊臣秀吉) 사후 국교 재개를 위해 필사적으로 노력하였다.[87] 조선 역시 건주 여진·후금의 안보적 위협이 점증하는 상황에서 일본과의 국교 재개를 허가하지 않을 수 없었다. 그리하여 1609년(광해군 1) 에도 막부로부터 외교권을 위임받은 대마도 도주와 조선 사이에 조·일 양국 통교(通交)의 기본 틀을 정한 기유약조(己酉約條)가 체결되었다. 도쿠가와 이에야스(德川家康)는 자신의 쇼군(將軍) 지위를 대내외적으로 인정받기 위해 조선통신사의 파견이 필요하였다.

다음 〈표 2〉와 같이 임진왜란 이후 조선은 에도 막부에 총 12회의

86) 이와카타 히사히코(岩方久彦), 2017, 《19세기 조선의 대일 역지통신 연구》, 경인문화사, 32쪽.

87) 임진왜란 이후 조·일 통교의 배경에 대해서는 한명기, 2018, 〈조선시대 대외 관계와 외교사 총론〉, 《한국의 대외 관계와 외교사-조선편》, 동북아역사재단 한국외교사편찬위원회 편, 동북아역사재단, 60·61쪽 참조.

통신사를 파견하였다. 임진왜란 이후 1624년(인조 2)까지 파견된 사절단의 명칭은 통신사가 아니라 회답겸쇄환사(回答兼刷還使)이지만, 통신사행과 격식, 인원 구성, 노정 등에 별 차이가 없기 때문에 보통 합산한다.

〈표 2〉 조선 후기 통신사 일람[88]

회차	파견 연도	사행 명칭	정사	부사	종사관	비고
제1차	선조 40 (1607)	회답겸쇄환사(回答兼刷還使)	여우길(呂祐吉)	경섬(慶暹)	정호관(丁好寬)	통교 재개
제2차	광해 9 (1617)	회답겸쇄환사(回答兼刷還使)	오윤겸(吳允謙)	박재(朴梓)	이경직(李景稷)	오사카성 전투 직후 파견
제3차	인조 2 (1624)	회답겸쇄환사(回答兼刷還使)	정립(鄭岦)	강홍중(姜弘重)	신계영(辛啓榮)	도쿠가와 이에미쓰(德川家光) 습직 축하
제4차	인조 14 (1636)	통신사(通信使)	임광(任絖)	김세렴(金世濂)	황호(黃㦿)	병자호란 중 파견, 일본 태평(泰平) 축하
제5차	인조 21 (1643)	통신사(通信使)	윤순지(尹順之)	조경(趙絅)	신유(申濡)	도쿠가와 이에쓰나(德川家綱) 탄생 축하
제6차	효종 6 (1655)	통신사(通信使)	조형(趙珩)	유창(兪瑒)	남용익(南龍翼)	도쿠가와 이에쓰나(德川家綱) 습직 축하
제7차	숙종 8 (1682)	통신사(通信使)	윤지완(尹趾完)	이언강(李彦綱)	박경후(朴慶後)	도쿠가와 쓰나요시(德川綱吉) 습직 축하
제8차	숙종 37 (1711)	통신사(通信使)	조태억(趙泰億)	임수간(任守幹)	이방언(李邦彦)	도쿠가와 이에노부(德川家宣) 습직 축하
제9차	숙종 45 (1719)	통신사(通信使)	홍치중(洪致中)	황선(黃璿)	이명언(李明彦)	도쿠가와 요시무네(德川吉宗) 습직 축하
제10차	영조 24 (1748)	통신사(通信使)	홍계희(洪啓禧)	남태기(南泰耆)	조명채(曹命采)	도쿠가와 이에시게(德川家重) 습직 축하
제11차	영조 40 (1764)	통신사(通信使)	조엄(趙曮)	이인배(李仁培)	김상익(金相翊)	도쿠가와 이에하루(德川家治) 습직 축하
제12차	순조 11 (1811)	통신사(通信使)	김이교(金履喬)	이면구(李勉求)		도쿠가와 이에나리(德川家齊) 습직 축하/대마도 역지통신

통신사행단은 크게 삼사(三使), 역관, 제술관, 상관(上官), 차관(次官), 중관(中官), 하관(下官)으로 구성되었다.[89] 삼사는 외교 실무를 주관하는 인력이다. 당상관 신분의 정사, 당하관 신분의 부사, 정5~6품의 종사관으로 구성된다. 역관에는 일본어 역관이 선발되었고, 제술관은 외교 문서의 초안 작성을 담당하였다. 상관에는 의사(醫師), 사자관(寫字官), 서기(書記), 화원(畫員) 등이 속했고, 차관에는 마상재(馬上才), 전악(典樂), 선장(船長) 등이 포함되었으며, 하관은 풍악수(風樂手)와 격군(格軍) 등으로 구성되었다. 이처럼 사행단의 구성은 연행사에 비해 다채로웠을 뿐만 아니라 총 인원 역시 500명 내외에 달할 정도로 대규모였다. 이들을 호송하는 데 인부 30만 명 이상, 말 8만 필 이상이 동원되었으며,[90] 이동, 숙박, 접대에 일본은 전국 농업 생산량의 3퍼센트를 상회하는 막대한 비용을 투입하였다.[91] 17세기 이후 청의 중원 장악이 확고해지고 18세기 이후 조·일 관계도 안정기에 접어들자, 통신사행은 더욱 의례적·형식적 성격을 띠었다.

통신사 왕래를 둘러싼 양국의 상호 인식을 좀 더 살펴보면 다음과 같다. 통신사 왕래의 표면적 명분은 에도 막부의 쇼군 습직(襲職)에 대한 축하와 양국의 우호 증진이었다.[92] 그러나 통신사를 파견한 조

---

88) 전거는 미야케 히데토시(三宅英利), 손승철 역, 1990, 《근세 한일관계사 연구》, 이론과실천 권말에 수록된 조선통신사 일람표.

89) 통신사행단의 인원 구성은 윤유숙, 2018, 〈조선 후기 조일 외교〉, 《한국의 대외 관계와 외교사-조선편》, 동북아역사재단 한국외교사편찬위원회 편, 동북아역사재단, 467쪽 참조.

90) 이와카타 히사히코, 2017, 앞의 책, 29쪽.

91) 제임스 루이스(James B. Lewis), 2009, 〈문명의 가격?-17~19세기 조선의 일본으로의 사절의 역할과 비용〉, 《대동문화연구》 68, 성균관대학교 대동문화연구원, 70쪽.

92) 신유한(申維翰), 《해유록(海遊錄)》 권하, 〈부문견잡록(附聞見雜錄)〉, "國書曰朝鮮國王姓諱 奉書日本國大君殿下 十年之間 聘問闊焉 近聞殿下 新承令緖 撫寧海宇 其在隣誼 曷勝欣聳 爰遵故常 特遣使价 致慶修睦 禮則然矣 兩國交驩 寧有旣乎 仍將薄儀 聊表遠忱 惟冀益恢前烈 永綏洪福 不備 己亥年四月日".

선의 근본적인 목적은 막강한 무력을 가진 일본을 정탐하고 평화적으로 관리하는 것이었다.[93] 당대인의 흔한 표현에 따르면 일본은 불공대천(不共戴天)의 원수였지만,[94] 아예 교류를 단절하는 것보다는 통교를 하며 적절히 응대하는 편이 안전하고 비용도 더 적게 들었기 때문이다. 왜관(倭館)을 통해 대마도와 무역을 하고 통신사를 파견할 것인지 아니면 일본과 적대관계를 유지하며 군비를 강화시킬 것인지, 이 양자 가운데 조선이 택한 카드는 후자였다. 특히 고려~조선 전기에 걸핏하면 왜구의 근거지로 돌변한 대마도를 제도적 틀 안에서 기미(羈縻), 즉 통제하는 것이 중요한 목표였다.[95]

1763년(영조 39) 통신정사(通信正使)로 일본에 간 조엄(趙曮)은 자신이 맡은 일본 교섭의 본질에 대해 다음과 같이 토로하였다.

> 왜인을 접대하는 도리는 본디 난처한 꼬투리가 많이 있으니 더욱 깊이 헤아리고 두루 생각한 뒤에야 흔단(釁端)이 생기지 않을 것이요, 만일 사세를 알지 못하고 위엄과 공갈로 한다면 성사되지 않을 뿐만 아니라 도리어 업신여김을 당할 것이니 이는 병가(兵家)에서 이른바 '남을 알고 자기를 안다'는 어려움이다.[96]

한편, 조선 사행단은 유교적 예제 및 관념이 부재한 일본을 도이

---

93) 한명기, 2007, 〈병자호란 무렵 조선의 대일 정책과 인식〉, 《동북아역사논총》 17, 동북아역사재단, 322~328쪽 참조.

94) 《광해군일기》 권143, 광해군 11년 8월 갑인(4일), "傳曰 …… 日本有不共戴天之讎也 而今則別無殺牛馬祭天之事 和好已固 小無他患 兩國安靜".

95) 한문종, 2013, 〈조선 전기 한일 관계와 대마(對馬)〉, 《동북아역사논총》 41, 동북아역사재단, 68~75쪽 참조.

96) 조엄(趙曮), 《해사일기(海槎日記)》 권2, 계미년(1763) 12월 6일.

(島夷)라 부르며 멸시하곤 하였다.[97] 이들에게 일본은 조선 국왕의 덕과 예로 교화되어야 할 존재였다. 따라서 조선의 통신사행은 유교 문명의 전파라는 명분과 자부심으로 합리화될 수 있었다. 제술관, 의사, 사자관, 서기, 화원, 마상재, 전악 등이 포함되는 다채로운 사행단의 구성에는 자국 문화의 우수성을 과시하려는 조선 측의 의도가 다분히 스며들어 있었다. 통신정사 조엄을 수행한 유명한 사문사(四文士, 제술관 남옥(南玉), 1방 서기 성대중(成大中), 2방 서기 원중거(元重擧), 3방 서기 김인겸(金仁謙))를 영조가 사행 출발 전에 불러 시제를 주어 시험한 후 "너희들은 오로지 문자(文字)로써 나라에 욕되지 않도록 하고 돌아오라."고 당부한 것은 바로 이러한 의식의 반영이었다.[98] 더욱이 이들이 체험한 에도 막부의 융숭한 접대 그리고 일본인들의 열렬한 환영과 활발한 문화 교류는 이러한 자의식을 강화시켜주는 계기가 되었다.

> 차천로(車天輅)가 일찍이 뽑혀가 그 나라의 글을 아는 사람들에게 시와 글 솜씨를 보여줌으로써 명성이 대단히 높아지자 그 나라 사람들의 기뻐하고 우러르는 바가 되었다. …… 왜인들의 문자(文字)를 즐기는 취미가 근래에 더욱 왕성하여 부러워하고 사모하는 사람들이 무리를 이루었고, 학사대인(學士大人)이라 부르면서 시와 문을 청하느라 거리가 메이고 문이 막힌다. 그들의 말에 수응(酬應)하거나 우리나라 문화를 선양하는 문제를 반드시 제술관에게 책임 지우게 되니, 일은 번잡하고 책임이 크다.[99]

---

97) 와타나베 히로시(渡邊浩), 이경미 역, 2016, 〈화이(華夷)와 무위(武威)-평화 지속의 어려움에 대하여〉, 《개념과 소통》 17, 한림대학교 한림과학원, 15~19쪽.

98) 원중거(元重擧), 《승사록(乘槎錄)》 권1, 계미년(1763) 7월 21일.

99) 신유한, 《해유록》 권상, 숙묘(肅廟) 44년 무술년(1718) 정월.

통신사가 고급문화의 전달자로 대우받은 것은 분명한 사실이다. 그러나 에도 막부의 입장에서 통신사는 어디까지나 최고 권력자인 쇼군의 권위를 대내외적으로 인정받고 국내의 다이묘들에게 막부의 정치적 우위를 과시할 수 있는 장치였다. 조선이 거부했기 때문이긴 하지만, 일본이 사신을 파견하지 않는데 쇼군 승습(承襲) 시에 조선만 사신을 파견하는 것은 충분히 오해를 초래할 만한 일이었다. 더구나 에도 성의 오히로마(大廣間)에서 쇼군을 알현할 때 '사배례(四拜禮)를 하는 절차'는 군신 간의 의례로 해석될 소지가 많았다. 물론 조선은 쇼군이 아니라 쇼군 앞에 놓인 조선 국왕의 국서에 배례를 한다고 간주하였다.[100)]

오사카에서 도쿄까지 통신사를 수행하는 수많은 인원과 대규모 행렬은 일본인들에게 다이묘가 막대한 비용을 들여 행하는 참근교대(参勤交代)를 연상시켰을 것이다.[101)] 더구나 에도 막부는 각 경유지의 다이묘들에게 통신사 접대 비용을 분담시켰다. 통신사 파견은 막부의 권위도 확립하고 다이묘들의 재정도 갉아먹는 이중의 기능을 한 것이다. 조선 역시 이러한 사실을 모르지 않았으나 양국 관계의 안정을 위해서는 눈감아야 한다고 생각하였다.

> 관백(關白)이 새로 서면 반드시 우리나라에다 사신을 보내줄 것을 청하는데, 사신이 그 나라에 도착하면 제도(諸島)에 호령하는 패문(牌文)에 '조선에서 조공을 바치러 들어온다'고 하기에까지 이르러 국가의 수모와 욕됨이 막심하였다. 그러나 사명(使命)을 받들고 간 사람은 매양 일

---

100) 윤유숙, 2018, 앞의 논문, 468쪽 참조.

101) 이와카타 히사히코, 2017, 앞의 책, 37쪽.

이 생길까 두려워서 그대로 두고 못 들은 체하기 일쑤였다.[102]

실록 편찬자는 통신사행을 '조공 사절'로 간주하는 일본의 인식을 논파하지 않은 것을 비난했지만, 이 정도로 양국 관계가 파탄 나는 것은 양쪽 다 원하지 않는 일이었다. 아울러 조선을 조공국으로 간주하는 일본의 인식에도 큰 허점이 있기는 마찬가지였다. 무엇보다 전근대 국제 관계의 위계를 보여주는 가장 중요한 지표인 국서의 양식이 대등하였기 때문이다. 남아 있는 국서의 양식은 이 시기 조·일 양국이 적국항례(敵國抗禮)의 대등한 의례를 행하는 수평 관계임을 보증해주는 가장 확실한 신표였다.[103] 요컨대 기유약조 이후 양국의 관계는 이와 같은 상호 인식의 불일치와 적당한 눈속임 속에서 지속되었던 것이다.

앞의 〈표 2〉에서 보이듯이 정조 재위기는 통신사 파견이라는 조·일 양국의 가장 큰 외교 이벤트가 일본의 요청에 의하여 무산된 시기였다. 통신사 파견은 없었지만 일본과의 외교 창구는 문위행(問慰行)이나 초량왜관(草梁倭館)에서의 교섭을 통해 종전대로 유지되었다. 문위행은 대마도 도주의 경조사를 위문하기 위한 명분으로 파견되었지만, 그 체류 기간 동안 사행절목(使行節目) 강정(講定), 표류민 처리, 왜관 문제 처리, 병기 수입 등 양국의 여러 외교 현안이 실무 차원에서 사전 조율되었다.[104] 1632년(인조 10) 처음 시작된 조선 후기의 문위행

---

102) 《영조실록》 권68, 영조 24년 윤7월 30일(임오).

103) 이훈, 2018, 〈국서의 형식과 전달로 본 '통신사외교'〉, 《한일관계사연구》 61, 한일관계사학회, 216~226쪽 참조.

104) 조선 후기 문위행에 대해서는 홍성덕, 1990, 〈조선 후기 대일 외교사절 문위행 연구〉, 《국사관논총》 93, 국사편찬위원회를 참조.

은 1860년(철종 11)까지 총 54회 시행되었는데, 정조대에는 총 4차례[105]의 문위행이 대마도로 파견되었다.

1811년(순조 11) 마지막 조선통신사의 목적지는 에도가 아닌 대마도였다. 이것을 역지통신(易地通信)이라 한다. 그 시초는 정조대 일본의 통신사 파견 연기 요청이었다. 1787년(정조 11) 4월 에도 막부의 11대 쇼군 도쿠가와 이에나리(德川家齊)가 쇼군직을 계승하였다. 대마도의 통보로 조선은 쇼군직의 승습을 이미 알고 있었다. 그러나 이듬해 6월 에도 막부의 실권자인 로주(老中) 마쓰다이라 사다노부(松平定信)가 통신사 파견의 연기 교섭을 대마도에 지시하였다.[106] 덴메이 대기근(天明の大飢饉, 1782~1788)이 7년에 걸쳐 일본 전역을 강타하였고, 특히 1786년(정조 10)에는 전국적인 대홍수가 발생하여 수확량이 삼분의 일로 급감하였다. 이듬해 일부 상인들이 쌀을 매점매석하자 굶주림에 시달린 농민들은 에도와 오사카 등지에서 민란에 가까운 쌀 소동을 일으켰다. 누적된 행정의 실패와 대기근은 막부 재정의 궁핍을 초래하였다. 마쓰다이라 사다노부는 엄격한 긴축재정을 실시하여 위기를 타개하려 하였고, 그 일환으로 막대한 경비가 소모되는 통신사 제도 자체를 손보려 하였다.[107]

이에 따라 에도 막부는 조선국 예조참판 앞으로 서계(書契)를 작성하여 통신사 파견 시기를 늦추어달라고 공식 요청하였다.

---

105) 1780년(정조 4), 1782년(정조 6), 1787년(정조 11), 1796년(정조 20).

106) 연기 교섭의 배경과 경과는 미야케 히데토시, 1990, 앞의 책, 405~407쪽 참조.

107) 막부의 통신사 제도 개편의 또 다른 배경으로 지목되는 것은 마쓰다이라 사다노부에게 영향을 주었다고 알려진 나카이 치쿠잔(中正竹山)의 조선멸시관이다. 이와카타 히사히코는 이 통설을 부정하고, 무위(武威)와 비슷한 개념인 고이코(御威光)의 훼손 우려가 진정한 통신사 제도 개편의 동기였다고 역설한다. 기근으로 황폐해진 일본 내지의 모습을 조선통신사에게 보여줌으로써 막부의 권위가 훼손되는 것을 회피하고자 했기 때문이라는 설명이다. 이와카타 히사히코, 2017, 앞의 책, 58~66쪽.

본국은 흉년으로 곡식이 여물지 않아 백성이 곤궁에 빠져 있습니다. 대군(大君, 쇼군)의 새로운 정치는 어질고 관리들은 그것을 받들고 행하는 바, 오직 백성을 구제하는 데 힘쓰고 있습니다. 바라건대 현재는 은택이 이루어지지 않고 있으니, 이때에 귀국의 대사(大使, 통신사)가 근엄히 오신다면 백성들은 접대에 황망히 동요될 것이며 그 노고의 형상은 초목이 꺾이고 뽑히는 것과 같습니다.[108]

이 서계를 휴대한 청퇴대차사(請退大差使) 일행이 1788년(정조 12) 10월부터 초량왜관에 와서 조선 측 왜학훈도(倭學訓導)와 접촉하였다. 서계 내용을 검토한 동래부사 김이희(金履禧)는 전례가 없는 요청일 뿐더러 구체적인 연기 사유나 기한이 명확하지 않다는 이유로 서계 접수 자체를 거부하고 차왜(差倭)의 조속한 귀환을 통보하였다. 관련 내용을 심의한 비변사 역시 동래부사의 건의대로 교섭 중단과 차왜 귀환을 건의하였다. 그러나 정조는 다음과 같은 비답을 내리며 왜차와의 교섭 자체는 유지하도록 명했다.

그것은 예사로이 조약을 어긴 일과는 다르다. 통신사를 보낼 기한이 되었는데 그들의 형편이 넉넉하지 못하여 이렇게 기한을 물려줄 것을 청하였으니, 이웃나라와 사귀는 우리의 도리로 볼 때 원래 정해진 약조를 약간 어겼다 하여 무조건 막기만 하여 오래도록 객관에 머물러 있게만 해서야 되겠는가? 특별히 입국을 허락하고 이어 즉시 접위관(接慰官)을 보내어 접대하도록 하라.[109]

---

108) 《통신사초등록(通信使草謄錄)》, 정조 기유년(1789) 3월 7일.

109) 《정조실록》 권27, 정조 13년 2월 14일(신축).

일단 정조는 신료들과 달리 통신사 파견 연기가 전례에 어긋난 것이기는 하지만 양해할 수 있는 정도의 일이라는 입장을 표명하였다. 예의는 없지만 부유하고 강력한 나라인 일본과 함부로 흔단을 야기할 필요가 없다는 것이 국정 최고 책임자로서 그가 지닌 속내였을 것이다. 더구나 통신사의 예단(禮單)인 인삼(=산삼) 마련에 적지 않은 골머리를 썩고 있었던 조선 측 사정[110]을 감안하면, 일본의 요청은 오히려 '불감청고소원(不敢請固所願)'의 제안이었다. 정조에게 역지(易地)가 아닌 연기는 충분히 받아들일 수 있는 제안이었다. 왜차 접대 허가는 결과적으로 통신사 파견 연기의 허락을 의미하였다. 일본 측의 서계는 접수되었고, 접대를 받은 왜차는 대마도로 귀환하였다.

대마도를 매개로 한 막부의 역지통신 교섭은 1791년(정조 15) 12월에 본격적으로 재개되었다. 통신사의정대차사(通信使議定大差使)의 명칭을 띤 왜차가 초량왜관에 도착하여 역지통신을 공식적으로 요청하는 서계를 올렸다.

> 통신사의 일은 원래 쉬운 것이 아닙니다. 만일 거듭 흉년이라도 만나서 다시 기일을 늦춰야 한다면 예와 뜻을 오래도록 갖추지 못해 서로 편안하지 못할 것입니다. 영원히 우호 관계를 유지하는 일은 간략하고 쉽게 하는 것만 한 것이 없습니다. 지금부터 통신사를 대마도에서 맞이하고 빙례(聘禮)를 행하려 합니다. 이것은 번거로움을 줄이고 영원히 정해진 제도로 삼아 나라와의 우호를 더욱 굳게 하려고 함입니다.[111]

---

110) 《일성록》, 정조 1년 10월 4일(병신); 《일성록》, 정조 5년 11월 13일(신해), "予曰 人蔘減給之後 倭人當有致冤矣 時偉曰 似然矣 通信使當在數年後 而人蔘見今絶乏 是甚可悶矣 予曰然矣"; 《정조실록》 권29, 정조 14년 3월 10일(경인) 등.

111) 《통신사초등록》, 정조 신해년(1791) 12월 21일.

대마도는 왜차를 보내기 한 달 전 두왜(頭倭)를 보내 통신사의정대차사의 파견을 동래부에 미리 통보하였다. 동래부사 유강(柳焵)은 이미 연기가 결정된 통신사행에 대하여 의빙사(議聘使)라는 명목으로 조약 외의 사신을 보내려고 하는 것에 대하여 관수왜(館守倭)에게 강력히 항의하였다. 아울러 통신사의정대차사의 요구 사항이 무엇인지와 상관없이 차왜를 귀국시킬 것을 건의하였다.[112] 역지통신 요구를 접한 조선 조정은 형식 위반을 이유로 차왜의 체류를 불허하였다.[113] 전례 없는 역지의 요구도 문제였지만 조선은 그 요구 자체가 과연 에도 막부의 뜻인지조차 의심하고 있었다.[114] 야나가와 잇켄(柳川一件)의 사례와 같이 국서 조작조차 서슴지 않았던 대마도의 간계를 우려했기 때문이다. 1794년(정조 18) 대마도가 다시 의빙차왜(議聘差倭)를 보내 역지를 간청하였으나 조선은 이를 거부하였다. 다만 차왜를 접대하고 3년 전 대마도 도주가 보낸 위의 서계에 대하여 예조참판이 회답을 하는 것으로 사안은 마무리되었다.[115]

> 서계를 받아보고는 체후(體候)가 편안하다는 것을 알았으니 진실로 깊이 기쁘고 위안이 되었습니다. 사신에 대한 일을 귀주(貴州, 대마도)에서 끝맺는 데 대해서는 진실로 그 깊은 뜻이 참으로 피차 수고와 비용을 줄이려는 데 있음을 알겠습니다. 그러나 생각건대, 교린의 정의는 오로지 정성스럽고 미덥도록 힘쓰는 것이지 사신의 왕래가 더디고 빠른 것에 있지 않습니다〔交隣之誼 惟誠信是勉 不係通聘之遲速〕. 일의 형편과 재력에

112) 《정조실록》 권33, 정조 15년 11월 24일(을미).

113) 《비변사등록》, 정조 15년 12월 25일.

114) 미야케 히데토시, 1990, 앞의 책, 412쪽.

115) 《정조실록》 권40, 정조 18년 8월 27일(신사).

따라 기일을 늦추는 것도 문제 삼을 수 없는 아름다운 일로서 마음이 서로 통하는 것을 더욱 알 수 있으니, 어찌 사소한 일에 구애되어 새로운 규정을 만들 수 있겠습니까(豈可拘小節 而創新例哉). 비록 기일을 여러 차례 늦추더라도 예에는 손상되는 것이 없으나 혹 일을 구차하게 마치는 것은 의리상 불가합니다(期雖屢緩 在禮無傷 事或苟完 於義不可). 부디 헤아려서 기일을 늦추는 것을 혐의로 삼지 말고 오로지 힘을 펴는 데에 마음을 쓴다면 다행이겠으니, 이것이 진실로 바라는 바입니다. 훌륭한 선물에 감사드리며 변변찮은 물건으로 정성을 폅니다. 이만 줄입니다.[116]

조선 조정의 공식 입장이자 정조의 뜻이 담긴 위의 서계에서 강조된 것은 바로 성신(誠信)이란 두 글자이다. 신례(新例), 즉 역지의 새로운 규정을 만드는 것은 성신의 도리에 어긋나며 예의에 맞지 않는다는 것이 핵심 내용이다. 이와 관련하여 주목되는 것은 외교 절차 및 의례와 관련하여 구법(舊法)의 중요성을 강조한 정조의 발언이다. 건륭제의 부고를 알리는 전부칙사(傳訃勅使)가 나온다는 패문(牌文)을 전례와 규정에 따라 올리지 않은 평안감사와 의주부윤을 질책하면서 "변방의 정세는 예법을 준수하는 데에 더욱 엄격해야 한다(邊情 尤嚴於遵禮守法)."고 강조하였다.[117] 양국 사이의 위계와 이해관계가 세심하게 조율된 외교상의 전례(前例) 또는 전례(前禮)를 함부로 바꿀 수 없다는 것이 정조의 입장이었다. 1763년(영조 39) 계미통신사의 파견을 앞두고 내린 영조의 전교에도 비슷한 이야기가 나와 주목된다. 그가 교린 사행에 즈음하여 강조한 것은 이미 정해진 약조를 서로 어기

116) 《일성록》, 정조 18년 8월 27일(신사).

117) 《정조실록》 권51, 정조 23년 2월 1일(을축).

지 않는다는 믿음, 즉 '성(誠)'이라는 한 글자였다.[118] 흥미롭게도 이것은 대청 사대에서 영조와 정조가 강조한 개념과도 다르지 않다.

통신사 파견이 기한 없이 연기된 상황에서 대마도는 조선 측 왜학역관(倭學譯官)에 접근해 역지통신의 재추진을 시도하였다. 1795년(정조 19) 5월 동래부에 있던 왜학훈도 박준한(朴俊漢)에게 역지통신 성사의 가능성을 타진한 대마도는 이듬해 8월 그에게 동철(銅鐵) 2,000근의 수표와 예물을 주며 조정을 설득해달라고 부탁하였다. 박준한은 이때 성사의 전제 조건으로 통신사 파견의 연기(7~8년)와 예단 인삼의 대폭 감소를 제시하였다.[119] 박준한의 노력 덕분인지 몰라도 1797년(정조 21) 2월 다시 역지통신의 수용 여부가 조정에서 논의되었다.

이시수(李時秀): 신의 생각에 통신사행을 대마도에 들어오는 것으로 한정하겠다고 말한 것은 필시 대마도주가 교활하게 속인 말일 것입니다.

정조: 통신사가 반드시 에도로 들어가는 것은 약조이다. 약조 외의 일을 어찌 허락할 수 있겠는가?

윤시동(尹蓍東): 바다를 건넜던 역관의 말을 들어보건대 통신사의 왕래는 대마도부터 에도에 이르기까지 그 접대에 번번이 국력이 소모되므로 그 말이 이와 같다고 하니, 왜인들의 피폐함을 알 수 있습니다.

정조: 통신사가 대마도에만 간다면 예단삼(禮單蔘)의 소용 또한 전례에 비해 많이 줄어들 것이다.

윤시동: 인삼뿐만 아니라 다른 물종 역시 많이 줄어들 것이라고 합니다.

정조: 진실로 이와 같다면 피차 나쁠 것이 없겠다. 그러나 대체로 볼 때

118) 《비변사등록》, 영조 39년 7월 23일, "傳曰 噫今七旬憑信交隣 事體尤重 以三件事下教 申飭信使 俾勿貽羞朝廷 其一 接待交隣 一誠而已 況彼我國 已有約條 約條之後 一或撓攘 此彼我俱無誠也".

119) 이와카타 히사히코, 2017, 앞의 책, 97·98쪽.

약조를 어기는 문제라고 말하면서 우선 막고, 역관으로 하여금 시일을 끌게 하는 것이 좋겠다.

윤시동: 듣건대 대마도 도주가 우리나라에서 통신사행을 허락할지 여부에 대해 안 뒤에야 비로소 에도에 들어갈 수 있을 것이라고 합니다.

정조: …… 지금의 역관이 옛날 역관만 못하기는 하지만 몇 년 정도 기한을 물리는 것이 또한 어찌 어렵겠는가?

윤시동: 대마도 도주가 에도에 왕래하고 우리나라가 통신사를 보내는 것은 본래 절차가 있으니 몇 년 기한을 미루는 것은 염려할 것이 없을 듯합니다.

정조: 다만 몇 년이 아니라 4, 5년 기한을 물리면 더욱 좋겠다. …… 차왜도 나오지 않는 것이 좋겠다. …… 마침내 허락하게 되더라도 우선은 그들로 하여금 시일을 끌어 기한을 물리게 하라. …… 우리나라가 한 번의 통신사행에 소비하는 비용이 매우 많은데 준비해가는 것은 모두 실용적인 것들이다. 그러나 왜의 물종으로 나오는 것은 꽤 많다고는 하나 칠반(漆盤)이나 병풍 따위를 금으로 아로새기거나 주칠(朱漆)을 펴 발라 극도로 기교를 부린 것이어서 실제로는 쓸 만한 것이 하나도 없다.[120]

정조는 이때 통신사가 에도로 가야 하는 것은 약조라는 점을 강조하며 역지통신을 불허하였다. 일단 200년 가까이 실시한 교린의 전례이자 조종(祖宗)의 성헌(成憲)을 선뜻 변경하기가 꺼려졌던 것이다.[121] 반면 통신사 파견의 시한을 늦추는 것에는 강력한 호감을 표시하였

120) 《일성록》, 정조 21년 2월 10일(신사).

121) 《정조실록》 권11, 정조 5년 2월 4일(정미), "東萊府使尹師國 以入送使 請停倭船啓 敎曰 交隣柔遠 固是有國先務 彼我之際 約條昭載 則不可創出別例 在前雖有一二可援之事 時勢差異 數爻不同 朝家之設置邊倅 俾掌鎖鑰之任 豈獨爲捍禦也 凡有事爲 但當遵守畫一之成憲 無或毫釐之差謬可也".

다. 조선 역시 일본 못지않게 통신사 파견의 비용과 부담에 시달리고 있었기 때문이다. 예단 인삼 마련에 따른 문제뿐만 아니라, 대규모 사행단이 한양과 동래를 오가며 끼치는 폐단 또한 적지 않았다.[122] 게다가 대마도와 왜관을 상대로 한 교역 및 접대에 들어가는 막대한 비용도 당대인에게는 널리 회자되는 불만이었다.[123] 뿐만 아니라 위의 기사에서 보이듯이 정조는 일본과의 교역이 사치 풍조만 조장하고 모리배의 욕심만 일으키는 쓸모없는 것이라 생각하였다.[124] 당대 조선에서 이용후생을 위한 청 문물 도입론이 북학이란 흐름을 형성한 데 비해, 일본 문물을 도입해야 한다는 시도나 구상은 미미하였다.[125]

만약 일본이 강하게 또는 절박하게 나온다면 허락할 수도 있다며 정조가 여지를 보인 점도 흥미롭다. 이러한 상황 속에서 시간을 끌면서 일본의 간청에 못 이겨 200년의 전례를 바꾸는 것이 가능하다는 속내를 내비치고 있는 것이다. 조·일 양국의 역지통신 교섭은 1797년(정조 21) 2월 이후 더는 진전이 없다가 1809년(순조 9) 재개되어 1811년(순조 11) 3월 역지통신이 대마도에서 최초로 거행되었다.

이상에서 살펴본 바와 같이 정조대 조·일 외교는 통신사행이라는 외교 이벤트 자체가 없었을 뿐만 아니라 특별한 현안도 없었던 안정기 내지 휴지기에 해당한다. 따라서 정조가 일본에 대해 특별한 안보 위

---

122) 《영조실록》 권68, 영조 24년 윤7월 30일(임오), "通信使洪啓禧副使南泰耆書狀官曹命采還 …… 啓禧等至釜山留四朔 七十州輪遞支供 一道糜爛 列邑殆數歲不復".

123) 《일성록》, 정조 2년 윤6월 20일(무인), "尙喆曰 倭關所入 慶尙一道 折半劃給 若無此患 國用自裕 而雖歎奈何".

124) 《홍재전서》 권167, 《일득록》 7, 〈정사(政事)〉 2, "我國財力之困 專由事大交隣二事 然事大則自羅麗以來所行之事 且大國之接待與賞賜於使行者甚優 計其所費 直相當 而至於日本 則公然坐饋嶺南半道財物 盡入倭納 其所得者 不過鏡片屛帖無用之物 事之無實 莫加於此 思之不勝絶痛".

125) 조엄은 일본으로부터 고구마 종자를 도입하는 한편 수차·주교·선박의 제도를 조선에서 응용해보고자 하였다. 정약용은 일본의 문물을 중화의 문물로 파악하고 적극 도입하여야 한다고 주장하였다. 김문식, 2009, 앞의 책, 27쪽.

협을 느낀 징후도 보이지 않으며, 일본의 침입에 대비하여 연안 방어를 강화하는 비상한 조치도 취한 흔적이 없다. 다만 그는 일본에 고의로 표류하려는 자국민을 단속하라는 일상적 지시를 내렸을 뿐이다.[126)]

1719년(숙종 45) 제술관으로 일본 에도에 다녀온 신유한(申維翰, 1681~1752)은 "일본 군대가 비록 정예롭기는 하지만 세습제로 선발되는 군신(君臣)은 사변이 일어나기를 두려워하는 데 급급하므로 다시 침략할 우려는 없다."는 취지의 소감을 남겼다.[127)] 정약용(1762~1836) 역시 〈일본론(日本論)〉에서 일본의 침략을 걱정할 필요가 없다고 단언한 바 있다.[128)] 《민보의(民堡議)》에서는 일본을 가상의 적으로 설정했지만, 전면적 침략이 아니라 에도 막부 붕괴 시 사쓰마(薩摩)나 대마도(對馬島) 같은 지방 세력이 자행하는 왜구 수준의 노략질을 걱정하였을 뿐이다.[129)] 비슷한 시기를 살았던 이익(李瀷, 1681~1763), 안정복(安鼎福, 1712~1791), 이덕무(李德懋, 1741~1793) 역시 일본 침략의 전사(前史)를 고려하면서 방왜(防倭)의 논변을 남겼지만, 당장의 위협을 예상하거나 걱정한 것이라기보다 일반적 음우지비(陰雨之備)의 담론 차원에서 제기한 것이었다.[130)] 결론적으로 정조 연간 일본의 즉각적 침략 가능성을 우려하는 움직임은 조야에 걸쳐 미미했다.

---

126) 《정조실록》 권45, 정조 20년 11월 1일(임인).

127) 신유한, 《해유록》 권하, 〈부문견잡록〉, "軍伍精强 國無桴鼓之警 生民之衆 府庫之富 莫隆於近日 而所謂君臣者 雖黃口癡兒 晏然在位 高宮麗榭錦帳綺食之娛 世傳而不絶 其心習於安樂 岌岌焉事變之是懼 何計之可圖 以余揆之 自非天人遘厄 秀吉淸正之賊 復生於其地 則我國家邊疆之慮 萬無一矣".

128) 정약용, 《다산시문집》 권12, 논 〈일본론〉 1, "日本今無憂也 ……"; 〈일본론〉 2, "平秀吉動百萬之衆 竭十州之力 再擧大事 一鏃不還 國隨以亡 百姓至今怨之 其不宜蹈轍審矣 此日本之無可憂一也 ……".

129) 최진욱, 2007, 〈정약용의 민보방위론(民堡防衛論)의 성격〉, 《사학연구》 87, 한국사학회, 126~130쪽 참조.

130) 하우봉, 1989, 《조선 후기 실학자의 일본관 연구》, 일지사, 82~85쪽, 133~136쪽, 172·173쪽 참조.

3.
대보단 제례와 '진하외교'의 공존

정조 재위기(1776~1800)는 청의 문물을 적극적으로 배워야 한다는 북학이라는 새로운 움직임이 가시화되던 시기였다. 1부 1장에서 살펴보았듯이 대청 관계가 안정적 기조를 유지하고 있었음에도 불구하고, 정조는 대명의리의 실천과 관련된 다양한 의례와 조치를 적극적으로 시행하였다. 무엇보다 대명의리에 대한 인식과 실천이 이전과 다르다는 위기 의식 때문이었다.

1637년 삼전도의 항복과 1644년 명의 멸망이라는 충격적 사건에도 불구하고, 조선에서 대명의리는 한 번도 부정되거나 경시된 적이 없었다. 그러나 대략 4세대가 훨씬 경과한 이후 정조대 사람들이 인조, 효종, 현종대의 조선인들처럼 대명의리를 위한 저항의 강렬한 기억을 간직한다는 것은 쉽지도 자연스럽지도 않았다. 송시열조차 "복수의 의무는 5세대가 지나면 없어진다(復讐者可盡五世)."는 주자의 말을 인용하여 복수와 의리의 실천 수준 역시 세대에 따라 달리할 수밖에 없다는 사실을 부정하지 않았다.[131] 정조의 관련 조치와 사업은 점차 망각되어 가는 대명의리를 선양하여 잊지 않게 하기 위함이자, 대명의리를 중시한 선왕 영조의 사업을 계승하려는 계지술사의 차원에서 시행된 것이었다. 첫 번째 사료는 정조가 남한산성에 이르러 남긴 하교이고, 두 번째 사료는 정조가 망배례(望拜禮)를 행하며 우의정 이병모(李秉模)와 나눈 대화이다.

정조: 병자년 일이 완연히 어제와 같은데 날은 저물고 갈 길은 멀다고 하셨던 성조(聖祖, 효종)의 하교를 생각하니 나도 모르게 눈물이 솟는구나. 사람들은 그것을 점점 당연지사처럼 잊어가고 있고 대의에 대한 관심도 점점 희미해져 북녘 오랑캐를 피폐(皮幣)로 섬겼던 일을 부끄럽게 생각지 않고 있으니, 그것을 생각한다면 어찌 가슴 아픈 일이 아니겠는가? 이렇게 백성들의 힘이 쇠잔하고 경비가 모자라는 시기에 왜 꼭 먼 길을 가야만 하겠는가마는, 이 기해년(1779)을 당하여 영릉(寧陵, 효종과 인선왕후 장씨의 능) 행차를 하지 않는다면야 그것이 어디 천리(天理)요 인정(人情)이겠는가?[132]

이병모: 오늘 북원(北苑)에서 망배례를 행하셨는데, 우러러 생각건대 망한 명나라에 대한 감회가 성충(聖衷)에 갑절 간절하실 것입니다.

정조: 병신년(1776) 이후로 억지로 하기 어려운 상황이 아니면 이날이 올 때마다 반드시 몸소 의식을 행했는데, 이것은 (명나라의 멸망을 슬퍼하는) 풍천(風泉)의 감회가 마음속에 간절하기 때문만이 아니라 선조(先朝)에서 주나라를 높인 성의(聖意)를 체득했기 때문이다. 또한 선왕의 사업을 계승하려는 뜻에서 나온 것이며 나의 자손으로 하여금 이날에 당연히 행하여야 할 의식임을 알게 하려는 것이다.[133]

---

131) 《현종실록》 권7, 현종 5년 1월 20일(계미); 《정조실록》 권35, 정조 16년 7월 27일(갑자).
132) 《정조실록》 부록, 〈행장〉.
133) 《정조실록》 권46, 정조 21년 5월 10일(기유).

정조는 영조 못지않은 비율로 대보단 제향에 몸소 열심히 참여하였다.[134] 아울러 대보단 망배례에 불참한 유생과 무인들은 정거(停擧)시키는 한편 조관(朝官)들은 붙잡아 치죄토록 하였다.[135] 왕의 건강을 이유로 망배례를 취소하자는 신하들의 건의를 단호히 거절하였으며,[136] 대보단 제례와 청의 칙서를 맞이하는 영칙례(迎勅禮)에 혼용하던 궐자패(闕字牌)를 새로이 만들어 대보단에 봉안하였다.[137] 1799년(정조 23) 7월에는 경봉각(敬奉閣)을 대보단 봉실(奉室) 바깥 서쪽 측면에 옮겨 건축하였고, 새 건물의 안팎 문 위에는 영조의 어필을 새긴 경봉각 및 흠봉각(欽奉閣)의 현판을 걸었고, 방안의 북쪽 벽에는 장롱을 두어 《추감황은편(追感皇恩編)》과 명 황제의 어필 등을 보관하였다.[138] 정조는 병자호란 때 고조모(高祖母)가 청병에 의해 도륙되었다는 이유로 교체를 원한 강화유수 이경일(李敬一)의 청을 들어주었으며,[139] 동지정사로 임명된 이문원(李文源)이 병자호란 때 화를 입은 집안의 의리 때문에 교체를 요청하자 즉각 수락하였다.[140]

이 밖에도 정조는 영조대에 시행되었던 대명의리와 관련된 다양한 조치들을 확대하거나 발전시켰다. 황조인(皇朝人)의 후손을 기용하라는 전교를 거듭 내렸고,[141] 훈련도감에 '한인아병(漢人牙兵)'이라는 명칭으로 소속되어 고생하던 명의 유민을 '한려(漢旅)'라는 명칭으로 새

134) 계승범, 2011, 《정지된 시간-조선의 대보단과 근대의 문턱》, 서강대학교출판부, 139~141쪽.
135) 《정조실록》 권42, 정조 19년 3월 6일(정사).
136) 《정조실록》 권14, 정조 6년 7월 18일(계축).
137) 《정조실록》 권13, 정조 6년 6월 5일(경오).
138) 김문식, 2001, 〈조선 후기 경봉각(敬奉閣)에 대하여〉, 《서지학보》 28, 한국서지학회, 178·179쪽.
139) 《정조실록》 권54, 정조 24년 6월 6일(정사).
140) 《정조실록》 권35, 정조 16년 7월 27일(갑자).
141) 《정조실록》 권17, 정조 8년 3월 9일(갑오).

롭게 편제하여 고통을 덜어주었으며, 한려에 소속된 '수룡팔성(隨龍八姓)'[142]의 후손 가운데 3명을 선발하여 대보단의 수직(守直)을 담당하게 하였다.[143] 선무사(宣武祠), 석성(石星) 등을 모신 무열사(武烈祠), 이여송(李如松)의 사당에는 치제(致祭)하였다.[144] 이여송, 석성 등의 후손을 찾기도 하였다.[145] 대보단 제향에 황조인 자손과 함께 삼학사(三學士)와 같은 충절인의 후손을 참여시키는 일은 정조대에 더욱 확대되어, 1800년(정조 24)에 참석한 배향인(拜享人)의 총수가 239명에 달할 정도였다.[146] 정묘·병자호란, 심하전투, 임진왜란 때 충성과 절개를 지킨 사람들에 대한 현창과 포상도 더욱 확대되었다. 이들의 후손을 찾아 등용하거나, 이들의 사당에 사제(賜祭)·추향(追享)·정려(旌閭)를 내렸다. 명의 유민과 마찬가지로, 이들의 후손도 대보단 의례에 참여하도록 하였다. 정조는 대명의리와 관련된 편찬 사업도 많이 시행하였다. 존주(尊周)의 사적을 집대성한 《존주휘편》의 편집을 명하였고,[147] 《황단제신배향목록(皇壇諸臣配享目錄)》을 만들어 여기에 수록된 이들의 후손이 대보단 제향에 참여하도록 하였으며,[148] 존주의리(尊周義理)의 정수를 담은 《춘추》를 간행하였다.[149]

이상 정조대 대명의리 실천 양상을 검토해본 결과, 일단 그것이 매

---

142) 심양에서 귀환한 봉림대군을 수행하였던 8명의 한인을 가리키는 말. 왕이문(王以文), 양복길(楊福吉), 풍삼사(馮三仕), 왕미승(王美承), 배삼생(裵三生), 왕문상(王文祥), 정선갑(鄭先甲), 황공(黃功)이다.

143) 우경섭, 2013, 《조선중화주의의 성립과 동아시아》, 유니스토리, 120쪽.

144) 《정조실록》 권28, 정조 13년 12월 11일(임술).

145) 《정조실록》 부록, 〈행장〉.

146) 김문식, 2001, 앞의 논문, 191·192쪽.

147) 정옥자, 1998, 《조선 후기 조선중화사상 연구》, 일지사, 129~140쪽.

148) 이욱, 2006, 〈조선 후기 전쟁의 기억과 대보단 제향〉, 《종교연구》 42, 한국종교학회, 158·159쪽.

149) 《정조실록》 부록, 〈행장〉.

우 다양하면서도 주로 의례와 연관된 문제였음을 확인하였다. 대명의리는 당대 조선의 군신 모두가 공유하는 가치였지만, 과연 그것을 누가·어떻게 실천할 것인가에 대한 명확한 기준은 존재하지 않았다. 청이 건재한 상태에서 대명의리를 실천해야 하는 전례 없는 상황 아래 많은 해석의 문제가 발생하였다.

정조대 초반 유생 이명휘(李明徽)는 송시열의 유언으로 시행된 만동묘(萬東廟) 제향의 월분(越分)을 지적하였다.[150] 일개 배신이 명 황제를 사사로이 제향하는 것은 분명 문제의 소지가 있었지만, 이명휘는 정조에게 친국을 당한 뒤 추자도로 유배 가는 도중에 죽고 만다. 숙종대 대보단 건립 초기에 발생한 여러 논란이나 영조대 명 태조의 병향(倂享)에 대한 군신 간의 대립도, 크게 보면 명확한 기준과 전례가 없기 때문에 발생한 문제였다. 정조는 호조참판 송덕상(宋德相)이 대보단 의례의 악장(樂章), 일무(佾舞), 제복(祭服) 등에 변경할 점이 있다는 차자를 올리자, 여러 신하들에게 이에 대한 의견을 구하는 동시에 자신의 의견을 덧붙이기도 하였다.[151] 충절인을 선정하는 데에도 명확한 기준이 있었다고 말하기 어렵다. 그 수가 지나치게 많았다는 점은 차치하고라도, 당대에 논란이 된 인물이 포함되는 경우도 종종 있었다. 정조는 인조대 대명의리를 견지했던 상징적 무장으로 임경업(林慶業)을 적극 현창하였지만, 아래 사료에서 볼 수 있듯이 그의 행적은 후대의 기억처럼 일관되지 않았다.

가도(椵島)는 배 머물기가 어려울 뿐 아니라 주위에 화포를 설치하여 두

---

150) 《정조실록》 권1, 정조 즉위년 4월 18일(기미).

151) 《정조실록》 권7, 정조 3년 1월 24일(기유); 《정조실록》 권7, 정조 3년 2월 14일(기사).

었으므로 여러 날이 지나도록 범하지 못하였다. 우리나라의 두 장수에게 그 계책을 물었으나 알지 못한다고 사양하니, 적이 혹은 위협하고 혹은 달래었다. (임)경업이 "섬의 일면이 산으로 막혀 있고 산 아래에 바닷물이 통하여 있으므로 섬 사람들이 이곳에는 방비를 하지 않았을 것이니, 만약 밤을 타서 배를 타고 산을 넘어 몰래 건너 들어가면 섬을 함락시킬 수 있을 것이다."고 말하였다. 경업이 전장에 나아가지 않는 척하면서 적병(賊兵, 명군)을 많이 죽이기도 하였으니, 섬을 함락시킨 계책이 오로지 경업에게서 나왔다. 섬에 들어가서도 우리나라 군사가 한인(漢人)을 살육한 것이 오랑캐 병사보다 심하였으므로 섬 사람들이 겨우 5, 6척의 배로 바다에 떠서 빠져 나갔다.[152]

비슷한 문제는 황조인 후손을 찾는 데서도 발생하였다. 임란 이후 오랜 시간이 지난 시점에 이여송, 석성 등의 자손을 찾는 것은 차라리 불가능에 가까운 일이었지만, 정조는 정확한 근거를 고집하여 후보자를 탈락시키기보다 되도록 참고할 만할 문헌을 찾아보게 하였다.[153] 정조는 누가 정확히 석성의 후손인가보다 석성의 후손이 출현하였다는 사실 그 자체에 초점을 두었다. 이러한 상황 속에서 개인의 실천과 선택도 다양한 모습을 가질 수밖에 없었다. 이경일은 강화유수의 부임을 거부하는 정도였지만, 청의 책봉을 받는 국왕이 통치하는 조정에 출사하는 것 자체를 거부하는 이도 있었다.[154] 고조모가 병자호란 때 자결한 이문원은 동지사행을 거부하였지만[155] 김상헌의 후손인 김수항(金壽恒)과 김창집(金昌集)은 연행을 마다하지 않고 북경

---

152) 이긍익(李肯翊),《연려실기술(燃藜室記述)》 권26, 인조조고사본말(仁祖朝故事本末), 〈청인징병(淸人徵兵)〉.

153)《정조실록》 권52, 정조 23년 7월 29일(을유).

의 거리를 마음껏 누볐다.[156]

지금까지의 논의에서 살펴본 것처럼 정조는 대청 외교의 현장에서는 전례 없는 호의적 관계를 유지하고자 하였지만, 국내 정치의 무대에서는 대명의리를 철저히 고수하기 위해 분투하였다. 청 황제에 대한 복제(服制) 문제를 논의하는 과정에서 나온 정조의 발언은 이러한 분열과 간극을 다시 한 번 확인시켜주었다.

> 세상 수준이 이미 강등됨에 따라 인심은 거기에 익숙해서, 중국을 높이고 오랑캐를 배척하는 대의를 강명(講明)할 곳이 없고 비분강개하는 공언(空言)마저도 적막하여 들을 수가 없다. 그리고 심지어는 청나라 칙사가 서울에 들어올 때면 사대부 집 자제들 또한 모두 달려 나와 구경을 하면서도 부끄러운 줄을 모르는 지경에 이르렀다. 의리가 날로 어두워져서 세속의 숭상하는 것이 예전과 같지 않으니, 생각이 여기에 미치면 어찌 개탄스럽지 않겠는가? 이때에 비록 갑자기 옛 제도를 고쳐서 시끄러운 사설(辭說)들을 불러일으키기는 어려우나, 의리만큼은 이러한 것이다.[157]

이러한 정조의 모순적 발언을 어떻게 해석해야 하나? 이에 대한 이해의 실마리는 당대 대명의리의 내용과 성격을 명확히 규정하는

---

154) 《영조실록》 권39, 영조 10년 11월 10일(신사), "命贈故參奉金是榲三品職 是榲 聖鐸之曾祖也 丙子和虜後 隱居不仕 遺命題墓曰崇禎處士"; 《영조실록》 권64, 영조 22년 8월 22일(을유), "景夏曰 洪字定嶺南節士也 當丙子亂後 隱於太白山中 累除職不仕 嶺南人士 至今稱之爲崇禎處士 其節義甚卓異 宜有褒奬之道".

155) 《정조실록》 권35, 정조 16년 7월 27일(갑자).

156) 《현종실록》 권22, 현종 15년 3월 2일(병인); 《숙종실록》 권52, 숙종 38년 12월 24일(계유).

157) 《정조실록》 권51, 정조 23년 1월 23일(임오).

것에서부터 풀어나가야 한다. 대명의리에 대한 조선 사회 전반의 강고한 지지를 당대의 맥락에서 설명하기 위해서는, 전근대 조선인들에게 두 가지 차원의 대명 인식이 혼재되어 있었음을 먼저 알아야 한다.[158] 하나는 특정 국가로서의 명에 대한 인식이고, 다른 하나는 보편 문명인 중화를 상징하는 명에 대한 인식이다. 명에 대한 이 두 가지 인식은 조선 건국 초부터 이미 조선인들의 마음속에 존재하고 있었으며, 명과의 관계도 이러한 틀 속에서 유지되고 있었다. 호란기 척화론과 대명의리는 현실 국가 명과는 무관하게 제기된 담론이었으며, 예(禮)의 실천과 밀접히 연관되어 실천되었다. 그들에게 명과 관련된 의례는 단순한 하나의 몸짓에 불과한 것이 아니라 중화 보편 문명의 고수라는 자신들의 명분과 의리를 표현하는 통로였기 때문이다. 이상의 정황을 종합적으로 고려해보면, 당대 조선인들에게 주화와 척화의 문제는 외교적 진로의 선택이 아닌 문명과 야만, 인간과 짐승을 택하는 실존적 결단의 문제였음을 알 수 있다.[159]

우리는 흔히 1637년의 출성 항복과 1644년의 북경 함락을 명·청 교체와 화이질서의 변동이란 차원에서 이해하지만, 아이러니컬하게도 당대인들이 받아들인 보편 문명으로서 중화의 위상은 조선 내에서 전혀 동요되지 않았다. 사대외교상의 의례와 대상은 비록 한족 왕조인 명에서 만주족 왕조인 청으로 전환되었지만, 양국 간의 관계를 규정하는 이념·수사·외교 절차의 본질적 변화는 없었다. 더욱 결정적인 것은 청이나 조선이나 그들이 공유하였던 중화문명의 가치에

---

158) 허태구, 2019, 앞의 책, 317~336쪽의 내용을 요약한 것이다.

159) 예의 준수를 통한 화이의 구분과 그 당대적 맥락에 대해서는 권선홍, 2014, 〈유교의 예(禮) 규범에서 본 전통 시대 동아시아 국제 관계〉, 《한국정치외교사논총》 35-2, 한국정치외교사학회, 147~149쪽 참조.

대한 근본적 회의가 제기되지 않았다는 사실이다. 황종희(黃宗羲)가 《명이대방록(明夷待訪錄)》에서 기다린 것은 기존 가치와 문명의 전복이 아니라 어디까지나 중화 또는 유교 전통의 자장 안에서 상상한 이상향이었다.

따라서 병자호란 직후 조선 사대부에게 청의 강력한 무력과 군사동원에 최적화된 능률적 체제가 부러움의 대상이 되기는 어려웠을 것이다. 그들에게 예의·염치·인의·도덕이 없는 국가는 아무리 부국강병을 이루었다 하더라도 야만과 다름없었기 때문이다. 명·청 교체는 분명 이(夷)가 화(華)를 정치·군사적으로 굴복시킨 사건이었지만, 사상·문화적으로는 오히려 이가 화에 서서히 동화되어가는 단초였다. 다시 말해 1644년의 입관이 중원의 패자를 교체시킨 것은 사실이지만, 중화의 가치와 문명까지 조선 사람들의 머릿속에서 지워졌던 것은 결코 아니었다. 그것이 지워지기 시작한 것은 빨라야 19세기 말의 일이었다.[160] 대명의리, 춘추의리, 존주의리 등은 당대인들이 보편적으로 공유하였던 중화문명의 가치를 함축하여 상징하는 말이었다.

국망 직전의 상황에서 어쩔 수 없이 대명의리를 부정한 조선의 군신은, 이제 다양한 모색과 실천을 통해 화이가 전도된 현실을 견디고 화이가 제자리로 돌아올 그날을 기다리며 삶을 지속해야만 하였다. 그 탈출구 가운데 하나는 사(史)였고 다른 하나는 예(禮)였다. "나라는 망해도 역사는 없앨 수 없다〔國家滅, 史不可沒〕."는 유명한 경구[161]에서도 볼 수 있듯이, 역사를 전달되어야 할 문화적 가치의 총괄로 보고 역사에 의지하여 이상과 어긋난 현실의 도덕적·종합적 평가를 구

160) 앙드레 슈미드, 정여울 역, 2007, 《제국 그 사이의 한국, 1895~1919》, 휴머니스트 참조.

161) 《원사(元史)》 권156, 〈열전〉 43, '동문병전(董文炳傳)'.

하려는 경향은 중국을 기원으로 한 동아시아 역사 서술의 오랜 전통이었다.[162)]

이러한 맥락에서 보면, 목숨을 바쳐서라도 역사에 더러운 이름을 남기지 않으려 했던 전근대 지식인의 행동 양태는 오히려 자연스러운 것이었다. 중국인들이 중세의 서양과 달리 심판자로서의 초월적 신(神)을 갖고 있지 않았던 사실도 떠올려보자. 춘추필법과 직서가 존왕양이(尊王攘夷), 즉 존주(尊周)하지 않고 "임금은 임금답게, 신하는 신하답게, 아버지는 아버지답게, 자식을 자식답게〔君君, 臣臣, 父父, 子子〕" 본분을 다하지 않았던 공자 당대의 부조리한 현실에 대한 강렬한 비판 의식을 띤 것임은 잘 알려진 사실이다. 앞의 관점에서 접근한다면, 전근대의 사(史)가 정치적·문화적 활동의 궁극적 심판의 의미를 갖고 있었다는 점도 쉽게 이해될 것이다. 따라서 당대 조선인들은 강압과 폭력에 의해 의리를 부정하고 명분을 불일치시켜야만 하는 상황에 처했을 때, 우리의 입장에서 보면 실질적 효과가 없는 언행을 역사에 남길 때가 적지 않았다. 대표적 사례 한 가지만 살펴보자.

> **김장생(金長生)**: 오늘날의 강화가 부득이한 데에서 나온 것이지만 척화의 의논도 없을 수는 없습니다〔今之講好 雖出於不得已 而斥和之議 亦不可無〕. 말이 비록 과격하더라도 심하게 다스려서는 안 됩니다.
>
> **인조**: 척화의 논의를 어찌 그르다고 하겠는가〔斥和之論 何敢非之〕? (그렇지만) 대신(臺臣)이 나더러 오랑캐에게 항복한 자라고 하는 것은 너무 지나치지 않은가?[163)]

162) 민두기, 1985, 〈중국에서의 역사의식의 전개〉, 《중국의 역사 인식》 상권, 창작과비평사, 54쪽.
163) 《인조실록》 권15, 인조 5년 3월 13일(경진).

위의 기사는 정묘맹약 이후 인조와 김장생이 주고받은 대화의 일부이다. 김장생은 이때 강화가 형세상 부득이하였다는 것은 인정하지만, 척화의 논의 자체는 없을 수 없다고 주장한다. 당대인들에게 척화론이 제기된 이후에 어쩔 수 없이 이루어진 강화와, 척화의 의논조차 없이 이루어진 강화는 의미가 달랐다. 결과는 동일하지만 후대의 평가는 다를 수 있기 때문이다. 호란 전후 척화론자들이 진정 우려하였던 것은, 명의 문죄(問罪) 또는 보복이라기보다 대명의리의 포기가 의미하는 윤리와 도덕의 붕괴이자 이에 대한 천하 사람들과 후세의 평가였다.[164]

정조 역시 대명의리와 관련된 여러 조치를 취하면서, 위와 비슷한 표현을 수없이 남겼다. 아래 기사는 3월 상순의 대보단 정기 제향을 새벽에 몸소 행하고 난 후 정조가 남긴 말이다.

> 우리 동방이 우리 동방일 수 있는 것은 두어 자의 제단이 있기 때문이다. 아마 천하 만대에 길이 할 말이 있을 것이다〔吾東所以爲吾東 以其有數尺壇壝也 庶可以永有辭於天下萬世〕. 구주(九州)가 어두워져 사해(四海)에 오랑캐의 냄새가 가득하니, 양양(洋洋)하신 황제의 혼령이 우리 동방에 오지 않으면 어디로 가시겠는가? 제물을 올리고 강신제(降神祭)를 지내며 일어나고 구부리는 사이에 눈물이 옷깃을 적시는 줄을 스스로 깨닫지 못하였다.[165]

---

164) 《인조실록》 권33, 인조 14년 10월 6일(정축), "玉堂 …… 仍上箚曰 …… 噫 我國之於天朝 名分素定 非若羅麗之事唐宋也 壬辰之役 微天朝則不能復國 至今君臣上下 相保而不爲魚者 其誰之力也 今雖不幸而大禍迫至 猶當有殞而無二也 不然 將何以有辭於天下後世乎".

165) 《홍재전서》 권177, 《일득록》 17, 〈훈어(訓語)〉 4.

정조가 《존주휘편》의 편찬을 지시하며 남긴 발언은 역사 편찬과 대명의리의 관계를 더욱 직접적으로 드러낸다. 요컨대 이상에서 논의한 당대인의 태도와 화법은 그들의 강렬한 역사의식을 보여주는 동시에, 이것이 삼전도 항복의 정신적 상처를 치유하고 대명의리를 실천하는 한 방식이었음을 명확하게 보여준다.

> 어제 황단(皇壇)에 망배하니 풍천(風泉)의 느낌이 더욱 절절하다. 이제 책 하나를 편찬하여 존주의 뜻을 붙이고자 한다〔今欲編摩一書 以寓尊周之意〕. 맨 첫머리에 열성조(列聖朝)의 윤음(綸音)과 어제 시문 중에서 춘추대의를 나타낸 것을 게재하고, 그 다음에는 그 당시 충신과 지사의 의리를 천명한 작품으로 소장(疏章)이나 시문을 막론하고 아울러 편입하며, 충절로 정표(旌表)를 입은 자에 이르러서는 사원(祠院)의 소재와 사적(事績)의 본말을 하나하나 갖추어 실을 것이다. 이 책이 완성되면 거의 천하에 대의를 밝힐 수가 있을 것이다〔此書若成 庶可以昭大義於天下矣〕.[166]

1637년의 삼전도 항례와 병자호란의 강화 조건은 변명의 여지없이 대명의리를 부정하는 조치와 상징으로 가득 찬 것이었다. 병자호란의 항복은 청과 조선이 형제 관계에서 군신 관계로 바뀌었음을 의미한다. 국가적 위상의 변화는 후일 청이 강요하는 정치적·경제적·군사적 사안의 일방적 관철에서 드러나겠지만, 평소에는 다양한 의례를 통해 반복되고 확인되는 구조였다. 예를 들면, 국서의 용어와 형식, 연호와 정삭의 사용, 사신의 자리 배치와 접대 예절 등이다.

조선은 이러한 현실 속에서 대명의리를 실천하기 위한 또 하나의

166) 《승정원일기》, 정조 20년 3월 20일.

방안으로 예를 선택하였다. 칭신국서(稱臣國書)의 발송과 삼전도 항례를 통하여 대명의리를 부정했던 조선은 대청 외교의 현실과 별도로 대명의리를 상징하는 의례를 시행함으로써, 대청 사대가 부득이한 것이었으며 아직도 국왕과 조정은 대명의리를 소중히 여기고 있다는 메시지를 던지고자 하였던 것이다. 의례가 가진 상징적이면서도 모호한 성격이 현실을 회피·우회하면서도 더욱 명확한 메시지를 던질 수 있었기 때문이다.[167] 물론 대청 관계를 유지하면서 예(禮)와 사(史)의 측면에서 대명의리를 고수하는 방식에 대해서는 (우리가 흔히 대청 사대와 대명의리의 공존을 부정적으로 이해하듯이) 당대에도 회의와 논란이 없지는 않았다. 그렇지만 문제를 제기한 측도 명(名)과 실(實)의 불일치란 측면을 비난한 것이지, 대명의리에 포함된 중화문명 자체의 가치를 부정한 것은 아니었다.

> 정유년(1717, 숙종 43) 5월 3일 한 사인(士人)이 나를 찾아와 함께 얘기를 나누던 중, 윤선거(尹宣擧)의 무리가 우암 (송시열) 선생의 존주지의(尊周之義)를 기롱하여 배척한 내용의 대략을 나에게 다음과 같이 전하였다. "우리나라가 벌써부터 청국을 섬겨왔는데도 존주지의를 가탁하여 명나라를 위해 그들에게 복수를 하겠다는 말은, 개가한 여인이 전 남편을 위해 복수하겠다는 것과 같은 것이니, 그 누가 믿을 것인가……."[168]

이처럼 병자호란의 극복 또는 대명의리의 부활이 특히 예(禮)의 측면[169]에서 이루어졌기 때문에 발생한 현상은 기준의 문제였다. 당대

---

167) 대한민국의 대통령이나 여·야 정당 대표가 취임 후에 가장 먼저 공식 방문하는 곳(현충원)이 어디이며, 그것이 국민이나 지지자에게 환기시키는 메시지가 무엇인지 생각해보라!

168) 송시열(宋時烈), 《송자대전(宋子大全)》 부록 권19, 〈기술잡록(記述雜錄)·정호(鄭澔)〉.

조선인은 각자 자신이 처한 상황과 여건 아래, 행동의 수준을 판단하고 실천하였다.[170] 인조 이후 조선의 국왕들은 무엇보다도 1637년 조선을 대표하여 대명의리를 부정한 인조의 자손이었기 때문에, 대명의리에 포함된 중화적 가치가 조선 내에서 동요되지 않는 한, 더욱 열과 성을 다하여 대명의리를 예(禮)와 사(史)의 차원에서 실천해야만 하는 위치에 있었다. 정조 역시 마찬가지였다. 이렇게 하지 않았다면, 아마 그들은 광해군과 같이 배리(背理) 또는 배교(背教)의 차원에서 축출당했거나 지지받지 못했을 가능성이 높다.

한편 1부 1장에서 보았듯이, 정조는 왕이 곧 국가를 상징하였던 조선에서 청 황제의 외교 파트너로서 군신 관계를 맺고 있었다. 조선과 청이 군신 관계였다는 것은 다시 말해 청 황제가 군주, 조선 국왕이 신하의 명분으로 규정되었다는 것을 의미한다. 국정 운영과 대청 외교의 최종 결정권자인 정조의 대명의리 실천은 신하들에 비해, 혹은 출사하지 않은 선비들에 비해 여러 가지 제약이 따를 수밖에 없었다. 정조의 입장에서 보면, 안민과 보국을 위한 대청 외교와 윤리와 가치의 차원에서 실천되는 대명의리는 차원이 다르기 때문에 경(經)이 아닌 권(權)의 차원에서 충분히 분리 가능한 사안이었다.[171] 대표적 주화론자였던 최명길(崔鳴吉)에 대한 정조의 다음과 같은 상찬(賞讚)은 대청 외교와 대명의리의 분리라는 맥락에서 볼 때 충분히 예측 가능한 일이었다.

---

169) 의례=몸짓+상징.

170) 불출사(不出仕), 북벌론 제기, 청 사신의 접대 거부, 청 연호의 사용 거부, 대명의리를 선양하는 저술 집필 등.

171) 대보단 의례를 정비한 영조가 정작 청 사신의 접대에 열과 성을 다했던 사실을 떠올려보라.

정조: 어제의 정목(政目) 가운데 초사자(初仕者)인 최재수(崔在粹)는 곧 고(故) 상신(相臣) 최명길의 후손인가?

정민시(鄭民始): 네.

정조: 고 상신의 병자년(1636) 차자(箚子)는 진실로 성실한 혈침(血忱)에서 나온 것이다. 고 상신이 아니었으면 누가 감히 청의(淸議)가 한창일 때 다른 의견을 제기할 수 있었겠는가?

정민시: 그때 이 사람이 없었다면 국가가 어떻게 오늘을 보전할 수 있었겠습니까?[172]

1부 1장에서 보았듯이 정조대 연경에 간 조선 사신들은 청의 우대를 몸으로 느꼈고 정조 자신도 같은 판단이었다. 이를 반영하듯이, 정조는 성(誠)과 신(信)으로 대청 외교에 임하는 자신의 복잡한 심정을 다음과 같이 토로하였다.

내가 남쪽의 왜국과 교린하고 북쪽의 중국에게 사대하는 일을 혹시라도 소홀히 한 적이 없었던 것은 바로 충신(忠信)과 독경(篤敬)이 모두 나에게 있는 도이기 때문이다. 그러나 섬나라 사신이 온다는 말을 들으면 곧 명나라가 구원해준 은혜를 기억하고, 청나라에 공물을 올리는 사신이 떠날 때가 되면 명나라가 돌보아준 은택을 매번 생각하게 되어, (전왕을 그리워하는) 오희불망(於戲不忘)의 생각과 (망해버린 천자의 나라를 안타까워하는) 비풍하천(匪風下泉)의 감회가 또한 마음에 절실하지 않은 적이 없었다.[173]

---

172) 《정조실록》 권6, 정조 2년 11월 5일(신묘).

173) 《홍재전서》 권177, 《일득록》 17, 〈훈어〉 4.

황단에 제사지내는 예는 영원히 천하 후세에 할 말을 남기는 것이다(皇壇享祀之禮, 永有辭於天下後世). (그런데) 세월이 점차 멀어짐에 따라 인심이 보통으로 여기게 되어 《춘추》의 존왕하는 의리가 거의 강명(講明)할 곳이 없게 되어버렸다. 사대교린하는 즈음에 이르러서도 더욱 이런 마음을 일으켜 한 줄기 봄별이 이에 힘입어 떨어지지 않게 하고자 한다.[174]

청에 대한 사대는 국가의 영속을 위해서 반드시 관철되어야 했다. 한편, 정조는 후대를 받은 이상 신의와 공경으로써 청과의 관계를 유지하는 것도 필요하다고 생각했다. 앞에서 보았듯이 숙종과 영조의 입장도 이와 크게 다르지 않았다. 따라서 대보단뿐만 아니라 이소사대(以小事大)의 대청 외교 역시 정조의 입장에서는 계지술사해야 하는 선대왕의 유업이었다. 이처럼 대청 외교의 수행과 대명의리의 실천은 양자의 차원과 성격이 달랐다.

태종은 정몽주(鄭夢周)를 영의정으로 추증했고,[175] 중종은 문묘에 배향하였다.[176] 그는 조선왕조 개창을 끝까지 반대했음에도 불구하고 보편적 의리인 충절의 차원에서 조선의 국왕에 의해 포장(褒章)될 수 있었다. 숙종은 노산군을 복위시키고[177] 사육신도 복권시켰다.[178] 정조는 단종이 묻힌 장릉(莊陵)에 배식단(配食壇)을 건립하고 《어정배식록(御定配食錄)》을 편정(編定)하여 이들의 절의를 선양하였다.[179] 세조

174) 《정조실록》 권44, 정조 20년 3월 2일(무신).
175) 《태종실록》 권2, 태종 1년 11월 7일(신묘).
176) 《중종실록》 권29, 중종 12년 9월 17일(경인).
177) 《숙종실록》 권32, 숙종 24년 10월 24일(을축).
178) 《숙종실록》 권23, 숙종 17년 12월 6일(병술).
179) 《정조실록》 권32, 정조 15년 2월 21일(병인).

의 자손인 숙종과 정조가 계유정난(癸酉靖難)의 정당성을 의심하여 이러한 조치를 시행한 것은 당연히 아니다.[180] 정조대 '진하외교'와 대보단 제향은 이와 유사한 맥락에서 충분히 공존 가능한 것이었다.

---

180) 《숙종실록》 권10, 숙종 6년 12월 22일(정미), "江華留守李選上疏請 …… 又論魯陵六臣及皇甫仁金宗瑞之冤曰 …… 不過臣各爲其主 君臣大義 有不可以自毁也 聖祖雖當危疑之際 不得不誅除 而實嘉其志操 故當時下敎於群臣曰 三問等 今世之亂臣 後世之忠臣".

4. 지방군의 현황

전근대 왕조 국가에서 수도 주변에 주둔하는 중앙군은 대궐 호위〔衛闕〕를 맡고, 그 외 지역에 주둔하는 지방군은 외적 방어〔禦敵〕를 담당하였다.[181] 중앙군의 궁극적 임무가 국왕 호위에 있었으므로, 타국과의 전투는 1차적으로 지방군이 수행하는 구조였다. 정조대 장용내(壯勇內)·외영(外營)의 설치로 도성 주변의 방어력이 증진된 것은 의심의 여지가 없는 사실이다. 그러나 이와 관련된 정조의 군사 개혁은 기존 군영의 병력과 재원을 감축하여 장용영에 집중 투입하는 형식으로 이루어졌다(2부 1장 참조). 따라서 정조의 조치를 조선 전체의 국방력 강화라는 측면에서 평가하려면, 그의 지방군 인식과 대책을 장용영 설치 및 화성 축조와 같은 시야에 넣고 살펴보아야 적절한 해답을 찾을 수 있을 것이다. 아래에서는 조선 후기 지방군의 대종을 이루던 속오군(束伍軍)과 수군(水軍)에 대한 정조의 인식과 대책을 살펴본 뒤

181) 조익(趙翼), 《포저집(浦渚集)》 권2, 〈인구언논시사소(因求言論時事疏)〉, "夫軍兵之用 內則衛闕 外則禦敵也 禦敵之兵 竊以爲申明束伍之法 則可以足用也".

에 본 장을 마무리하고자 한다.

조선은 1594년(선조 27)부터 무너진 지방군 재건에 착수하여, 동왕 29년 말에는 양인(良人)·공천(公賤)·사천(私賤)으로 구성된 8도 속오군 조직을 거의 완성하였다.[182] 군적(軍籍)이 허부화(虛簿化)되어 이름뿐인 군사만 올라와 있고 노비 인구는 과다하게 증가한 상황에서, 지방군 조직을 재건하기 위한 불가피한 조치였다. 속오군은 본래 자신의 역에다가 '겸역(兼役)'을 지는 형태로 운영되었다. 따라서 원래 속오군이 져야 하는 부담은 군사 훈련에 참가하는 것이었다. 이를 위해 속오군 조련을 담당하는 전담 무관을 두는 영장(營將) 제도가 마련되었다.

영장 제도가 인조대와 효종대에 정비되자 동시에 속오군 조련이 정식화되었다.[183] 이에 따라 영장(營將)은 1월에 1회씩 4개월간 각 고을을 돌아다니면서 시사(試射)·시방(試放)하였다. 봄과 가을에는 감(監)·병사(兵使)의 주관 아래 도(道) 단위의 합동 조련도 시행되었다. 이와 별도로 병사는 각 고을을 순력(巡歷)하며 속오군의 장비와 복색 등을 점검하여야 했다. 그러나 겸역을 지는 속오군의 조련은 제대로 시행되지 않았다. 속오군 역시 일반 군역처럼 불균(不均)의 문제가 발생하였다. 헐역(歇役)을 찾아 탈출하는 양인, 공천(公賤)의 속오역 면제 등으로 인하여 속오군은 양인 하층이나 사천(私賤)만 부담하는 역으로 변질되었다. 숙종~영조대를 거치면서 대외 관계가 지속적으로 안정되자 속오군 조련의 빈도와 강도는 급속하게 감소하였다. 동시에 속오역 역시 점점 수포군화(收布軍化)의 길을 걷고 있었다.

---

182) 임란 이후 속오군 체제의 성립에 대해서는 이겸주, 1977, 〈속오군의 성립과 군제 개편의 방향〉, 《한국군제사-근세 조선 후기편》, 육군사관학교 한국군사연구실 편, 육군본부, 26~37쪽 참조.

183) 조선 후기 속오군 조련과 그 폐단에 대해서는 김우철, 2000, 《조선 후기 지방 군제사》, 경인문화사, 245~253쪽 참조.

정조대 속오군 운영 역시 이러한 추세를 벗어나지 못하였을 뿐만 아니라 더욱 심화되는 경향마저 보였다. 정조대에도 속오군의 천역화(賤役化) 현상은 여전히 지속되어 군병의 질은 크게 저하되었다.[184] 1779년(정조 3) 유수(留守) 홍낙순(洪樂純)의 별단(別單)은 강화도에 국한된 것이기는 하지만 당시 속오군의 실태를 보여주는 대표적인 사례이다.

> 군제(軍制)는 전부(前部)인 무학군(武學軍)이 1,332명이고 후부(後部)인 속오군이 1,332명인데, 이는 원군(原軍)입니다. 장려(壯旅)의 좌열군관(左列軍官)이 999명이고 우열군관(右列軍官)이 999명이며, 의려(義旅)의 좌열군관이 999인이고 우열군관이 999인인데, 이는 고(故) 유수 신(臣) 이선(李選)이 신유년(1681)에 설치한 것입니다. 또 대년군(待年軍) 222명, 아병(牙兵) 111명, 이노작대(吏奴作隊)인 난후친병(攔後親兵)의 좌우초군(左右哨軍) 222명, 잡색군(雜色軍) 4,655명이 있는데, 모두 1만 1,870명이니, 또한 많다고 할 수 있습니다. 그러나 대년군, 아병, 이노작대, 잡색군은 승패를 가름하는 수효에는 진실로 아무런 이익이 없고 속오군·무학군이 바로 몽둥이를 들고 앞으로 공격하여 나갈 수 있는 군대입니다. 그런데 근래 인심이 교묘한 수단으로 남을 속여서 편호(編戶)의 천민들도 모두 입자(笠子)를 쓰고 도포(道袍)를 길게 끌고 다니는 것으로 스스로 다르다는 것을 표시하고 있습니다. 이런 까닭에 속오와 무학에 편입된 자들이 대개 양려(兩旅)의 무리들 속으로 몸을 숨기는 탓으로 원군(原軍)이 날로 줄어들어 궐오(闕伍)된 것이 거의 절반이나 되는데도, 수십 년 이래 대신 충당시키지 못하고 있습니다. 따라서 남아 있는 자들은 모두

184) 《정조실록》 권6, 정조 2년 9월 10일(병신).

지쳐 병들거나 늙어서 쓸데없는 사람뿐입니다. ……[185]

위의 사료에서 눈에 띄는 것은 다양한 병종과 많은 정원으로 구성된 강화도 수비군의 편제이다. 그러나 홍낙순은 그 가운데 무학군과 속오군만이 원군(原軍), 즉 원래 편성되어 있었던 군대로 전투에 나가 싸울 수 있는〔執殳前驅者〕 병종이라고 지목한다. 이것은 정원이 많은 나머지 병종(대년군, 아병, 이노작대, 잡색군)의 경우 전투력을 기대하기 어려운 병력임을 의미한다. 수령 휘하 친병(親兵)인 아병 등은 소수였고 잡색군은 편제상의 병종에 가까웠다. 의려(義旅)는 교생(校生)과 원생(院生)을, 장려(壯旅)는 군관(軍官)을 편성한 것으로 예비대에 가까운 기능을 수행한 것으로 보인다.[186] 결국 강화도 수비군의 주력은 2,664명에 달하는 무학군과 속오군이었는데, 이들마저 양려(兩旅)의 군관직에 투속(投屬)하여 군역을 회피하고 있었다. 따라서 속오군은 편제된 원액(原額)을 수십 년 동안이나 채우지 못하였고, 남아 있는 자들은 피역(避役)할 능력조차 없는 빈곤자나 노약자뿐이었다. 이들에게 유사시 외적의 대규모 침입을 방어하는 역할을 기대하기란 어려운 실정이었다.

이러한 상황은 속오군 피역을 가속화하여 '아침에 채워 넣으면 저녁에 달아나는 지경'에 이를 정도였으며, 속오군 조련은 대립(代立)한 자들이 인원수만 채우는 실정이었다.[187] 군역 대상이 아닌 10~14세의 아동들을 속오군적(束伍軍籍)에 배정하여 아동초(兒童哨)라 부르는

---

185)《정조실록》 권7, 정조 3년 3월 8일(임진).

186)《숙종실록》 권51, 숙종 38년 2월 27일(경진), "江華留守趙泰老曰 今番良役變通時 有校生試講 軍官試射 汰定軍額之命 江都校生軍官 各數千 而校生則義旅作隊 軍官則壯旅作隊 俱行團束 無異卒伍 但校生 軍官之號 於渠差勝 而一朝汰定軍額 呼冤不貲 江都則特爲停止似好".

경우까지 있었다.[188] 아울러 속오군 조련의 중단 빈도 역시 크게 증가하였다. 김우철의 분석에 의하면, 병사(兵使)가 실시하는 합동 조련의 정지 비율이 90퍼센트 안팎에 달할 정도였고, 영장이 각지를 돌면 점검하는 영장순점(營將巡點)조차 정지 빈도가 이전 시기에 비해 크게 늘었다.[189] 정조는 문제의 심각성을 인지하고 개선을 지시하였지만 이러한 추세는 개선되지 않았다. 이전부터 종종 존재하였던 속오역의 요역화(徭役化) 현상도 더욱 공식화되는 모습을 보였다. 정조대부터 속오군 조련이 정지될 때 제언역(堤堰役)으로의 동원이 제도화되기 시작한다. 이앙법의 전면적 보급에 따라 수리 시설의 확충이 급선무로 대두하였기 때문이다.

위와 같이 정조의 속오군 인식과 대책은 전대의 그것을 답습하는 정도에 그치고 있다. 정조는 속오군을 대종(大宗)으로 한 지방군 전력에 문제가 있다는 점을 알고 있었음에도 불구하고, 적극적인 개선 대책을 수립하거나 국가의 자원을 집중적으로 투입하지 않았다. 대청·대일 관계가 안정화된 상태에서 정조의 이러한 선택은 나름 이해의 여지가 있다. 2부에서 본격적으로 살펴보겠지만 군제 개혁에 대한 정조와 신하들 간의 논의를 살펴보면, 대원군 집권기와 같은 외침에 대한 절박한 위기감은 별로 보이지 않는다. 정조의 군영제 개혁 방향 역시, 기존에 난립한 오군영 전체를 통폐합하여 일원화하는 근본적 개혁이 아니라, 장용영이란 새로운 군영을 창설하는 방식이었다.

---

187) 《영조실록》 권127, 영조 52년 2월 8일(경술), "行副司直具善復上書 略曰 各道束伍軍設施之初 毋論良賤 通同充定 故軍無空額 邑無虛簿 自良役變通之後 爲慮兼役之稍苦 乃以私奴 苟充成伍 朝編暮散 十亡七八 或當習操之時 雇人代立 以免目前之罪 有軍如此 脫有緩急 將何所恃".

188) 《정조실록》 권7, 정조 3년 2월 25일(경진).

189) 김우철, 2000, 앞의 책, 216~222쪽 참조.

많은 재원이 장용영, 화성, 또는 오군영에 집중되는 상황 속에서, 수사(水使)가 관할하는 지방의 시설 보수나 신설은 통상적 수준을 벗어나지 못했으리라 짐작된다. 수군의 경우 기존 군선이나 병력을 그런 대로 유지하여 급격한 쇠락이나 반등의 기미를 보이지는 않았다.[190] 황당선(荒唐船) 출몰에 대응한다는 명분으로 17~18세기 서·남해 연안의 수군 진보(鎭堡)가 해안에서 도서 지역으로 전진 배치되었다. 영조대에도 도서 지역에 대한 군현 설치 논의가 진행되었으나, 1783년(정조 7)에 이르도록 찬·반 양론이 대립하여 끝내 시행되지 못하였다. 18세기 이후 설치된 수군 진보는 해방(海防)보다 행정 기능을 강화할 목적으로 설진(設陣)된 것으로 지역 개발과 호구 증가가 원인이었다. 유독 강화도의 해방이 강조되었지만, 영조대 이래로 도성 수비 체제의 강화 차원에서 제기된 것이었다. 1779년(정조 3) 통어영(統禦營)을 강화부로 이속하여 진무영(鎭撫營)과 합쳤지만 10년 뒤에 복원되고 말았다.[191]

특히 정조대에는 통제영(통영)과 통어영(교동)에 국한된 것이기는 하지만 수군 훈련, 즉 수조(水操)의 시행 빈도가 감소하기 시작한다.[192] 속오군과 마찬가지로 광역 단위의 합조(合操)가 줄어들고 각 수영이나 진 단위의 조련만 행해졌다. 함대 이동 과정에서 배가 침몰하는 인명 사고가 적지 않았기 때문이다. 1년당 수조 횟수도 정조 연간 0.42회에서 철종 연간에는 아예 0회로 급감하였다. 1785년(정조 9)

---

190) 이민웅, 2006, 〈영·정조시대 수군 체제의 재정비〉, 《한국군사사 8권-조선 후기 II》, 육군군사연구소 기획·주간, 육군본부.

191) 《정조실록》 권7, 정조 3년 3월 8일(임진).

192) 정조대 수조에 대해서는 송기중, 2019, 《조선 후기 수군 연구-정책, 재정, 훈련에 관하여》, 역사비평사, 366~386쪽을 참조하였다.

통제사 구명겸(具明謙)의 상소에서 보이듯이 수조 중지는 위민(爲民)을 명분으로 한 것이었지만, 보민(保民) 즉 국방에는 악영향을 미칠 수밖에 없었다. 경험 없는 초보 수군이 매뉴얼이나 머릿속의 상상만으로 험한 파도를 헤치고 군선을 움직이기란 쉽지 않았다. 유사시 극도의 긴장 속에서 적과 맞서 싸운다는 것은 더욱 난망한 일이었다. 이러한 수조 중지의 추세가 지속되자, 전선 및 병기의 정비가 해이해지고 수군의 충원도 노약자로 채워지는 부작용이 연쇄적으로 일어났다.

> 매년 흉년이 되어 훈련을 정지하라 명령하는 것은 조정에서 백성의 폐단을 생각하는 지극한 뜻에서 나온 것입니다. 그러나 제가 생각하기에 외적을 방어하는 것은 국가의 대사이기 때문에 약간의 폐단으로 정지할 수는 없습니다. 각기 식량을 가지고 수일 동안 훈련에 참여하는 것은 폐단 중에 큰 것이 아닙니다. 그러므로 이것으로 막중한 외적 방비의 정사를 폐지하여 행하지 않는 것은 좋은 방법이 아닙니다. 하물며 수조(水操)는 육조(陸操)와 달리 조련을 나가면 식량을 배에 싣고 배 안에서 음식을 해먹어서 당초에 노자와 여관비 등이 없기 때문에 설령 훈련을 하러간다고 하더라도 그 폐가 많지 않을 것입니다. 모든 수전은 육전과 달리 배를 조정하는 법을 익히고 바다를 건너는 것에 익숙한 후에야 할 수 있습니다. 만약 훈련이 안 된 군졸이 갑자기 바다를 건너는 일을 한다면 전복되어 패몰(敗沒)하지 않는 일이 드물 것입니다. 저의 영(營) 소관 수군으로 말한다면, 옛날에는 삼도(三道)가 합조를 하거나 혹은 양도(兩道)가 합조를 했으며 수조에 이르러서도 정지하는 데에 이르지 않았으나, 근년에는 훈련할 때가 드물고 정지하는 때가 많습니다. 그러므로 군현과 진(鎭)은 두려워하거나 꺼리는 뜻이 없어 배가 썩어 상한다 해도 때

에 맞추어 개조하지 않으며, 병장기가 둔한 문제가 있더라도 때에 맞추어 수선하려 들지 않습니다. 심지어 전선에 입방(入防)하는 군사들은 구차하게 대부분 노약자로 충원하고 있습니다. 해방을 대비하는 곳에 군정의 폐단이 이처럼 허술하고 심합니다.[193]

이상, 정조대 지방군의 전반적 상황을 속오군과 수군으로 나누어 간략히 살펴보았다. 정조대 대청·대일 관계가 안정적 기조를 유지한 가운데 지방군의 주력인 속오군은 군사적 기능을 점점 상실해가고 있었고, 수군 역시 위민을 이유로 수조 시행이 현격히 감소되기 시작하였다. 18세기 중엽 이후 군현의 군역 자원은 국방력 강화가 목적이 아닌 지방 재정 보충을 위해 운영되는 경우가 많았다.[194] 사실, 이 시기 지역 방어의 근본적 해결책은 영조대 박문수(朴文秀)가 통찰한 대로, 수없이 잘게 쪼개진 수륙의 진보(鎭堡)를 과감히 통폐합하여 유지비를 절약하고 병력의 정예화를 추진하는 것이었지만,[195] 이러한 대안이 적극적으로 논의되거나 실천되지는 않았다. 이 대안이 실현되었더라면 지역 거점에 신속한 출동이 가능한 정예 군사력이 배치될 수도 있었을 것이다. 그러나 이와 같은 방식의 군사 개혁은 국방에 자원을 집중 투입하기 어려운 국내외적 상황과 전통적 강간약지(强竿弱枝) 정책의 틀 안에서는 시도조차 되지 않았다. 지역 방어의 측면에

193) 《승정원일기》 1574책, 정조 9년 1월 10일.

194) 노영구, 2015, 〈중앙 군영과 지방군을 통해 본 조선 후기 국방 체제의 변화 양상〉, 《장서각》 33, 한국학중앙연구원, 80쪽 참조.

195) 《영조실록》 권71, 영조 26년 7월 3일(계묘), "戶曹判書朴文秀上書, 略曰 …… 何謂減鎭堡 我國鎭堡甚多 雖以三南言之 五里十里二十里 小小鎭堡累累相望 其所設不足有無於緩急 而坐令剋卒封己 徒貽民弊者所在皆然 原其創置之意 豈不以壬辰受兵之地而爲之備者耶 然賊之出沒 本無定形 羅麗之間 倭寇之搶掠多在於關東 而今關東九郡只有越松一殘鎭 則其所備禦之道 踈於此而密於彼 不幾爲隨矢立的者乎".

서만 놓고 보면 정조의 우선순위는 국방보다 경제에 있었다. 대외 관계의 전례 없는 안정이 뒷받침되지 않았다면 선택하기 어려운 노선이었다.

2부

정조의 군제 개혁과
화성 방어 체제 정비

1.

친위 체제 구축과 장용영 설치

1776년(영조 52) 3월 5일, 조선의 21대 국왕 이금(李昑, 1694~1776)이 재위 52년 만에 경희궁 집경당에서 승하하였다. 오랜 간난신고 끝에 왕위에 오른 정조는 6일 뒤 영조의 빈전 앞에서 대신들을 접견한 뒤 다음과 같은 윤음을 내렸다.

> 아! 과인은 사도세자의 아들이다. 선대왕께서 종통(宗統)의 중요함을 위하여 나에게 효장세자를 이어받도록 명하셨다. 아! 전일에 선대왕께 올린 글에서 '근본을 둘로 하지 않는 것(不貳本)'에 관한 나의 뜻을 크게 볼 수 있었을 것이다. 예(禮)는 비록 엄격하게 하지 않을 수 없는 것이나, 정(情)도 또한 펴지 않을 수 없는 것이니, 향사(饗祀)하는 절차는 마땅히 대부(大夫)로서 제사하는 예법에 따라야 하고, 태묘(太廟)에서와 같이 할 수는 없다. 혜경궁께도 또한 마땅히 경외(京外)에서 공물을 바치는 의절이 있어야 하나 대비와 동등하게 할 수는 없으니, 유사로 하여금 대신들과 의논해서 절목(節目)을 강정(講定)하여 아뢰도록 하라! 이미 이런 분부를 내리고 나서 괴귀(怪鬼)와 같은 불령한 무리들이 이를 빙자

하여 추숭하자는 의논을 한다면, 선대왕께서 유언하신 분부가 있으니 마땅히 형률로써 논죄하고 선왕의 영령(英靈)께도 고하겠다.[1]

정조는 위의 윤음에서 영조의 처분, 즉 임오의리(壬午義理)에 의하여 자신이 종법의 원칙에 따라 효장세자(진종)를 계승하는 것임을 만천하에 천명하였다. 아울러 인정(人情)의 측면에서 사도세자와 혜경궁 홍씨에게도 효를 다할 것을 다짐하면서, 나쁜 무리들이 이러한 상황을 빙자하여 자신에게 사도세자의 추숭을 건의한다면 형률로써 논죄하겠다고 확인하였다. 곧이어 효장세자 추숭이 시행되었다.[2] 사도세자에게는 장헌(莊獻)이란 존호를 올리고 수은묘(垂恩墓)는 고쳐 영우원(永祐園)이라 하고, 사당은 경모궁(景慕宮)이라 하였다.[3]

신료들을 향한 국왕의 첫 메시지인 이 윤음은, 역설적이게도 만약 세손이 즉위한다면 사도세자의 추숭이나 그에 준하는 조치를 언젠가 시도하리라는 것을 모든 사람이 예상했음을 잘 보여준다. 국왕으로서 또 자식의 입장에서 정조는, 생부가 선왕에게 죄를 짓고 사사(賜死)되었다는 사실을 추숭이란 의례를 통하여 번복하고 싶었다. 하지만 그렇게 된다면 자신을 왕으로 만들어준 영조의 처분을 부정한다는 데 그 딜레마가 있었다. 소현세자의 경우에서도 볼 수 있듯이 세자 유고시 원손(元孫)이 왕위에 오르지 못한 경우가 이미 있었다. 더욱이 그 세손이 죄인의 아들이라면, 영조의 자연스러운 조치는 오히려 세손을 폐서인하고 종실에서 양자를 받아들이거나 후사를 기다리

1) 《정조실록》 권1, 정조 즉위년 3월 10일(신사).

2) 《정조실록》 권1, 정조 즉위년 3월 19일(경인).

3) 《정조실록》 권1, 정조 즉위년 3월 20일(신묘).

는 것이 될 수도 있었다.[4] 이렇게 복잡 미묘한 정치적 환경에서 정조는 왕위에 올랐던 것이다.

여기에서 잠시 정조의 왕권에 태생적 제약을 가했던 사도세자의 죽음이 어떻게 발생했는지 살펴보자.[5] 숙종대 환국기를 거치면서 붕당 간의 갈등은 더욱 격화되었다. 붕당 교체를 통한 국왕 주도의 정국 운영은 오히려 택군(擇君)이라는 현상을 초래하여 왕권의 불안만 가중시켰다. 영조는 '이인좌(李麟佐)의 난' 이후 일당전제(一黨專制)를 배제하고 각 붕당의 조제보합(調劑保合)을 중시하는 탕평책을 실시하였다. 영조 주도의 탕평에 동의하는 신료들은 각 붕당마다 있었는데, 이들을 완론(緩論)이라 한다. 반대 입장에 있는 자들은 준론(峻論)이라 하였다. 영조는 전자를 통하여 군주가 황극(皇極)이 되는 탕평을 실시하고자 하였으나, 완론 계열의 척신들은 기대에 부응하지 못하고 오히려 권력을 호가호위하는 데에 이른다.[6]

1755년(영조 31) 을해옥사(乙亥獄事)를 계기로 준론 계열의 소론계가 극심한 타격을 입고 조정에서 거의 축출되다시피 하자 노론계의 독주가 두드러졌다. 한편 1749년(영조 25)부터 대리기무(代理機務) 중이던 사도세자는 부왕과의 갈등 속에 심한 정신적 스트레스에 시달렸다. 이 와중에 그는 준소(峻少) 계열인 조태구(趙泰耉), 유봉휘(柳鳳輝), 이광좌(李光佐) 등의 토역(討逆)을 주장하는 노론계의 요구에 적극적으로 응하지 않았다고 한다. 이러한 상황에서 노·소론 내의 주요

4) 정조의 적대 세력은 '죄인지자(罪人之子) 불위군왕(不爲君王)'이라는 팔자흉언(八字凶言)을 유포시키기도 하였다. 유봉학, 2001, 《정조대왕의 꿈-개혁과 갈등의 시대》, 신구문화사, 62쪽.

5) 이하 서술한 사도세자의 죽음과 영조대 정국 변동에 대해서는 주로 최성환, 2009, 〈정조대 탕평정국의 군신의리 연구〉, 서울대학교 박사학위논문을 참조하였다.

6) 박광용, 1998, 《영조와 정조의 나라》, 푸른역사, 156~158쪽 참조.

정파는 사도세자에 대한 태도를 기준으로 동당(東黨)·남당(南黨)·북당(北黨)의 3파로 분열되었다.[7] 홍봉한(洪鳳漢)의 북당과 이천보(李天輔)의 동당, 준소의 이종성(李宗城)이 세자 보호를 위해 입장을 같이하였다. 반면 김상로(金尙魯)의 남당과 홍계희(洪啓禧)·정휘량(鄭翬良) 등의 노·소론 탕평당은 영조의 뜻에 영합하여 세자를 위협하였다. 결국 1762년(영조 38) 홍계희와 김상로 등의 사주를 받았다고 알려진 나경언(羅景彦)의 고변을 계기로 사도세자는 뒤주에 갇혀 죽고 만다. 임오화변(壬午禍變) 이후 정권을 장악한 것은 완론 및 외척으로 구성된 세칭 탕평당(蕩平黨) 계열이었다. 이 시기는 영조의 탕평책에 적극 호응하는 신·구의 척신 세력이 대립하며 정치를 주도하였다. 하나는 사도세자의 장인인 노론 북당 홍봉한이고, 다른 하나는 영조의 인척인 김한구(金漢耉)·김귀주(金龜柱) 부자였다. 김한구는 영조 계비 정순왕후(貞純王后)의 아버지였다. 경주 김씨인 김한구 부자는 노론의 청론을 자처한 남당과 긴밀하게 교류하는 사이였다. 공홍파(攻洪派)라 불렸던 이들은 노론 동당계까지 싸잡아 부홍파(扶洪派)라 부르며 공격하였다. 동당계는 두 척신 집안 모두에 대해 비판적 입장이었다. 영조는 말년에 홍봉한 대신 그의 이복동생 홍인한(洪麟漢)을 총애하며 노론 북당 계열을 중시하는 탕평책을 펼쳤다. 홍인한은 김귀주에 붙어 있던 소론 정후겸(鄭厚謙)을 회유하여 노·소론 탕평당 세력을 포섭하였다. 그는 당시 영조의 총애를 독차지하던 화완옹주(和緩翁主)의 양자였다.

1772년(영조 48) 7월 김귀주·김관주(金觀柱) 형제는 홍봉한을 공격하면서, 그가 사도세자의 추숭을 세손에게 강요하였다는 상소를 올

7) 노론 3파의 분열에 대해서는 최성환, 2009, 앞의 논문, 74~82쪽 참조.

렸다.[8] 영조는 세손의 자리마저 위협하는 이들의 시도에 분개하며 준엄한 경고를 내렸다. 이와 관련하여, 공홍파 청류 세력이 반(反)탕평의 죄목으로 축출되는 청명당(清名黨) 사건이 일어났다.[9] 한편 홍인한과 정후겸은 세손의 보호를 자임하였지만, 임오화변 당시 이들은 사도세자를 적극적으로 보호하지 않았다. 따라서 이들에 대한 세손의 반감 역시 뿌리가 깊었다. 홍인한 세력 역시 세손을 감시·협박하였고,[10] 홍국영(洪國榮)·정민시(鄭民始)·서명선(徐命善) 등 세손의 측근을 대놓고 비방하였다고 한다. 이상의 여러 정치 세력들이 영조 사후에 사도세자의 죽음과 정조의 정치 노선에 대한 입장을 기준으로, 이를 지지하는 시파(時派)와 반대하는 벽파(僻派)로 다시 분화되었다.[11]

앞서 살펴본 바와 같이, 즉위 초반 정조의 정치적 과제 중 하나는 홍인한·김귀주 등의 척신 세력과 영조의 처분을 정당하다고 본 벽파 세력으로부터 자신의 왕권을 강화하고, 생부 사도세자의 명예 회복을 한 단계씩 격상시키는 것이었다. 아래 인용된 정조 사후 정순왕대비가 내린 〈행록(行錄)〉을 보면, 대행왕이 영조의 명을 받들어 생부의 추숭을 하지 않은 것을 당연한 처사가 아니라 '지극한 효'라 칭송하고 있다. 사도세자 문제를 둘러싼 군신 간의 팽팽한 긴장과 갈등을 보여준다는 점에서 흥미롭다.

---

8) 《영조실록》 권119, 영조 48년 7월 21일(갑인).

9) 《영조실록》 권119, 영조 48년 7월 23일(병진).

10) 《홍재전서》 권3, 《춘저록(春邸錄)》 3 서(書) '여궁관(與宮官)', "鬼蜮之徒 日事旁伺 一言一默 不得放心 此雖耐過 但眠食之際 許多艱難之狀 難以殫紀 …… 大抵不誅則國將亡矣 不亡之前 焉有具人心者 敢發右袒之說耶".

11) 시(時)·벽(僻)의 분화 과정은 최성환, 2011, 〈정조의 의리탕평과 노론 벽파의 대응〉, 《정조의 비밀 어찰-정조가 그의 시대를 말하다》, 권두환 외 9인 공저, 푸른역사, 347~355쪽 참조.

그런데 그와 같은 지극한 효심을 가지고도 감히 영묘(英廟)의 뜻을 어기려고 하지 않아, 뿌리가 둘일 수 없는 왕실의 의리를 금석같이 끝까지 지켰으니, 그것이야말로 최고의 인(仁)이요 더할 수 없는 의(義)로서 백왕(百王)을 능가하는 훌륭한 덕(德)인 것이다. 그것을 어찌 종이와 붓으로 다 형용할 수 있으랴?[12]

즉위 직후 정조는 사도세자의 죽음에 직접적으로 관련되었거나 자신의 즉위를 반대한 정적들의 처단을 주도하였다.[13] 먼저 노론 남당 김상로의 관작을 추탈하고, 그 아들 김치현(金致顯)을 비롯하여 숙의 문씨(淑儀文氏)와 그녀의 동생 문성국(文成國) 등을 처단하였다. 그리고 홍인한, 정후겸, 홍상간(洪相簡) 등을 처형하였다. 홍상간은 홍계희의 아들이었다. 정순왕대비(貞純王大妃)의 오빠 김귀주는 흑산도로 유배를 보냈다. 척신 세력 축출에도 불구하고 정조대 초반 정국은 노론과 소론 양당의 인물을 위주로 조제(調劑)하는 노소보합(老少保合)의 구도로 전개되었지만 왕권이 확립된 상태라 보기는 어려웠다.

따라서 정조는 친위 세력 양성의 일환으로 세손 시절 자신의 보위에 힘쓴 세자시강원(世子侍講院)의 설서(設書) 홍국영을 승지로 발탁하여 곁에 두었다. 이후 그에게 도승지, 수어사(守禦使), 총융사(摠戎使)를 제수한 다음, 1777년(정조 1) 5월에는 그를 궁궐 숙위를 담당하는 금위영(禁衛營) 대장에 임명한다.[14] 정조는 그에게 대궐 내의 순검(巡檢)과 숙위(宿衛)가 구별되는 것임을 상기시키며, 특히 자신의 안위와

---

12) 《정조실록》 부록, 〈대왕대비전서하행록(大王大妃殿書下行錄)〉.

13) 김준혁, 2005, 〈정조대 장용영 설치의 정치적 추이〉, 《사학연구》 98, 한국사학회, 155·156쪽 참조.

14) 이태진, 1977, 〈삼군문(三軍門) 도성 수비 체제의 확립과 그 변천〉, 《한국군제사-근세 조선 후기편》, 육군사관학교 한국군사연구실 편, 육군본부, 196쪽 참조.

직결되는 후자의 임무를 철저하게 수행하도록 당부하였다.

> 어제 금위영 대장에게 본영(本營)의 임무를 맡겨 궐내에서 100여 명의 군병을 거느리고 오래 숙위하게 하였다. 궐내를 순검하는 것은 병조와 도총부(都摠府)의 직임이요, 금위영 대장이 숙직(宿直)하는 것은 오로지 숙위 때문인 것이니, 어찌 점열(點閱)하는 거조가 없을 수 있겠는가? 궁을 지키는 대장도 궐내를 순심(巡審)하는데, 하물며 양국(兩局)의 중임(重任)이야 말할 것이 있겠는가? 지금부터는 연화문(延和門)에 입직(入直)하는 금위군은 낮에는 순검하고 밤에는 적간(摘奸)하되 계품(啓稟)을 제외하여 거행하라. 궐내 각처에서 숙위하는 군병에 이르러서도 수시로 적간하여 법을 어긴 경우에는 곤장으로 다스려 기율을 엄하게 하고 숙위를 중하게 하라.[15]

아울러 병조와 도총부가 관할하던 대궐 내 순검 및 적간의 임무를 금위대장(禁衛大將)에 넘기는 이례적 조치를 취했다.[16] 같은 해 11월에는 창덕궁 건양문(建陽門) 동쪽에 숙위소(宿衛所)를 신설한다.[17] 숙위소의 임무는 대궐뿐만 아니라 도성 전체의 경비를 총괄하는 것이었다.

대궐 안팎의 숙위 권한을 한 사람에게 집중시킨 계기는 홍상범(洪相範)의 하수인 전흥문(田興文)의 월담 사건이었다. 홍상범은 아버지 홍술해(洪述海)가 황해도관찰사로 재직하던 중에 공금을 횡령한 죄로 위리안치 되자, 불만을 품고 홍인한·정후겸 등의 잔존 세력과 연합하여 국왕 시해를 도모하였다. 홍술해는 사도세자의 죽음을 촉발한 홍

---

15) 《정조실록》 권3, 정조 1년 5월 28일(임진).

16) 《정조실록》 권3, 정조 1년 5월 28일(임진).

17) 《정조실록》 권4, 정조 1년 11월 15일(정축).

계희의 아들이었다. 홍상범은 우선 호위청(扈衛廳) 군관 강용휘(姜龍輝)와 그의 딸인 궁인 강월혜(姜月惠), 원동(院洞)의 임장(任掌)인 전흥문 등을 포섭하였다. 1777년(정조 1) 7월 28일 밤, 강용휘와 전흥문이 정조가 독서 중이던 경희궁 존현각 지붕 위까지 잠입했다가 도주하였다.[18] 같은 해 8월 11일에는 전흥문이 창덕궁의 서문인 경추문(景秋門)의 담장을 넘다가 발각되어 체포되었다.[19]

신변에 위협을 크게 느낀 정조는 이미 도승지와 금위대장을 맡고 있는 홍국영에게 숙위소 대장을 겸하게 하였다. 가장 믿을 만한 심복에게 숙위의 권한을 집중시킨 조치였다. 그리고 대궐 내외를 순찰하는 위장(衛將), 부장(部將), 금군(禁軍), 도감군병(都監軍兵), 수문장(守門將), 순라군(巡邏軍) 등은 반드시 사고 유무를 숙위대장에게 보고하도록 하였다.[20] 숙위 군사의 교체 명단 또한 숙위대장에게 바치도록 하였다. 이와 같은 숙위소의 권한 집중은 유사 기능을 한 호위청의 축소를 초래하였다. 숙종대 3청(廳) 규모를 유지하던 호위청은 1778년(정조 2) 2월 1청(廳)으로 통합되었다.[21] 군액(軍額)은 1,050명에서 350명으로 대폭 축소되었다. 하지만 정조는 호위대장에 자신의 측근인 서명선을 임명해두는 것을 잊지 않았다.

한편 도승지로서 숙위 권한을 총괄한 홍국영의 위세는 점점 높아갔다.[22] 1779년(정조 3) 5월 자신의 누이 원빈 홍씨(元嬪洪氏)가 소생 없

18) 《정조실록》 권4, 정조 1년 7월 28일(신묘).

19) 《정조실록》 권4, 정조 1년 8월 11일(갑진).

20) 《정조실록》 권4, 정조 1년 11월 17일(기묘).

21) 《정조실록》 권5, 정조 2년 2월 5일(병신).

22) 《정조실록》 권8, 정조 3년 9월 26일(정미), "國榮 …… 及上御極 一歲中 超至宰列 以知申事 兼宿衛大將 而手握重兵 長處禁中 凡軍國機務 臺閣言議 兩銓政注 皆先就決 然後方上徹 自公卿百執事 至岳牧庶官 聽其賢指".

이 사망하자, 홍국영은 정조의 서제인 은언군(恩彦君)의 아들 상계군(常溪君)과의 관계를 돈독히 하려고 하였다.[23] 왕권을 공고히 하기 위해 총애한 신하가 아이러니하게도 국본(國本)에 관여하려는 움직임을 보이자 정조는 그의 명예로운 퇴진을 결정한다. 같은 해 9월 홍국영은 봉조하(奉朝賀)의 예우를 받으며 조정에서 물러난다.[24] 이듬해 전리(田里)로 방축(放逐)된 그는 1781년(정조 5) 4월 강릉에서 생을 마친다.[25] 홍국영이 권세를 잃은 직후 숙위소도 폐지되고 말았다.[26]

정조는 선왕 영조의 정책을 계승하여 탕평을 표방하였지만, 각 붕당의 청론을 주장하는 인물을 중용하는 준론 중심의 탕평으로 전환하였다. 영조대 완론탕평이 군주에게 영합하여 권력을 남용하고 척신들과 결탁하는 기풍을 조장함으로써 정치를 퇴락시켰다는 판단 때문이었다. 그는 붕당을 타파하고 군자(君子)들만을 모아 새로운 정치세력을 만든다는 주자의 붕당론을 강조하면서, 청론과 의리를 강조하는 각 붕당의 준론자(峻論者)들을 결집시켜 정치를 쇄신하고자 하였다. 이 의리는 각 붕당의 의리가 아니라 황극(皇極)인 자신이 최종 결정한 의리였다.[27]

정조는 집권 이후 척신 세력 등을 처단하며 정국 주도권을 점차 넓혀갔다.[28] 1781년(정조 5) 2월에는 규장각 초계문신 제도를 시행하

---

23) 《정조실록》 권22, 정조 10년 12월 1일(경자), "王大妃下諺教于賓廳曰 …… 至于己亥 凶逆如國榮者又出 敢懷叵測之心 主上春秋未滿三十 而乃敢沮遏儲嗣之大計 以常溪君爲完豐 稱以假東宮肆發凶論".

24) 《정조실록》 권8, 정조 3년 9월 28일(기유).

25) 《정조실록》 권11, 정조 5년 4월 5일(무신).

26) 《정조실록》 권8, 정조 3년 10월 8일(무오).

27) 정조의 준론탕평책에 대해서는 박광용, 1998, 앞의 책, 159~172쪽 참조.

28) 유봉학, 1996, 〈정조대 정국 동향과 화성 성역의 추이〉, 《규장각》 19, 서울대학교 규장각한국학연구원, 83~86쪽 참조.

여 소장 사류(士類)를 친위 세력으로 양성하는 발판을 놓았다.[29] 1784년(정조 8) 장헌세자(莊獻世子)에게 존호를 가상한 것은 그 성과 중 하나였다.[30] 가상존호(加上尊號)를 축하하여 개최한 무과에서는 2,926명의 초시 합격자 모두에게 회시 응시 자격을 부여하여 합격시켰다.[31] 1787년(정조 11) 11월 정조는 남인의 영수 채제공을 불러 재기용의 의사를 밝히고 '이열치열'이라고 하는 준론탕평책을 본격적으로 추진하였다.[32] 그 결과 1787년(정조 11) 2월 노론·소론·남인 보합(保合)의 삼상(三相) 정권이 출범하였다. 영의정에 노론 김치인(金致仁)이 유임되고, 소론 이성원(李性源)이 좌의정, 남인 채제공은 우의정에 임명되었다.[33] 정조의 측근 서명선은 홍국영과 달리 판중추부사(判中樞府事)로 건재한 상태였다.[34] 이 시기 정조는 영조의 탕평 계승을 표방하면서 '붕당이 자기만의 의리나 시비를 주장하는 풍속을 바로잡겠다.'는 교속(矯俗)을 명분으로 국왕 주도의 정국 운영을 시도하였다.[35]

정조가 이처럼 국정 운영의 폭을 넓혀가는 와중에 발생한 수차례의 역모 사건은 친위 체제 구축의 기반이 되는 군권 장악의 필요성을 더욱 높였다. 1784년(정조 8) 실체가 모호한 김하재(金夏材)의 자해적 고변 사건이 발생하였다.[36] 김하재는 노론 명가의 자손으로 벽파에 속한 인물이었다. 다음해 2월에는 홍국영의 사촌동생 홍복영(洪福

29) 《정조실록》 권11, 정조 5년 2월 18일(신유).

30) 《정조실록》 권18, 정조 8년 9월 17일(기사).

31) 《정조실록》 권18, 정조 8년 9월 24일(병자).

32) 《정조실록》 권23, 정조 11년 1월 5일(갑술), "召見蔡濟恭 …… 上曰 從今爲始 須思容世之道 此時召來 意豈亶然 今之時 不可不以熱治熱矣 予於近日 積費商量 置卿於白白無瑕之地 卿亦思報效之道焉".

33) 《정조실록》 권25, 정조 12년 2월 19일(임자).

34) 《정조실록》 권25, 정조 12년 3월 8일(경오).

35) 《정조실록》 권26, 정조 12년 10월 21일(기유).

榮)의 역모 사건이 발생하였다. 홍복영의 아버지 전 좌의정 홍낙순은 홍국영 실각 이후 그의 구명 운동을 벌이다가 우의정 서명선의 상소로 축출당한 인물이었다. 그의 일당은 산림 세력과 연계하여 도성을 공격하고 정조를 시해하려는 계획을 세웠다. 정조는 사건 발생 이후 한 달 동안 창덕궁 숙장문(肅章門) 앞에서 이들을 친국한 뒤 주도 세력 대부분을 사형에 처하는 엄벌을 내렸다.[37]

1786년(정조 10) 5월 문효세자가 홍역으로 사망하고, 9월에는 생모 의빈 성씨(宜嬪成氏)가 출산을 바로 앞두고 사망하였다.[38] 12월에는 정조의 이복동생 은언군 이인(李裀)의 아들 상계군이 석연치 않게 음독 자살한 사건이 벌어졌다. 홍국영의 실각에도 연관되었던 그는 정순왕대비로부터 의빈 성씨 독살의 배후자로 의심을 받자 압박감을 이기지 못하고 자살하였다. 이후 상계군의 외조부 송낙휴(宋樂休)가 그의 죽음에 김상철(金尙喆)의 아들 김우진(金宇鎭)과 훈련대장 구선복(具善復)의 조카 구이겸(具以謙)이 연관되어 있다는 고변을 하였다. 김상철은 정조 즉위 초반 영의정을 지낸 인물로 화완옹주의 시아버지 정우량(鄭羽良)의 사위였다. 따라서 반(反)세손파로 분류되었던 인물이었다. 구선복은 1년 전 홍복영 역모 사건에 자신도 관여하여 상계군을 옹립하려는 역모를 꾸미다가 중지하였다고 자복한 뒤 능지처참되었다. 구선복 제거는 정조의 군권 장악에 중요한 전환점이 되었다. 구선복은 영조대부터 당시까지 약 30년 동안 군영 대장직을 두루

36) 《정조실록》 권18, 정조 8년 7월 28일(신사), "金夏林伏誅 夏材以永禧殿告由祭獻官 將受香 詣香室 出袖中小紙 傳于禮房承旨李在學 在學開視 都是詬天罵日 載籍所未有至憯絶悖之凶言也 在學倉皇詣閤 與諸承旨請對 以凶書上徹".

37) 김준혁, 2005, 앞의 논문, 174쪽.

38) 이하 서술한 구선복 옥사의 경과는 김준혁, 2011, 〈정조의 훈련대장 구선복 제거와 장용대장 임명〉, 《역사와 실학》 44, 역사실학회, 161~166쪽을 참조하여 정리하였다.

역임한 인물로 무종(武宗)이라 불렸을 정도로 영향력이 막대하였다.[39] 그는 김귀주·홍인한·정후겸 등 척신 세력과도 교분이 깊었다. 구선복을 힘들게 제거한 정조는 그의 위상을 다음과 같이 회고하였다.

> 이번 역적의 변고는 장상(將相)에게서 나왔으니 불행하기 그지없다. 구선복의 경우 손에 병권을 쥔 지 이미 수십 년이나 되어 일을 계획한 것이 하루아침이나 하루저녁이 아니었으므로 이루 헤아릴 수 없이 자리를 잡고 체결하였다. 그가 바친 공초(供招)는 대체적인 것일 뿐 만분의 일도 사실을 말하지 않았다. …… 그가 10년 동안 대장(大將)으로 있어서 뿌리가 튼튼하고 소굴이 깊었으므로 문·무 백관을 막론하고 그 가운데 참여한 자가 반드시 많을 것이니, 보지 않는 것이 더 나을 것이다.[40]

구선복에 대한 정조의 분노는 "살점을 씹어 먹고 가죽을 벗겨 깔고 자도 시원치 않을" 정도로 대단하였다.[41] 임오화변 당시 뒤주에 갇힌 사도세자를 희롱한 인물이 바로 구선복이었기 때문이다.[42] 역으로, 그를 제거하는 데 오랜 시간이 걸렸다는 것은 정조가 왕권을 행사하는 데 많은 제약이 있었음을 여실히 보여준다. 여하튼 기존 군문(軍門)에 뿌리가 깊었던 구선복의 역모 시도는 새로운 친위 세력을 구축하고자 하는 정조의 욕망을 더욱 자극하였다. 한편 그의 부재는 정조의 군권을 확대할 수 있는 좋은 기회이기도 하였다. 기존 금군의

---

39) 《정조실록》 권22, 정조 10년 12월 21일(경신), "正言趙鎭宅啓言 逆復以三十年將任 凡於鞍韋之類 自稱武宗 莫不頤指".

40) 《정조실록》 권22, 정조 10년 12월 11일(경술).

41) 《정조실록》 권32, 정조 15년 6월 5일(무신).

42) 《정조실록》 권35, 정조 16년 5월 5일(임인).

질이 다른 군영에 비해 형편없었던 상황[43] 속에서, 정조는 훈척 계열의 영향력에서 탈피한 새로운 숙위 부대의 창설을 오래전부터 고민하였던 것으로 보인다.

홍복영 역모가 진압된 5개월여 후인 1785년(정조 9) 7월 2일 기존 숙위부대인 무예출신청(武藝出身廳)을 개명하여 장용청(壯勇廳)이라 하였다.[44] 소속 병력도 무예출신(武藝出身)에서 장용위(壯勇衛)로 바꾸어 부르게 하였다.[45] 무예출신청은 1782년(정조 6) 숙위소 혁파 이후 국왕 호위의 공백을 우려하여 훈련대장 구선복의 건의에 따라 설치한 30명 정원의 소규모 부대였다.[46] 그 인원은 설치 당시 훈련도감의 무예출신 연소자와 무예별감(武藝別監) 중에서 장교(將校) 경력이 있는 자들 가운데 선발되었다. 무예출신은 훈련도감 국출신(局出身) 150명 가운데 30명을 뽑은 정예 병력이었다.

그리고 1784년(정조 8) 장헌세자 가상존호를 축하하여 열린 경과(慶科) 합격자 2,926명 상당수를 장용위에 흡수할 계획을 세웠다.[47] 병자호란 때 훈련도감 군사로 인조를 호종하였다가 무과를 통해 발탁된 국출신의 전례를 따른 것이었다. 절체절명의 순간에 인조를 호위한 충의를 포장한 조치였다. 이 사례를 장헌세자의 가상존호를 축하하

43) 《정조실록》 권4, 정조 1년 7월 25일(무자), "定宣薦內禁衛之法 敎曰 禁旅之役 非他輦下親兵比也 宿衛於殿廊 陪扈於駕側 不可不重其選而擇其材 挽近以來 法久弊生 所謂禁旅 反不如訓局馬兵禁衛騎士 而近畿褻牖繩樞之徒 爲得斗料 輒皆投托於此 弊鞍藁鐙 見者駭眼 破裝鶉衣 望之指笑 若此而尙安望其曉暢軍旅之法乎 不特軍容之疲殘 爲戎政疎虞之端 又何以得力於戰陳之間哉".

44) 《일성록》, 정조 9년 7월 2일.

45) 《정조실록》 권20, 정조 9년 7월 2일(기유).

46) 무예출신청, 장용청, 장용영 탄생에 대한 전반적 설명은 박범, 2017, 〈정조대 장용영의 군제와 재정 운영〉, 고려대학교 박사학위논문, 16~48쪽을 참조하였다.

47) 이태진, 1977, 앞의 책, 201쪽

여 열린 경과 합격자에게 적용하겠다는 뜻이었다. 반대로 장용위 입속자에게 국출신만큼의 충성을 기대한 조치로 볼 수도 있다. 이후 장용위 병력은 1793년(정조 17) 장용영 내·외영 체제로 개편될 때까지 꾸준히 증가하였다.

그런데 《훈국등록(訓局謄錄)》에 등재된 〈무예출신절목(武藝出身節目)〉이란 자료에 의하면, 무예출신청에는 이들 외에 추가로 별기군(別技軍) 24명도 있었다.[48] 무예출신청 별기군 24명의 원 소속 역시 훈련도감으로, 도감의 별기군 가운데 나이가 어리고 건장한 자들을 차출한 것이다. 이들은 창경궁 명정전(明政殿)과 정문 홍화문(弘化門), 합문(閤門) 밖 공해(公廨)에 매일 교대로 입직하였다. 요컨대 무예출신청은 훈련도감 조직의 일부를 떼어내 출발한 셈이었다. 무예출신청에 별도의 장관은 없었고, 통솔은 패두(牌頭)와 소임(所任)이 맡았다. 1785년(정조 9) 여기에 무예출신 20명이 또 증원되어 장용위라 명명되었다. 실제 병력이 충원된 것은 아니고 편제 정원, 즉 과(窠)가 늘어난 것이다. 명칭 변경 후 장용위는 창경궁 동룡문(銅龍門)과 건양문(建陽門)에도 입직하기 시작하였다. 그러나 장용청으로의 개편이 내용상 큰 변동을 수반한 것은 아니었다. 장용청에 실질적 변화가 발생한 것은 구선복 제거 이후 시점인 1787년(정조 11)부터였다. 장용청 재원이 선혜청제조(宣惠廳提調)의 주도 아래 환곡과 둔전의 형태로 확보되기 시작한 것이다. 아울러 장용청의 독립 청사가 한동안 버려졌던 이현궁(梨峴宮)에 들어섰다. 또한 장용청 군병을 통솔하는 병방(兵房)과 재정을 담당하는 호방(戶房)이 설치된 것도 이 무렵이었다. 병방의 위상

---

48) 이하 서술한 장용영 설립 초기의 군제와 입직처(入直處)의 변화는 박범, 2017, 앞의 논문, 16~39쪽에 의거하였다.

은 호방을 능가하였다. 이로써 장용청은 궁궐 내의 숙위만 담당하는 군문에서 기능과 위상을 좀 더 확대할 초보적 기반을 갖추게 되었다.

1788년(정조 12) 1월은 기록상 장용영(壯勇營)이란 명칭이 처음 등장한 시점이다.[49] 명칭이 달라진 것뿐만 아니라 부대 자체의 성격도 크게 변하기 시작하였다. 장용영을 소규모의 숙위 부대에서 독립된 군영으로 확대하려는 정조의 의지가 본격적으로 발현된 것이다. 같은 해 1월에는 부대 창설 이후 최초로 마군(馬軍)의 형태로 운영되는 선기대(善騎隊)를 확보하였고, 훈련도감에서 50과(窠)의 군액을 이전받았으며, 군기시(軍器寺) 소속 별파진(別破陣) 11명도 이속받았다.

7월부터는 둔전을 확보한 지역에 향군(鄕軍)도 확보하려고 시도하였다. 상번(上番) 향군의 거주지와 둔전 소재지를 일치시켜, 병농일치 형태의 군병을 만들려고 한 것이다. 파주 향군은 해당 지역에 있던 수어청 소속 둔아병(屯牙兵)을 이속하는 방식으로 확보되었다. 장용영은 가평, 양근, 지평, 파주를 중심으로 3초(哨)의 향군을 확보하였고, 고양과 양주에서도 각각 1초를 추가 확보하였다.[50] 1789년(정조 13) 11월에는 수원부에도 향군 5초가 창설되었다. 영우원 천장이 완료되어 능행에 시위군이 필요하였기 때문이다. 이제 장용영 병력 규모는 향군 10초, 경군 4초〔경보군(京步軍) 3초와 선기대 1초〕로 확대되었다. 그러나 향군 전체가 둔전을 확보한 것은 아니었다. 인원이 증가하고 재정 규모가 커지자 직제상 변화도 수반되었다. 1788년(정조 12) 8월에는 재정 관리와 문서 발송을 책임지는 제조(提調)를 설치하였다.[51] 이들은 선혜청의 공사제조(公事提調)도 예겸(例兼)하였다.

---

49) 《일성록》, 정조 12년 1월 20일.

50) 《일성록》, 정조 12년 8월 17일.

1791년(정조 15) 5월을 전후하여 또 한 번의 변화가 일어난다. 금위대장 김지묵(金持默)이 장용영 병방에 임명되었다.[52] 군영대장 출신이 드디어 장용영 병방에 임명되기 시작했음을 의미한다. 이제 정조는 장용영이 다른 군문과 동일한 격을 가졌다고 생각한 것이었다.[53] 장용영 상층부에서 지휘를 담당했던 무반 군영대장의 임명에는 척신과 연결된 전통적 무반 가문 대부분이 탈락 내지 교체되고 신흥 무반 세력이 약진하는 현상이 나타났다. 1795년(정조 19) 이후 장용대장의 임명은 비변사가 3명을 올리는 천망(薦望)이었지만 특지(特旨)에 의한 임명도 가능하였으므로, 결국 국왕 정조의 의사가 관철되기 쉬웠다. 실제 장용대장의 임명 사례를 살펴보면, 대개 정조 즉위에 공이 있는 친위 관료 세력과 측근 외척의 경우는 국왕의 특지로, 신흥 무반의 경우는 장망(長望)으로 발탁되는 경향을 보였다.[54]

한편 금군의 옛 제도인 내금위(內禁衛), 우림위(羽林衛), 겸사복(兼司僕)을 부활시켰다.[55] 이때 금군, 즉 용호영(龍虎營)의 군액을 700명에서 600명으로 감액하여 100명을 장용영에 이속하였다.[56] 이로써 금군의 근무는 7번제(番制)에서 6번제로 축소되었고, 대신 장용영은 금군 숙위의 1번(番)을 병제적으로 담당하게 되었다. 이러한 신설 숙위 부대의 육성이 타 군영의 위축을 초래하였음은 물론이다. 사실 이 무렵

51) 《정조실록》 권26, 정조 12년 8월 20일(기유), "置壯勇營提調 以惠廳公事 提調例兼句管 教曰 壯營支放之錢穀 皆是內帑剩餘之移屬 本不關於戶惠廳經用 而移屬之後 不可無主管之人 以宮府一體之意 宜令有司之臣主管 度支長數遞 不如惠堂之久任 遂有是命".

52) 《일성록》, 정조 15년 5월 22일.

53) 박범, 2017, 앞의 논문, 76쪽 참조.

54) 배우성, 1991, 〈정조 연간 무반 군영 대장과 군영 정책〉, 《한국사론》 24, 서울대학교 국사학과, 260~263쪽 참조.

55) 《일성록》, 정조 15년 5월 16일.

56) 《만기요람(萬機要覽)》 군정편이(軍政編二) 〈부용호영(附龍虎營)〉.

장용영의 규모는 4년 전 구선복 역모 이후 숙위를 염려하는 정조의 발언이 무색할 정도로 커져 있었다.

> 대체로 옛날에 없었던 규례를 새로 만들어 무예로는 대(隊)를 만들고 장용(壯勇)으로는 청(廳)을 설치하였는데, 내가 어찌 즐거이 한 일이겠는가. 실로 깊이 헤아린 생각이 있어서였다. 저번에 역적 구선복이 흉계를 양성하고 반역을 모의하였는데도 내 지척에서의 변고가 없을 수 있었던 것은 이들이 있기 때문이었다. 역적 구선복의 흉계는 전적으로 궁외의 병권에 쏠려 있어 마치 이러한 일에 치중하는 듯하였으나 실제로는 은밀히 흉언(凶言)을 만들어내고 몰래 사설(邪說)을 선동하였으니, 마음속으로 몹시 꺼려하고 가장 시기했던 것은 숙위(宿衛)였다.[57]

뿐만 아니라, 장용영 장교(將校)와 군교(軍校)들은 1년에 4차례 시사를 통해 직부전시(直赴殿試), 직부회시(直赴會試)에 나갈 수 있는 특권과 특전과 함께 복식과 급료에 있어서도 타 군영보다 나은 대우를 받았다.[58] 때문에 정조는 특별히 장용영 병력의 교만을 단속하였다.

> 장용영은 곧 숙위를 맡은 금병(禁兵)이다. 내가 만약 너그러이 대한다면 교만하고 멋대로 굴어 제재하기 어려울 것이고 또 도성의 폐단이 될 것이다. 내가 이를 염려하여 혹 법을 어기는 자가 있으면 조금도 너그러이 용서하지 않고, 태(笞)를 칠 만하면 곧 곤장을 치고 곤장을 칠 만하면 곧 유배시켜 다른 죄보다 갑절 무서운 법을 썼다. 이제는 나쁜 행동을 거의

---

57) 《일성록》, 정조 11년 7월 2일.

58) 김준혁, 2007, 〈조선 정조대 장용영 연구〉, 중앙대학교 박사학위논문, 86쪽.

그치고 두려워할 줄 알 것이니, 때때로 위로하고 어루만져 은혜와 위세가 둘 다 행해지도록 할 것이다.[59]

따라서 규모상으로나 직제상으로나 다른 군영과 비등할 정도로 커진 장용영에 대해 조야의 반발 역시 만만치 않았다. 1788년(정조 12) 1월 사헌부 장령 오익환(吳翼煥)은 시폐의 개선을 촉구하는 상소문에서 신·구 군영에 대한 정조의 모순적 태도를 직설적으로 비판하였다.

신이 듣건대 재물을 쓰는 데 도(道)가 있으니 반드시 먼저 수입을 헤아리는 것이고, 재물을 저축하는 데 방법이 있으니 비용을 줄이는 것만 한 일이 없다고 하였습니다. 지금 변방에는 군량을 운송하는 일이 없고 나라 안에는 버려둔 토지가 없어 재물을 생산하는 길이 실로 전보다 넓어졌는데도, 해마다 경비가 부족한 실정입니다. 국가의 지나친 경비가 본래 용병(冗兵)에 있으므로 금위(禁衛)를 병조에 소속시키고 수어청과 총융청을 혁파하여 경군(京軍)에 소속시켜야 한다는 것을 전후의 조신 중에 말한 자가 진실로 많았습니다. 그런데 지금 또 장용위를 설치하셨으니, 그 요포(料布)를 계산한다면 어찌 적다고 하겠습니까? 안으로는 금군과 무예청(武藝廳)이 있고 밖으로는 오영(五營)의 장졸이 있어 빠진 곳 없이 빙 둘러 호위하여 방비가 매우 견고한데, 전하께서는 무엇 때문에 필요 없는 이 장용위를 만들어서 경비를 지나치게 허비하는 길을 넓히십니까?[60]

59) 《홍재전서》 권167, 《일득록》 7.

60) 《정조실록》 권25, 정조 12년 1월 23일(병술).

이에 대해 넉 달 후 동부승지 남학문(南鶴聞)은 오익환의 장용위 비판이 구선복과 같은 역적의 여론(餘論)이라고 반박하였다.[61] 남학문은 구선복이 숙위 강화 조치를 두려워하였다는 정조의 발언에 의거하여 오익환의 상소 내용을 비판하였다.[62] 이런 분위기 속에서 정조의 장용위 설립에 대한 공개적 비난이 지속되기는 어려웠다.

그러나 정조 자신도 장용영의 설립과 확대가 기존 군영에 대한 입장과 모순된다는 점을 모르지 않았다. 장용영의 지출 비용은 모든 내탕(內帑)의 잉여(剩餘)를 옮긴 것으로, 호조와 선혜청의 경상비용과 무관한 것임을 그는 강조하였다.[63] 또는 장용영 설립이 궁궐 호위나 비상시의 변란을 대비하기 위한 것이 아니라 또 다른 목적이 있음을 반복하여 말하기도 하였다.[64] 장용영의 설립 목적과 관련된 그의 발언이 진심이었는지 아니면 정치적 수사에 불과하였는지 택일하기는 어렵다. 그러나 정조가 장용영과 관련된 수면 아래의 불만을 예민하게 인식하고 있었던 것만은 분명하다.

61) 《승정원일기》 1642책, 정조 12년 5월 11일.

62) 방범석, 2015, 〈장용영의 편제와 재정 운영〉, 서울대학교 석사학위논문, 18~20쪽 참조.

63) 《정조실록》 권26, 정조 12년 8월 20일(기유).

64) 《정조실록》 권32, 정조 15년 5월 22일(병신), "以禁衛大將金持默 爲壯勇營兵房 教曰 壯勇營設置 非爲直衛 自有意焉"; 《정조실록》 권32, 정조 15년 6월 5일(무신), "又教曰 軍門之弊 尙何言哉 戊戌五月朝參時下教 以制民產詰戎政 爲第一義 制民產 卽均役事也 予之夙宵一念 欲仰體減匹之聖德苦心 積有商度於中者 而未可遽議 至於戎政 軍門增設 弊不可勝言 予豈欲更創無益之一軍門乎 壯營之新設 予自有深意 非爲重宿衛也 亦非爲備陰雨也 閭巷稍饒者 輒欲一日三飧 而予則不過日再食 幾年節省 不煩經費 團束粗成 設施方張 予意蓋將有待 未諳裏面者 何能知予苦心 將有成就予志之日矣".

2.
수어청·총융청의 통합 시도와 군제 개혁

조선 전기의 군사 제도는 국초부터 개편을 거듭한 끝에, 성종대《경국대전(經國大典)》 편찬 무렵 중앙의 오위(五衛)와 지방의 진관(鎭管) 체제로 완성되었다. 당시 조선은 16세부터 60세까지의 양인 남자[65]에게 군역 의무를 부과하는 병농일치의 군제를 지향하였다.[66] 군역을 담당하는 양인은 정군(正軍)이 되어 교대로 일정 기간 복무하거나 노동력을 제공하였다. 아니면 봉족(奉足)으로 편성되어 정군을 경제적으로 보조하는 임무를 수행하였다. 1464년(세조 10)에 봉족제를 개편하여 보법(保法)을 시행하면서부터 봉족을 보인(保人)이라고 불렀다. 이처럼 조선 전기 군제는 양인, 그 중에서도 대다수를 차지하는 농민을 근간으로 하여 운영되었다.

---

65) 문·무 관직이나 향리직(鄕吏職) 등을 국역(國役)으로 수행하는 양인 남성은 제외. 조선 후기에는 전현직 관직자나 그의 가족까지 포함하여 양반, 곧 사족이라 하였다.

66) 이하 서술한 조선 전기의 군제 변화, 군역제 변동, 오군영의 성립 등에 대해서는 주로 다음의 논저를 참고하였다. 이태진, 1968, 〈군역의 변질과 납포제 실시〉,《한국군제사-근세 조선 전기편》, 육군사관학교 한국군사연구실 편, 육군본부, 201~253쪽; 차문섭, 1973,《조선시대 군제 연구》, 단국대학교출판부; 이태진, 1977, 앞의 책, 41~162쪽; 김종수, 1990, 〈17세기 군역제의 추이와 개혁론〉,《한국사론》22, 서울대학교 국사학과.

그러나 태평스러운 세월이 지속되고 군역이 점차 고역화(苦役化), 천역시(賤役視) 됨에 따라, 농민들이 이를 기피하여 도망치거나 군역 면제를 공인받는 다른 신분으로 탈출하기 시작하였다. 그 부담은 고스란히 군적에 남아 있는 다른 농민에게 전가되어 이들이 다시 도망쳐버리거나 군역을 피하는 악순환이 발생하였다. 한편 중앙에 상경(上京)하는 군역을 아예 다른 사람이 대신 하게 하고 그 대가로 면포 등을 지불하는 대립제(代立制)도 성행하였다. 일부 지방 영진(營鎭)의 군사 지휘관들은 부득이한 사정으로 입번(入番)이 불가능한 자들의 편의를 봐주기 위해 생겨난 방군수포(放軍收布)의 제도를 악용하여, 정군을 강제 방면하고 그 대신 면포를 받아 착복하기도 하였다. 이와 같은 면포 대납의 관행 속에서 조선군 병력의 상당수가 장부상에만 존재하는 허수가 되어버리고 말았다.[67]

병역 자원의 부족은 오위와 진관의 방어 체제를 무력화시켰고, 그 결과 조선은 임진왜란 당시 적절한 군사적 대응에 큰 어려움을 겪을 수밖에 없었다. 조선의 군제와 방어 체제는 임진왜란(1592~1598), 이괄(李适)의 난(1624), 정묘호란(1627), 병자호란(1636), 이인좌의 난(1728)을 거치면서 크게 변화하였다. 궁궐과 도성 주변의 방어가 견고하지 못한 것에 대한 반성으로 조선 전기 중앙군인 오위의 주요 병종을 대체하는 오군영(五軍營)이 숙종대까지 차례로 성립되었으며, 지방군의 주력은 양천을 가리지 않는 속오군 체제로 재편되었다. 그리하여 정조가 즉위할 즈음 훈련도감·어영청·금위영은 삼군문(三軍門) 또는 삼영(三營)이라 불리며 궁궐 호위와 도성 방위를 담당하고 있었다. 총융청은 북한산성, 수어청은 남한산성의 수비를 전담하게 함으

67) 이태진, 1968, 앞의 책, 331~357쪽.

로써 도성 외곽인 경기 일대의 방어를 강화하였다.

그러나 오위제를 대체하며 성립된 오군영 체제도 애당초 제도적 모순이 적지 않았다.[68] 임진왜란 이후 불안한 국내외 정세, 붕당 간의 갈등과 대립 속에서 장기적이고 일관된 계획 없이 그때그때의 필요에 따라 성립된 오군영은, 한 국가의 군제라고 하기에는 체제와 조직 면에서 각각 상당한 차이점이 있었다. 대표적으로 오군영은 주요 병력의 충원 및 급료 체계가 상이하였다. 훈련도감군의 주력이 상비군 형태의 장번급료병(長番給料兵)이었던 데 비해, 어영청과 금위영은 일정 기간 교대 근무하는 번상병(番上兵)이 주력이었고 일부 장번급료병을 두었다. 그러나 양 군영의 번상병은 조선 전기와 달리 자판(自辦)하는 병종이 아니라, 상경 기간 동안만 보인(保人)이 부담하는 월료(月料)를 받아가는 번상급료병(番上給料兵)이었다. 반면 수어청과 총융청은 경기도의 속오군이 주력이었고 장번급료병만 일부 둔 형태였다.

아울러 궁궐과 도성 주변의 방어라는 점에서 임무가 중첩된 반면, 오군영 전체를 국가 방어라는 차원에서 유기적으로 통합·지휘하는 명령 체계는 부실하였다. 각 군영의 대장은 상호 간의 상하관계나 명령 체계가 명확하지 않은 채로 난립하였다.[69] 각 군영의 인사권 역시 국왕 직속의 병조가 아닌 각 붕당과 깊이 연결된 벌열무장(閥閱武將)에 의해 제한된 상태였다.

---

68) 차문섭, 1973, 앞의 책, 440~442쪽; 이병주, 1977, 〈19세기 후반의 정정(政情)과 군비(軍備)-개화기 군제 강화의 배경〉, 《한국군제사-근세 조선 후기편》, 육군사관학교 한국군사연구실 편, 육군본부, 256~258쪽; 오종록, 2003, 〈조선 군사력의 실태〉, 《조선 중기의 정치와 정책-인조~현종 시기》, 아카넷, 155~157쪽 참조.

69) 《증보문헌비고(增補文獻備考)》 권121, 병고(兵考) 〈숙종 24년조〉, "壬辰以後 輒設新軍門 而各有異制 法旣不一 故其弊多端"; 허전(許傳), 《성재집(性齋集)》 권9, 잡저(雜著) 〈삼정책(三政策)〉, "肅宗朝始置禁營時 故判書臣閔鼎重奏曰軍制太繁 軍令不一 固爲識者之憂 又置大軍門 將任得人爲難 此非至論乎".

조선 후기 오군영제 성립에 따른 또 다른 모순은 양역(良役) 폐단의 심화였다.[70] 새로운 군영이 속속 성립하면서 새로운 군사와 보인의 확보가 필요하였다. 구(舊) 군적의 복구가 지지부진하고 사족(士族)의 군역 회피 시도가 점점 노골화되는 상황 속에서, 국가는 인조대 호패법이나 숙종대 오가작통법(五家作統法) 등의 강력한 호구 파악 정책으로 군액의 확충을 시도하였다. 각 군영과 지방의 병·수영, 중앙과 지방의 각사·아문은 경쟁적으로 양역을 담당할 양정(良丁)을 색출하는 데 열을 올렸다. 이른바 직정(直定)의 폐단으로, 양역을 편제하는 기관이 일원화되지 않아 벌어진 현상이었다.

게다가 군영을 비롯한 각 기관의 역 부담은 일정치 않아 한정(閑丁)에 해당하는 양인들이 부담이 가벼운 헐역(歇役)을 찾아 입속(入屬)하는 일도 빈번히 발생하였다. 양역은 인신에 부과되기 때문에 세원이 안정적으로 고정되지 않았다. 아울러 일정한 역총(役摠)을 유지해야 한다는 원칙 때문에 세초(歲抄) 과정에서 불합리한 충정(充定)이 묵인되기도 하였다. 마땅히 면역되어야 할 자들이 여러 사정으로 백골징포(白骨徵布), 황구첨정(黃口簽丁), 인징(隣徵), 족징(族徵)의 부담을 떠안았다. 그 결과 16세기 말엽 30만 명 정도로 추정되었던 군총(軍摠, 군액의 총수)이 100여 년이 지난 18세기 초엽에는 대폭 확대되어 104만 명을 헤아렸다.[71] 그 결과 "군문에 궐액(闕額)이 대단히 많으나 양정은 얻기 어려웠으며,"[72] "팔도의 백성들은 백·천 갈래로 분산, (군영에) 소속됨으로써 참혹한 폐해만을 받았을 뿐"이었다.[73] 이익은 어영

70) 이하 서술한 양역의 폐단과 국가의 대책은 정연식, 2015, 《영조대의 양역 정책과 균역법》, 한국학중앙연구원출판부, 14~27쪽 참조.

71) 김종수, 1990, 앞의 논문, 146쪽.

72) 《증보문헌비고》 권121, 병고 〈총론군제조(摠論軍制條)〉.

청과 금위영의 보인이 져야 하는 군역의 부담을 다음과 같이 묘사하였다.

> 역이 균등해야 원망이 없다. 요즈음 군졸의 명색(名色)이 너무 많아, 시골에 있는 어영청과 금위영의 무리들이 있다. …… 그들이 상번(上番)하는 것이 3년에 한 번이며, 상번할 적마다 세 사람이 힘을 모아 한 사람의 군장(軍裝)을 갖추어 보내는데, 3개월이 되면 파하므로 번(番) 드는 사람은 매우 편하고 보내는 사람은 매우 고통스러우니, 이것이 불균(不均) 중에서 첫 번째이다.[74]

위에서 언급한 어영청과 금위영의 무리는 양 군영에 소속된 정군(正軍)과 보인을 가리킨다. 보인은 군사 업무를 담당하는 정군이 번상(番上)할 때 소모되는 왕래 및 도성 체류 비용을 담당하게 되어 있었다. 이익은 정군에 비해 과도한 경제적 부담을 져야 하는 보인의 부담을 불공평하다고 지적한 것이다.

임진왜란 이후 조선의 군제가 병농이 분리된 정병주의(精兵主義)를 지향하면서 발생한 폐단은 재정의 압박이었다. 훈련도감은 번상군(番上軍)이 아닌 장번군(長番軍)을 주력으로 하였기 때문에, 그들의 급료뿐 아니라 조총, 화약, 창검, 마필 등의 군수 물자도 국가가 부담하는 형태로 운영되었다. 임진왜란 중 1,000명에 불과했던 훈련도감 군액은 점차 증가하여 현종대 7,000명을 헤아리다가 다시 감축되어 정조대에는 5,900명에 달했다.[75] 삼수미세(三手米稅)의 시행에도 불구하고

---

73) 송규빈(宋奎斌), 《풍천유향(風泉遺響)》, 〈논수총양영(論守摠兩營)〉.

74) 이익(李瀷), 《성호사설(星湖僿說)》 권7, 인사문(人事門) 〈오불균조(五不均條)〉.

75) 방범석, 2015, 앞의 논문, 8쪽.

부족한 비용은 호조의 지원으로 충당했기 때문에, 현종대부터 훈련도감 병력에 소모되는 막대한 재정 부담을 지적하는 의견이 끊이지 않았다.[76] 훈련도감보다는 못하였지만, 어영청과 금위영의 번상급료병 역시 재정적으로 부담이 되기는 마찬가지였다. 아래 사료를 보면 알 수 있듯이, 정조대 초반의 상황도 이전과 크게 다르지 않았다. 정조 연간 오군영의 1년 수입은 어림잡아 17만 1,357석에 달하는 막대한 규모였다.[77] 각 군영별로 보면, 훈련도감은 9만 1,268석, 금위영은 3만 5,196석, 어영청은 3만 6,109석, 수어청은 6,124석, 총융청은 2,660석이었다.

> 행호조판서(行戶曹判書) 구윤옥(具允鈺)이 의논하여 "우리나라는 천하에 가난한 나라입니다. 1년의 조세 수입을 중간 정도 풍년의 경우로 헤아리더라도 10만여 석이 넘지 않는데, 훈국(訓局)의 군려(軍旅)에게 방출하는 것이 거의 5만여 석을 넘게 되어 경비의 용도가 양병(養兵)에 돌아가게 되는 것이 이미 절반을 차지하게 되고, 이 이외에 700명의 금려(禁旅)와 네 군영의 장관(將官)들이 받는 늠료(廩料) 또한 6,000여 석이 넘습니다. 그리하여 매양 쌀 저축이 부족하게 되어 여기에서 긁어모으고 저기에서 꾸어오기 때문에 구차하고 곤란함이 막심합니다. 혹시라도 흉년을 만나게 되면 정조(正租)가 더욱 줄어들어 손을 쓸 수가 없게 되니, 생각이 여기에 미치면 어찌 한심하지 않겠습니까? ……
>
> 대개 훈련도감을 창설할 당초에는 군액이 몇 천 명을 넘지 않았는데 몇

---

76) 《현종개수실록》 권2, 현종 즉위년 12월 28일(갑인), "工曹判書閔應亨 亦於是日 請對入侍曰 …… 且訓局恒食之軍過多 國中民力 盡歸於此 此軍初不過三千 加額之數 今至六千 戶曹一年經費 十二萬石 歸於軍餉者 八萬石"; 《숙종실록》 권13, 숙종 8년 4월 27일(갑진), "左議政閔鼎重曰 訓局軍兵 徒費廩料 與市人無別 不可爲緩急之用" 등.

77) 방범석, 2015, 앞의 논문, 11쪽.

백 년이 되는 동안에 군액이 점점 증가하여 지금은 5,000명이나 이를 정도로 많고, 그 중에는 병약한 노약(老弱)으로 구차하게 군액에 편입되어 한갓 늠료만 허비하게 되는 사람이 얼마인지를 알 수 없으니, 진실로 옛 사람의 이른바 '정예하기를 힘써야 하고 많기만을 힘쓰지 않아야 한다.'는 의의에 어그러지게 된 것입니다. 전배(前輩)들이 깊은 우려와 원대한 생각으로 기필코 군액을 감하려고 했던 것은 진실로 폐기해버릴 수 없는 논의입니다." ……라고 아뢰었다.[78)]

각 군영이 재정 보강을 위해 절수(折收)의 형태로 확보한 둔전 역시 면세지(免稅地)였으므로, 결과적으로는 조세 수입의 감소를 초래하였다.[79)] 절수는 국가 소유의 토지 또는 그 토지에서 걷는 세를 떼어 받는 행위를 가리키는 말이다. 이상과 같이 독자의 조직 편제와 재정을 운영한 각 군영은 다양한 방식으로 국가 재정의 결핍과 양정의 피역·유망을 초래하였고, 이것은 다시 조선 전기 이래 가속화된 군역 부담자의 수포군화(收布軍化) 현상을 촉진하였다.[80)]

정조도 위와 같은 군영제로 인한 경제적·사회적 폐단을 심각하게 인식하고 있었다. 그는 1778년(정조 2) 2월에 민산(民產)·인재(人才)·융정(戎政)·재용(財用) 네 분야에 걸친 대고(大誥)를 선포하여, 집권 초 자신의 국정 운영 목표를 만천하에 알렸다.[81)] 그는 이 교서에서 '민생

78) 《정조실록》 권5, 정조 2년 윤6월 24일(임오).

79) 김종수, 2003,《조선 후기 중앙군제 연구-훈련도감의 설립과 사회 변동》, 혜안, 174~190쪽 참조.

80) 《영조실록》 권75, 영조 28년 1월 을해(13일), "兵曹判書洪啓禧進均役事實册子于王世子 其書曰 …… 壬辰亂後 罷五衛設訓局 則養兵之需 專責於良保 而徵布之路稍廣矣 逮至御營廳守禦廳摠戎廳禁衛營相繼而作 則徵布之法 已濫觴矣 此外巧爲名色 憑藉徵斂者 日增月加 稱以良軍而收布二疋者 在肅廟初年猶爲三十萬 而今則爲五十萬矣".

81) 《정조실록》 권5, 정조 2년 6월 4일(임진).

과 재정에 부담이 되는 쓸모없는 군대를 덜어내어 새로운 군제를 갖추겠다.'는 의지를 천명하였다. 아울러 군권이 일원적으로 귀속되지 않은 채 운영되는 오군영의 실태를 '가병(家兵)의 폐단과 다문(多門)의 근심이 있다.'며 지적하였다. 후일의 기록이기는 하지만, 정조는 군영 설립을 둘러싼 붕당 간의 대립과 이로 인한 군령 체계의 혼란도 명확히 인식하고 있었던 것으로 보인다.

> 이런 일들은 다 당파의 버릇에서 나온 것이다. 지난날 그들이 조정의 일을 주무를 때 걸핏하면 빙자하고 등을 대는 일이 있었는데, 유림들의 시시비비는 차치하더라도 군사 제도의 개혁을 하나의 칼자루로 삼아 혹은 경리청(經理廳)을 설치하기도 하고 혹은 정초청(精抄廳)을 혁파하기도 하였으니, 이것이 곧 하나의 실례이다. 고(故) 상신(相臣) 김석주(金錫冑)가 수어사(守禦使)로 있을 때 체부(體府, 도체찰사부)를 설치하여 서전(西銓, 병조)으로 삼고 금위영을 설치하여 병조에 붙이고는 자신이 겸병판(兼兵判)이 되었다. 그때 실지 병조판서는 정사의 명이 내리기를 기다려 정사의 자리에 참여하는 것에 지나지 않았으며, 의망단자(擬望單子)도 감히 스스로 추천하지 못하고 겸병판에게 가서 물은 뒤에야 써서 올렸다. 길바닥에 우두커니 서 있는 것이 비변사의 낭관과 다를 것이 없었으니, 그 당시 실지 병조판서는 참으로 어려웠을 것이다.[82]

경리청은 숙종대 축조된 북한산성의 관리와 군량미 운영을 위해 설치된 관청이고, 정초청은 인조대 도성 방어를 위해 신설된 병종인 정초군(精抄軍)이 발전하여 숙종대 독립 군영으로 확대된 것이다. 둘

---

82) 《정조실록》 권32, 정조 15년 6월 5일(무신).

다 서인 또는 노론 정권의 경제적·군사적 기반을 강화하기 위한 기구로 알려져 있다. 반면 남인의 군사적 기반은 훈련별대(訓鍊別隊)였다. 1680년(숙종 6) 경신환국(庚申換局) 이후 정권을 장악한 서인 김석주는 정초군과 훈련별대를 흡수하여 금위영을 만들고 자신의 권력 기반으로 삼았다. 김석주는 겸병판에 임명되어 원래의 병조판서를 허수아비로 만들어 버리고 권력을 남용하였다. 정조는 이와 같은 사례를 오군영 난립의 대표적 폐단으로 지적하였다.

정조는 자신이 직면한 오군영의 누적된 모순과 폐단을 과연 어떠한 방식으로 개혁하려고 했는가? 그 시발은 이미 영조대부터 조야에서 혁파 논의가 제기되었던 수어청과 총융청의 통합이었다.[83] 정조 즉위 이후 대청 관계 역시 전례 없는 안정기에 돌입하려는 즈음이었기 때문에, 보장처(保障處)로서 남한산성과 북한산성의 의미가 점차 감소되어 자연스레 수어청과 총융청의 군사적 중요성도 점차 희미해졌다. 수어청과 총융청의 번상급료병은 재정 부족으로 거의 혁파된 상태라 양 군영의 전력은 크게 약화된 상태였다.[84] 게다가 양 군영은 방어지이자 소속 병사들의 집결지인 남·북한산성이 아닌 경청(京廳)에 수어사와 총융사가 표하병(票下兵)만을 거느리고 주둔하며 비용만 허비하고 있었다.[85] 정조는 수어청과 총융청을 통합하여 경기좌·우도 병마사(京畿左右道兵馬使)에게 남·북한산성을 각각 관할하게 함으로써 군제를 간소화하고 양 군영에 소모되는 비용을 줄이고자 하였다.[86]

---

83) 《영조실록》 권14, 영조 3년 11월 5일(정사); 송규빈, 《풍천유향》, 〈논수총양영〉.

84) 이태진, 1977, 앞의 책, 228~231쪽.

85) 《영조실록》 권1, 영조 즉위년 10월 9일(기묘); 《정조실록》 권5, 정조 2년 윤6월 24일(임오); 《정조실록》 권43, 정조 19년 8월 19일(정유).

86) 《정조실록》 권5, 정조 2년 윤6월 13일(신미).

이러한 정조의 구상은 도성 주변 4유수부(留守部) 체제의 정비와도 연동되어 진행된 것이었다.[87] 그는 신중한 논의 끝에 강화도의 해방을 강화한다는 명분으로 교동(喬桐)에 설치되었던 통어영(統禦營)을 강화도로 이속(移屬)하였다.[88] 이로써 강화유수(江華留守)는 강화도의 행정과 수륙 방어를 모두 총괄하게 되었다. 이 조치는 통어영과 진무영의 통합을 의미하는 것이기도 하였다. 그러나 통어영은 강화 부두의 항행(航行) 불편, 군교(軍校)의 생활고 등을 이유로 10년 만에 교동에 다시 복설되었다.[89]

대고 선포 4개월 전에 정조가 발의[90]한 수·총 양 군영의 통합 조치는 신료들의 의견이 귀일(歸一)되지 못해 무기한 유보되기에 이른다.[91] 그들의 의견은 대체로 찬성, 반대, 중간 타협, 완전 혁파, 신중론(관망·유보)으로 갈라졌다.[92] 아직 통치 기반이 미약했던 정조는 수·총 양 군영의 통합을 후일로 미룰 수밖에 없었다. 이 과업은 그가 장용영 설치를 전후로 정국의 주도권을 확실하게 장악하게 되는 1795년(정조 19) 8월 18~19일에 이르러서야 수어청의 폐지라는 형태로 달성되었다.[93]

첫째 날 수어청 폐지 구상에 대한 조신들의 지지를 확인한 정조는

---

87) 이왕무, 2012, 〈화성 축조와 장용영 창설〉, 《한국군사사 7권-조선 후기 Ⅰ》, 육군군사연구소 기획·주간, 육군본부, 491~523쪽 참조.

88) 《정조실록》 권7, 정조 3년 3월 8일(임진).

89) 《정조실록》 권27, 정조 13년 5월 26일(임오).

90) 《정조실록》 권5, 정조 2년 2월 5일(병신); 《정조실록》 권5, 정조 2년 윤6월 13일(신미).

91) 《정조실록》 권5, 정조 2년 윤6월 24일(임오).

92) 김준혁, 2006, 〈정조대 군제 개혁론과 수총양영 통합 정책〉, 《중앙사론》 23, 중앙대학교 중앙사학연구소, 196쪽.

93) 《정조실록》 권43, 정조 19년 8월 18일(병신), "次對 罷守禦京廳 陞廣州府爲留守"; 《정조실록》 권43, 정조 19년 8월 19일(정유), "命守禦廳革罷後 前營存罷當否 博詢講確以聞".

다음과 같은 전교를 내려 군영제 운영에 대한 자신의 비판적 입장과 병농일치에 기반한 국초 병제에 대한 긍정적 입장을 표명하였다. 그는 당시의 군영제가 별다른 효과 없이 백성의 민력을 해치고 국가의 재정을 압박하는 폐단만 만들고 있다고 생각하였다.

> 나도 일찍이 생각했지만 군영의 제도를 백년토록 그냥 놔두지 말아야 나라가 부강해지고 군사가 정예로워지며 백성이 감당해낼 수 있고 재화도 풍족하게 될 수 있는 것이다. 옛날의 군제를 보면 늘 예속되어 있는 진영(陣營)이 없었고 진영도 일정하게 정해진 제도가 없었다. 사태가 발생하면 아장(牙璋, 병부兵符)으로 육사(六師)를 동원하고, 사태가 진정되면 사졸들을 기꺼이 농사에 종사하게 하였다. 이렇게 하였기 때문에 군량을 수송하는 사람들도 고달프지 않았고 성벽도 더욱 빛을 발했던 것이었다. 우리나라 초기의 병제 역시 그러하였다. …… 그래서 바로 즉위 초기에 조참을 행하면서 쓸데없는 것을 없애고 식량을 풍족히 할 계책을 물어보았을 때, 맨 먼저 5영(營)을 언급하면서 수어청과 총융청 2영의 존폐 문제를 끄집어내어 조정 신하들에게 의논하게 했던 것이다. ……[94]

이어진 (생략된) 하교에서는, 총융청의 경우 그 군사적 의미가 훈련도감이나 어영청에 버금가기 때문에 신중을 기해야 하지만, 수어청은 군제 개혁의 적절한 시범 케이스가 되기에 손색이 없다는 내용이 나온다. 수어청 폐지의 의도를 다시 드러낸 것이다. 이 하교는 "이 뒤에 감히 확정된 의논에 대해 발언하는 자가 있을 경우에는 왕법(王法)

94) 《정조실록》 권43, 정조 19년 8월 18일(병신).

으로 처리할 것이다."라는 문구로 종료된다. 이틀에 걸친 수어청 폐지 과정을 통하여 정조 왕권의 위상이 즉위 초와는 확연히 달라졌음을 확인할 수 있다. 반면 정조의 마지막 발언을 통하여 군영제 폐지에 대한 강력한 반대 의견도 수면 아래에 잠복해 있었음을 엿볼 수 있다.

그 반대의 동력은 무엇이었을까? 수·총 양 군영의 통합을 논의하는 과정에서 군신 간에 언급된 수많은 군사적·경제적 득실 외에 ① 선대(先代)의 제도를 폐지한다는 부담, ② 군영과 붕당의 밀착 등도 충분히 상정해볼 수 있는 요인이다. 그러나 그보다 더 직접적인 것은 위에서 언급한 군영의 여러 폐단이었다. 세초(歲抄)와 모병, 조련과 작전, (장번) 급료 지급, 군수품 조달, 군둔(軍屯) 운영 등 군영의 설치에서 파생한 수많은 경제 활동은 자체의 전투력과 무관하게 해당 조직을 존속시킨 원동력이 되었을 것이다. 군영의 폐지는 이러한 활동과 연관된 수많은 이들의 생계 곤란과 특권 박탈을 의미하였다.

일례로 수어청과 총융청을 비롯한 각 군영에는 전투력과 무관한 군관배(軍官輩)들의 자리가 수백에서 수천에 달했다. 상층은 불납미(不納米)·불입번(不入番)·불부조(不赴操)하면서 이름만 걸어놓고 있다가 시사(試射) 등의 기회를 통해 운이 좋으면 장교직을 얻을 수 있던 사실상의 한량들이었고, 하층은 납미(納米)를 통해 군역을 대신하는 자들이었다.[95] 양자는 공히 일반 군역에 비해 헐역이라는 메리트를 갖고 있었다. 전자는 상층으로의 진출 가능성, 후자는 일반 납포대역(納布代役)하는 자들과는 달리 군관이라는 명칭을 붙일 수 있었기 때문에 매력적이었다.

수어청과 총융청이 경우, 도성에 경청을 설치하면서부터 급격히

95) 오종록, 2003, 앞의 논문, 156쪽.

증가한 표하군(標下軍)의 급료가 특히 문제였다.[96] 표하군은 각 군영마다 수십 명에서 수백 명까지 소속되어 잡역을 담당한 부류로, 훈련도감의 장번급료병과 같은 전투력을 기대하기는 어려웠다.[97] 정조가 즉위 초 선포한 대고에서 용관(冗官)·용병(冗兵)이라 지칭[98]한 부류 중 상당수는 이들을 가리키는 것이었다. 수어청과 총융청을 통합 또는 폐지한다면 이들에게 지급되는 급료는 상당히 절감되었을 것이다. 그러나 이러한 조치는 동시에 양 군영이 운영한 여러 군사적·경제적 활동과 이에 연관된 재원이 다른 기관으로 이속됨을 의미하였다. 군영제 개혁에 대한 반발의 중대한 단초는 여기에 잠재해 있었다. 더욱 큰 문제는, 통폐합과 함께 군영에 설치된 무반직도 감축되거나 사라져버리게 된다는 점이다.[99] 문반보다 대우도 좋지 않았고 상대적으로 출사의 경로도 좁았던 무반에게 군영의 개혁은 자칫 군심의 이반을 초래할 수도 있는 매우 예민한 문제였다.[100] 즉위 초 수·총 양 군영의 통폐합 구상을 밝힌 정조에게 신중하게 추진할 것을 건의한 홍국영의 발언은 바로 이와 같은 맥락에서 나온 것이었다.

---

96) 《정조실록》 권5, 정조 2년 윤6월 24일(임오), "時原任大臣 備局堂上六曹三司之臣 獻守摠兩營合設議…領敦寧府事鄭存謙議曰 摠戎之設廳 始隷體府 守禦之置使 本管南漢 各領畿輔三鎭 分爲左右節度者 蓋出於因時制宜 而其後俱減節度之號 備數軍營之列 增置創設 名色漸多 至於京標下出 而兩營之冗費極矣 …… 知中樞府事具善復議曰 兩營之設置 差有先後 南漢改築之後 摠廳軍卒 割屬守廳 當初設置 不過畿輔之左右兵使 無事則留在京師 有事則各歸信地 召聚管轄之兵 捍禦南北之寇 而校卒不多 接濟甚易矣 及參五軍之列 始效三營之制 標頭漸廣 冗費太繁 冗兵冗費之患 此其尤也".

97) 오종록, 2003, 앞의 논문, 156쪽.

98) 《정조실록》 권5, 정조 2년 6월 4일(임진), "以言乎帑儲 一歲之入 不能當一歲之出 冗官冗兵之食 十居七八".

99) 《정조실록》 권5, 정조 2년 윤6월 24일(임오), "右議政鄭弘淳議曰 …… 夫設立軍門 所以爲國家也 非所以爲武將也 苟利於國 則十非爲多 一非爲少 其分其合 惟當視國家利害而已 豈可以將窠增損 爲作撤之端哉 如是則殆近於爲人設官 臣謂不足念也".

100) 《정조실록》 권6, 정조 2년 9월 10일(병신), "副司直姜游上疏曰 …… 至於京軍 則此皆專仰於料布 不宜一朝盡汰 以失其心 且是根本之地 則不必如束伍所減之數".

도승지 홍국영이 "수어청과 총융청을 합하여 하나의 영으로 만든다면 다른 구애될 것은 없겠으나, 무변(武弁)들에게 자리가 모자라게 되는 한탄이 없지 않을 것입니다."라고 아뢰었다.[101]

101) 《정조실록》 권5, 정조 2년 2월 5일(병신).

3.

병서 편찬과 오위제 복구의 이상

조선은 건국 당시부터 기병을 중심으로 한 오위진법(五衛陣法)의 전술 체제를 채택하였다. 당시 주적인 여진족을 방어하기 위한 선택이었다. 특히 문종이 완성한 이래 수차례 개정·간행된《진법(陣法)》에서는 대부대 및 소부대 운용을 동시에 고려한 군사 편제를 선택하였다. 이 《진법》은 이후 조선군의 부대 편성과 전투에 적용하는 기본적인 병서가 되었다.[102]

임진왜란 당시 평양성 수복 과정에서 입증된 명군 화기의 위력은 전쟁을 지휘하는 관료들과 국왕 선조에게 강렬한 인상을 남겼다.[103] 명군은 각종 화기를 발사하여 조총의 사정거리 밖에서 기선을 제압한 뒤, 근접전 무기인 방패, 장창(長槍), 낭선(狼筅), 당파(鎲鈀) 등을 이용하여 일본군의 장기인 백병전을 무력화시키는 전술을 구사했다.[104] 이후 조선은 왜구 토벌로 이름이 높았던 명나라 장수 척계광(戚繼光)

102) 1451년(문종 1) 처음 간행된 진법은 세조대에 수정·보완되어 두 차례 간행되었고, 1492년(성종 23)에 개정·간행되었다.

103)《선조실록》권34, 선조 26년 1월 11일(병인);《선조실록》권35, 선조 26년 2월 20일(을사).

의 절강병법(浙江兵法)을 도입하고, 그가 쓴 병서인 《기효신서(紀效新書)》의 입수와 학습에 주력하였다. 1600년(선조 33) 훈련도감에서 《기효신서》에 기재된 병사 조련에 관한 사항을 발췌하여 《병학지남(兵學指南)》을 편찬하기 시작하였고, 1607년(선조 40)에 이르자 지방 감영 등에서도 이를 바탕으로 병서를 출판할 정도로 보급 속도가 빨랐다. 그리하여 선조대 후반 간행된 《병학지남》은 조선 후기 군사 조련의 틀을 잡는 가장 기본적인 병서가 되었다. 현종대에는 조선본 《기효신서》가 발간되어 병학에 대한 이해를 심화하였다.[105]

한편 조선은 일본군의 조총 보유로 인한 화력의 열세를 개전 초기 패배의 가장 중요한 원인 중 하나로 파악하였다.[106] 일본 조총은 1543년(중종 38) 일본 규슈(九州) 다네가시마(種子島)에 표착한 포르투갈 상인으로부터 전래되었는데, 전국시대를 거치면서 각지에 급속히 보급되었고 그 성능도 크게 개량된 상태였다. 당시 일본군이 보유한 조총은 한 손으로 총신을 받치고 다른 한 손으로 방아쇠를 당기는 조준 사격이 가능했기 때문에 명중률이 매우 높았다.[107] 그리하여 조총을 포함한 화약 무기의 제조 및 포수의 양성도 적극적으로 추진하였다.[108]

17세기 이후 건주여진의 기마병은 신속한 기동력과 더불어 돌격

---

104) 이하 서술한 《기효신서》의 조선 도입 과정은 노영구, 1997, 〈선조대 《기효신서》의 보급과 진법 논의〉, 《군사》 34, 국방부 군사편찬연구소, 127~129쪽을 참조하여 정리하였다.

105) 노영구, 1998, 〈조선 증간본 《기효신서》의 체제와 내용-현종 5년 재간행 《기효신서》의 병학사적 의미를 중심으로〉, 《군사》 36, 국방부 군사편찬연구소 참조.

106) 《선조실록》 권39, 선조 26년 6월 29일(임자), "上敎政院曰 且敵之全勝 只在於火砲 天兵之震疊 亦在於火砲 我國之所短 亦在於此".

107) 《선조실록》 권71, 선조 29년 1월 30일(정유), "南部主簿申忠一書啓 …… 馬臣曰雖此小能中否 臣曰倭銃能中飛鳥曰鳥銃".

108) 박재광, 1995, 〈임진왜란기 화약 병기의 도입과 전술의 변화〉, 《학예지》 4, 육군사관학교 육군박물관, 385~399쪽 참조.

시 엄청난 속도에 의한 충격력으로 적진을 와해시키는 것이 장기였다. 이를 대적하기 위해 조선은 들판을 비운 뒤 야전을 피해 성에 웅거하면서, 화기를 사용하여 적을 방어하는 것을 기본 전술로 채택하였다. 이러한 수성 위주의 방어 전술은 개별 전투력이나 병력 수에서 절대적 열세를 면하지 못했던 조선이 선택했던 자구책이었다. 평안병사 이시언(李時言)은 "노적(老賊)이 매우 강하므로 적과의 교전을 피하고 성지(城池)를 굳게 지켜야 한다."고 주장하였으며,[109] 윤근수(尹根壽)는 "야전을 피하고 보루나 성에서 접근하는 적을 화기로 공격하는 것만이 노추(老酋)를 방어하는 최적의 방안"이라고 주장하였다.[110] 광해군 자신도 "험한 곳에 웅거하여 청야 작전을 펴야 한다."고 강조하였다.[111] 임진왜란 이후 조선군의 화기 사용 비중이 높아지고 군대 편제에서 포수의 비중이 늘어남에 따라 관련 병서도 속속 출간되었다. 1603년(선조 36) 한효순(韓孝純)이 편찬한 《신기비결(神器秘訣)》이, 1635년(인조 13) 이서(李曙)가 편찬한 《화포식언해(火砲式諺解) 부(附) 신전자취염소방(新傳煮取焰焇方)》이, 1698년(숙종 24)에는 김지남(金指南)이 지은 《신전자초방(新傳煮硝方)》이 출간되었다.

한편 심하전투(1619), 정묘호란(1627), 병자호란(1637)의 연이은 참패 이후 조선에서는 기존 《기효신서》나 《병학지남》 등에 기반한 포수 위주 방어 전술에 대한 회의와 반성이 일어났다. 조총은 동일 거리에서 이전 시기 조선의 주력 병기인 궁시(弓矢)보다 훨씬 강한 관통력을 갖고 있었다. 그럼에도 장전 시간이 길고 불순한 기후에 화승

---

109) 《광해군일기》 권79, 광해군 6년 6월 25일(병오), "王曰 賊若來寇我境, 何以禦之 時言曰 老賊若來, 則我可固守城池 以待之矣 彼以逸騎馳突 決難制勝".

110) 《광해군일기》 권7, 광해군 즉위년 8월 13일(정묘).

111) 《광해군일기》 권50, 광해군 4년 2월 19일(갑신).

점화가 불가능하다는 치명적 약점도 있었다. 이러한 단점은 조총 외 제병(諸兵)의 협동 전술[112], 강력한 군기 유지와 포수의 반복 훈련 등에 의하여 보완되어야 했지만 제대로 이루어지지 않았다. 단순히 조총 보유 여부가 전투의 승패를 가르지 않는다는 사실은, 임진왜란 당시 탄금대전투와 광해군대 심하전투의 결과에서도 쉽게 드러난다. 동아시아에서는 거의 17세기 후반까지 조총(화승총) 부대와 기마 부대의 대결은 전술의 종합적 숙련도와 기타 조건(기후, 지리, 보급 등)에 따라 그때그때 승패가 정해질 만큼 어느 쪽도 압도적 우위를 보이지 못하였다. 따라서 기병과 보병(포수)의 연합 전술이 자연스레 고려되었다. 이를 계기로 기병 중심의 병법 체계인 조선 전기의 오위진법을 다시 도입하여 기존 전술을 보완해야 한다는 주장이 끊임없이 제기되었다.[113]

오위진법을 복구하자는 의견이 대두하면서 이를 수록한 조선 초기의 병서《진법》에 대한 관심도 점차 높아졌다. 특히 1728년(영조 4) 무신란(戊申亂) 발생 이후 도성 수비 체제의 강화가 시도되면서, 이 책은 군권(軍權)이 다기(多技)한 오군영을 일원적으로 통제하는 데 참고할 자료로 다시 한 번 주목받았다. 이와 같은 분위기 속에서 1742년(영조 18) 궐내에 비장(秘藏) 중이던《진법》을《병장도설(兵將圖說)》이라는 제목으로 중간하여 배포하였다.[114] 그러나 당시 오군영은 이미 조선 전기의 오위와 편제상 차이가 커져서 기존 병서를 적용하는 데 많은 어려움이 생겼기 때문에 새로운 병서 편찬이 요구되었다. 아울러 각 군영의 군총이 관안(官案) 이외의 다른 책에 기록되지 않아 이

112) 사수(射手)와 살수(殺手)의 총수(銃手) 엄호.

113) 노영구, 2002, 〈조선 후기 병서와 전법의 연구〉, 서울대학교 박사학위논문, 124~134쪽.

114)《영조실록》권56, 영조 18년 8월 23일(기유);《영조실록》권56, 영조 18년 10월 15일(경자).

를 자세히 밝힐 필요도 있었다. 그 결과 1749년(영조 25) 《속병장도설(續兵將圖說)》이 간행되었다.[115] '속(續)'은 세조의 뜻을 계승했다는 의미로 《속오례의(續五禮儀)》와 《속대전(續大典)》의 전례를 따른 것이다. 이로써 영조는 대열(大閱)을 거행할 때 오군영을 하나의 체계로 편입하여 일원적으로 지휘하는 체제를 얻게 되었다. 대열은 왕이 직접 참관하는 대규모 군사 훈련이자 열병(閱兵) 의례였다.

그러나 오군영을 열진할 때 대사마(大司馬)인 병조판서가 중앙의 금군을 지휘하면서 동시에 금위영을 통제하는 체제라, 각 군영과 일사불란한 지휘 체계를 갖추기가 여전히 어려웠다. 따라서 1754년(영조 30) 10월에는 금위대장을 따로 임명하여, 병조는 금군만을 통솔하되 중앙에서 각 군영을 일원적으로 통제하도록 추가 조치를 취했다.[116] 이로써 각 군영에 대한 국왕-병조판서로 이어지는 일원적 장악이 가능해져 영조대 왕권 강화에 기여할 수 있었다고 한다. 이상에서 본 바와 같이 영조대 《병장도설》, 《속병장도설》의 편찬은 기병 전술에 대한 관심, 그리고 왕권 강화 시도와 관련하여 이해되었다.

영조대 병서 편찬과 관련하여 또 하나 주목해야 하는 것은 오위제 복구론이다. 《병장도설》의 서문인 〈어제병장도설후서(御製兵將圖說後序)〉에는 당시 유행한 오위제 복구론과 관련된 내용이 담겨 있다.

> 이 책은 오위의 병서로, 앞머리의 서문은 세조가 아직 왕위에 오르기 전에 지은 어제(御製)이다. 주나라 시절의 병농일치의 뜻을 바탕으로 한 것으로 당나라 부병제(府兵制)와 송나라 금상제(禁廂制)와 같다. 고려에

115) 《영조실록》 권70, 영조 25년 11월 7일(임자), "命諸軍門大將 撰續兵將圖說".

116) 이태진, 1977, 앞의 책, 192~194쪽; 노영구, 2002, 앞의 논문, 204쪽 참조.

는 육위(六衛)가 있었으나 우리 조종(祖宗)에 들어와 오위가 되었으니 용양위(龍驤衛)·호분위(虎賁衛)·의흥위(義興衛)·충무위(忠武衛)·충좌위(忠佐衛)가 이것이다. (그런데) 한 번 중앙 군영이 설립된 이후부터 병농이 둘로 나뉘면서 오위 제도도 없어졌다. 그러므로 여러 관사와 군문에서 이 책의 존재를 알지 못하다가 다행히 지난해에 대궐 안의 장서(藏書)에서 우연히 보았다. 그래서 찾아내어 간행하여 중외에 널리 반포하도록 명했다. …… 오위 제도가 비록 없어졌으나 그 절제(節制)와 약속은 여러 군문에 쓸 만하며, 더구나 학식 있는 사람들이 오위를 복구하고자 한 유래가 이미 오래되었다.[117]

위의 사료에서 보이듯이 영조는 고려의 중앙군을 의심의 여지없이 당나라의 부병제에 준한 제도로 인식하고 있다. 아울러 토지 분급 없이 군보제(軍保制)에 기반하여 운영된 조선 전기의 오위제 역시 병농일치의 군제라는 점에 주목하여 같은 맥락에서 이해하고 있다.[118] 학식 있는 사람들이 오위제 복구를 주장한 주요한 이유 중에는 기병 전술의 중시라는 맥락도 있었지만, 다름 아닌 병농이 분리된 오군영제의 성립에서 파생한 여러 민생과 재정의 폐단을 극복할 수 있는 대안으로 그들이 이 제도를 상정했기 때문이다. 서문의 내용을 감안하면 영조 역시 이런 문제의식에 동감했거나 아니면 적어도 이를 가납하는 차원에서 이 책의 편찬을 명했던 것으로 보인다.

---

117) 《병장도설(兵將圖說)》, 〈어제병장도설후서(御製兵將圖說後序)〉.

118) 그러나 사실 이것은 당대인의 의도적 오해에 가깝다. 당나라의 부병제와 조선의 오위제는 병농일치를 기반으로 한 군제라는 점에서는 동일하였지만, 오위제의 농민 번상병에게 당나라와 같이 균전(均田)이 지급되지는 않았다. 다만 보인(保人)의 경제적 지원이 제공되었을 뿐이다.

좌의정 김상로가, 병조판서가 금위대장(禁衛大將)을 아울러 거느리는 제도를 폐지하기를 힘껏 청하였다. 상이 이를 따르고 이어 "《속병장도설》의 오영 제도는 곧 이전 《(병장)도설》(《진법》)의 오위 제도이니, 임술년(1742년, 영조 18) 이전의 예(例)에 따라 병조판서는 오영을 총괄하여 대중군(大中軍)이 되어 용호영(龍虎營)만을 거느리고, 금위대장은 한결같이 어영청의 예에 따라 거행하되 절목은 힘써 간략한 데 따르도록 하라." 고 하교하였다.[119]

위의 전교는 병조판서가 금위영의 대장을 겸직하는 관행을 타파한 것이다. 앞서 보았듯이 영조는 이후 금위대장을 따로 임명하는 후속 조치를 취함으로써, 병조판서는 훈련도감이나 어영청의 대장과 동렬이 아닌 명백한 상위에 자리 잡게 되었다. 이로써 오군영이 열진할 때 병조판서가 금군(禁軍)인 용호영을 통솔하여 그 아래 오군영의 대장을 거느리는 체제로 변모된 것이다.

한 가지 흥미로운 점은 위의 사료에서 보이는 바와 같이 영조가 자신의 조치를 곧 오위의 제도, 또는 오위의 복구로 다소 억지스럽게 인식하고 있다는 점이다.

오위가 병농일치의 번상군을 주력으로 하는 데 비해, 오군영은 병농이 분리된 형태인 급료병제의 영향을 많이 받은 군제였다. 이처럼 오군영과 오위의 구성 및 운영 원리가 근본적으로 다르다는 것을 모르지 않는 영조가 이런 발언을 한 이유는 무엇일까? 자신의 업적을 과대 포장하기 위한 발언이라 생각할 수도 있지만, 《속병장도설》이 무엇보다도 대열(大閱)을 위한 목적으로 간행되었다는 점에 주목할

119) 《영조실록》 권82, 영조 30년 10월 14일(기미).

필요가 있다. 강무(講武)와 함께 군사 조련의 기능도 수행하였지만, 의례로 정비된 이후의 대열은 그야말로 무(武)와 관련된 국왕의 권능을 상징하는 의례로서 기능하는 측면이 더 컸다.[120]

의례로 정비된 대열 의식은 왕 이하 문무백관의 자리 배치에서부터 각 군문의 대장과 지휘관의 위치까지 군에 대한 왕의 통수권이 잘 드러나도록 의주(儀註)가 마련되었다. 조선시대는 성리학을 국가 이념으로 삼았고, 실제 정치 역시 그에 기반한 예악의 정치를 지향했음은 주지의 사실이다. '제례작악(制禮作樂)'이란 유명한 연칭어를 통해서도 알 수 있듯이, 왕의 교화와 덕치는 모든 문물 제도의 정비와 밀접히 연관되어 있었고, 만물 질서의 원활한 운행은 이러한 예악을 통하여 확인되는 구조였다. 이런 맥락에서 보아야만 영조의 다소 억지스런 발언이 자연스럽게 이해될 것이다.

이상의 맥락을 염두에 두면 정조의 오군영 개혁은 실제 병농일치의 오위제 복구를 지향한 움직임이라기보다 이와 관련된 병서 편찬을 통한 구제(舊制)의 회복, 이와 연관된 군례(軍禮)의 개선이라는 상징적 의미로도 독해될 수 있다.

> 화성(華城)의 군대 편제를 먼저 위(衛)와 부(部)로 편제되었던 옛 제도로 복구하였는데, 이것 역시 의리에 관계되는 일인 만큼 경들에게 두루 알리지 않을 수 없다. 대개 오위를 설치한 것은 우리 조종조(祖宗朝)의 아름다운 법제로서 군대와 농사를 하나로 일치시키고 중앙과 지방이 서로 보완하여 마치 강(綱)에 목(目)이 딸리고 팔이 손가락을 놀리는 것과 같

120) 소순규, 2012, 〈조선 초 대열의(大閱儀) 의례 구조와 정치적 의미〉《사총》75, 고려대학교 역사연구소, 77~79쪽 참조.

은 것이다. 그리하여 평상시의 절제(節制)는 도총관(都摠管)과 부총관(副摠管)이 주관하고, 유사시에는 전지(傳旨)를 받아 명을 내어 장수를 보내고 군대를 출동시킨다. 그러므로 친히 사열할 때에도 별도로 좌상대장(左廂大將)과 우상대장(右廂大將)을 세워 오위의 군병을 나누어 거느리게 하였으며, 총관(摠管)은 사열대 위에 올라가 시위(侍衛)하였다. 그런데 위와 부의 제도를 혁파하고 군영을 설치하면서부터는 옛 제도가 씻은 듯이 없어져 상고할 수가 없게 되었다. 《병장도설》을 편찬한 것은 오로지 예전의 제도를 이어가려는 성대한 뜻에서 나온 것이다.[121]

화성의 군제를 개편한 뒤 나온 정조의 발언을 보면, 무엇보다 오위의 명칭을 복구한 것에 대해 큰 자부심을 가졌음을 알 수 있다. 나아가 지휘 체계를 오위제의 전례와 유사하게 개편하고자 하는 의지도 강하게 느낄 수 있다. 물론 병농일치를 담보하는 근본적 개혁이 수반되지 않는 이러한 조치만으로 오위제가 완전히 복구되거나 기병 전력이 획기적으로 배가되었다고 보기는 어렵다. 앞에서 보았듯이 국초 군제를 회복하려는 당대인의 지향 속에서 조선 후기 오위제 복구의 담론은 종종 발화되었다. 그리고 정조는 대열이라는 의례적 시공간 속에서 오군영 난립으로 문란해진 군 통수 체계를 일원적으로 수정함으로써, 오위제 회복에 대한 한 갈래 의지를 표명하려 했다고 생각한다. 아울러 영조의 《병장도설》 편찬도 자신과 같은 의도에서 나온 것이라고 이해하고 있다. 이러한 의례상의 지휘 체계를 조정하는 것은 그 안에서 각각의 역할이 부여된 병조판서나 군영대장 등의 마땅

121) 《정조실록》 권50, 정조 22년 11월 3일(임술), "召見諸備堂上 謂諸武將曰 …… 兵將圖說之纂定 亶出於追述之盛意".

한 직분을 확인하는 조치이기도 하였다. 고례(古禮)와 고제(古制)에 걸맞게 수행된 의례는 여러 군사 지휘관의 적절한 직무 수행을 유발할 것이며, 이것이 결국 문란해진 군제를 바로잡는 근본적 해결책이라고 정조는 판단하였던 것이다. 즉, 당대의 맥락에서 보면, 오군영 폐단 제거, 오위제 복구, 군제 개편, 군례 개편, 병서 편찬은 동일한 목적 아래 수행된 다른 방식의 표현이었다. 다음 사료 역시 군례의 개편〔治禮〕이 군제 정비〔治兵〕의 첫걸음이라는 정조의 인식을 잘 보여준다.

> 병조에 명하여 열무(閱武)하는 의절(儀節)을 이정(釐正)하게 하였다. 하교하기를, "정치를 함에 있어 옛날을 본받지 않으면 모두 구차스런 방법인 것이다. 치병(治兵)과 치례(治禮)가 무슨 다를 것이 있겠는가? 대저 오위법을 회복시키지 않고 오영의 제도를 개혁하지 않으면, 비록 힘써 뜻을 따르고 좋은 법규를 얻었다 하더라도 이미 근본을 바룰 수 없을 것이니, 또한 말단을 다스린 것으로 귀결됨에 불과한 것이 된다. 더구나 지금 열성조의 성전(成典)을 우러러 계술하여 장차 열무하는 예를 행하려 하는데, 우선 의절을 가지고 말하겠다. 병조판서를 대중군(大中軍)이라고 부르는데 대중군 위에 다시 대장군(大將軍)이라는 호칭이 없고, 또 오영의 대장을 각각 영장(營將)이라고 하는데 각 영장 이외에는 또한 삼군(三軍)을 통솔하는 사람이 없으니, 교습(敎習)하는 것은 그 마당에서 조습(操習)하는 법식이고 친림(親臨)하는 것은 스스로 거느린다는 뜻이 된다. 어찌 당당한 천승(千乘)의 지존으로서 몸소 갑옷을 입고 직접 주장(主將)의 일을 행하겠는가? 그리고 조습하지 않을 적에는 본영으로 하여금 오영을 통제하게 하지 않다가, 친림하여 조습할 때에 이르러서야 오영으로 하여금 본병(本兵)의 명령을 따르게 하니, 이는 매우 적합하지 못한 것이다. 훈국(訓局)의 열무하는 홀기(笏記)를 살펴보건대 옳지 않은

곳이 많이 있다.

내가 군려(軍旅, 군대)에 대해서는 듣지 못하였지만, 조두(俎豆, 제기의 일종)의 예에 대해서는 일찍이 들었다. 이것에 의거하여 추구해보면 대소가 서로 연계되어 존비의 차서(次序)가 있게 한 뜻이 결단코 이와 같지는 않을 것이다. 그러나 교습하지 않은 군졸들에게 옛 제도를 얼마 안 되는 기간 안에 예습(隸習)시킬 수 없으니, 훈국의 홀기는 우선 시행하지 말라. 무릇 상고할 바 없는 예법의 하행(下行) 절목에 관계된 것은 일절 혁파하되 진루(陣壘)에 임어하여 군대를 위로하는 뜻은 우선 그대로 보존하도록 하라. 다시 의절을 결정한다면 고례(古禮)를 다 회복시키지는 못하더라도 지금보다는 낫게 될 것이다. 병조에 알려서 품지(稟旨)하게 하라"고 하였다.[122)]

오군영의 폐단을 개선하기 위한 정조의 노력은 수·총 양 군영의 통합 보류로 일단 좌절되었다. 왕권을 다진 정조는 자신이 먼저 할 수 있는 것에 집중한다. 이 시도는 1785년(정조 9) 7월에 《(어정) 병학통(兵學通)》 간행으로 결실을 맺는다.[123)] 이 책은 훈련도감, 금위영, 어영청과 국왕의 호위 부대인 용호영의 훈련 절차〔장조정식(場操程式)〕를 종합하여 정리한 것이다.

우리나라의 군대에 대한 제도는 척씨(戚氏)의 지남서(指南書,《병학지남》)만을 오로지 이용하였고, 병사들은 이미 여러 군영으로 나누어져 있는

122)《정조실록》 권6, 정조 2년 8월 13일(경오).

123)《정조실록》 권20, 정조 9년 9월 11일(정사), "兵學通成 我朝軍制 專用兵學指南 蓋倣戚氏紀效新書 而四營簡閱 諸道操鍊 互有出入 率多齟齬 上御極 命諸將臣 彙輯場操程式 立綱分目 附以陣圖 分爲二編 凡七目 至是 重加證正 鋟板印頒 親撰序文".

데 군영마다 훈련 규정을 달리하여 각 절목을 살펴보기 불편하였다. 우리 성상께서 즉위하신 초기에 훈국의 장신(將臣)에게 명하여, 영교(營校) 중에서 군무에 익숙한 자와 함께 네 영(훈련도감, 어영청, 금위영, 용호영)의 장조정식을 모아 강(綱)을 세우고 주(註)를 나누되 서로 비교하여 헤아리고 진도를 붙여 편찬하여 하나의 통일된 체제를 만들었다. 이어서 한두 장신에게 명하여 서로 조사하여 증명하게 하였고, 또 시임(時臨), 원임(原臨) 장신에게 명하여 추가하고 다듬어 참작하여 빼거나 증보하였는데 모두 임금의 재가를 받았다. 책이 이미 완성되자《병학통》이라는 이름을 내려주었다. …… 광묘(光廟, 세조) 원편(《병장도설》)의 공용(功用)은 영고(英考, 영조)를 기다려 더욱 빛나고, 영고 속편(《속병장도설》)의 완성은 우리 성상(정조)을 기다려 더욱 발휘되었으니, 세 임금께서 서로 전한 넓은 계책과 큰 위업은 앞뒤에서 그 길을 함께 하였습니다.《병학통》 한 편은 바로 원·속 도설의 집대성이 되는 것이니, 아! 아름답습니다.[124]

위 서명선이 지은 발문(跋文)은《병학통》 편찬과 관련된 정조와 당대인의 문제의식을 잘 보여준다. 오군영 난립과 척계광 진법의 준행은 동일한 현상의 양면이었다. 국초에 세조가 제정한 오위진법으로의 복귀를 지향함으로써 이를 극복하게 되는데, 정조 자신은 세조와 영조의 뜻을 계승하여 이 책을 편찬하였다는 것이다. 이 책이 세조대《진법》, 영조대《속병장도설》을 집대성한 것이라는 인식도 드러나 있다. 정조는 곧이어《병학통》을 각 영(營)의 습진(習陣) 및 남한산성의 성조(城操)와 통영(統營)의 수조(水操)에 준용하라는 지시를 내린다.[125]

---

124)《병학통》 권2, 〈발(拔)〉.

125)《정조실록》 권20, 정조 9년 9월 29일(을해).

아울러 위의 사료에서 보이는 것처럼 정조는 병서 편찬을 추진하는 과정에서 접한 진법을 실제 자신의 군사로 하여금 자주 습진하게 하였다.[126] 이러한 훈련은 물론 군사 기술의 습득이라는 측면에서 볼 수도 있지만, 과연 이렇게 복잡한 진법이 절체절명의 실전에서 그대로 활용될 수 있는 것인지에 대해서는 의문이 없지 않다.

> 한성군(韓城君) 이기하(李基夏)가 사소(辭疏)를 올리고, 이어서 진법을 논하여 "우리나라는 임진년 이후 오로지 척계광의 법만을 썼으니, 이제 얕은 소견으로 갑자기 일을 변통(變通)하려고 하니 진실로 용이하지 않습니다. 습조(習操)는 군졸로 하여금 귀로는 금고(金鼓)를 익히고 눈으로는 정기(旌旗)를 익히게 하려는 것이며, 앉고 일어서는 절차와 나아가고 물러서는 절도를 가르치는 것은 위급함을 당하여 서로 어긋나는 환난이 없도록 하자는 것입니다. ……《오위진법》에 이르기를, '오진(五陣)의 상생(相生)·상극(相克)하는 법은 그 유래가 오래 되었으나 가르치고 익히기는 참으로 어렵다. 그러므로 지금은 권도(權道)로 간편한 것을 따라 다만 직진(直陣)만을 가르치는 것이 좋다.'고 하였으니, 이에 의거하면 조종조(祖宗朝)에 습조할 경우 또한 항상 한 가지 법만을 썼음을 대개 볼 수 있습니다. 비록 한 가지 법만을 썼다 하더라도 활법(活法)은 실로 그 가운데에 숨겨진 뜻이 있는 것입니다."라고 아뢰었다.[127]

위의 사료에서처럼, 복잡한 《오위진법》의 내용이 익히기 매우 어

126) 《정조실록》 권11, 정조 5년 4월 9일(임자), "展拜永祐園親祭 周審岡麓 上回駕 至沙阿坪 命兵曹判書洪樂性 領五番禁軍 先詣沙阿坪成陳 訓鍊大將具善復 領步軍先廂 留駐路上 左右別將 領馬兵 結陳 於禁軍陳西 ……"; 《정조실록》 권31, 정조 14년 10월 29일(병자), "御春塘臺 行壯勇營習操 ……" 등.

127) 《숙종실록》 권50, 숙종 37년 2월 7일(병인).

렵다는 지적은 당대부터 있어 왔다. 더욱 중요한 점은 이기하가 지적한 습조의 효용은 구체적 매뉴얼의 습득이라기보다 마치 지금의 제식 훈련처럼 전투 순간의 호령과 절제를 몸에 각인시키는 훈련의 과정으로도 읽힌다는 사실이다. 이기하가 간편한 직진의 연습을 선호한 것은 이러한 맥락이 아니었을까? 즉, 복잡한 진법의 실천은 구체적 전투 매뉴얼의 습득이라는 차원보다 구성원의 조직과 단결을 강화하는 하나의 훈련이자 의례로서 기능한 것은 아닐까?[128] 정조의 입장에서 보면 오위진법의 시연은 다름 아닌 선왕의 고제, 즉 고례를 실천한다는 측면에서 효과가 있었다. 더욱이 이것이 능행(陵幸)을 오가는 도중에 시행되었다는 점은 더욱 눈여겨볼 필요가 있다.[129] 정조 왕권과 그것을 뒷받침하는 군사력은 이러한 습진의 형태로 시각화되어 연도(沿道)의 사민(士民)에게 전달되었을 것이다.

정조의 《무예도보통지》 간행이 《무예신보(武藝新譜)》를 편찬한 사도세자의 뜻을 계승한 것도 널리 알려진 사실이다. 정조가 지은 〈현륭원지(顯隆園誌)〉의 서사 전략을 분석한 정하정의 흥미로운 연구에 따르면, 지문(誌文)에서 사도세자의 무인 기질 및 이와 관련된 행적이 적극 강조된 것은 임오화변 당시 유포되었던 사도세자의 거병설(擧兵說)을 분식하려는 정조의 노력 때문이라고 한다.[130] 이러한 점을 고려해본다면, 정조의 《무예도보통지》 간행 역시 사도세자의 역모 혐의를 벗어주려는 노력의 일환으로도 해석될 수 있다.

---

128) 근대 유럽의 군사 훈련이 전투력 증강과 부대원의 유대감 형성에 미친 영향에 대해서는 윌리엄 맥닐, 신미원 역, 2005, 《전쟁의 세계사》, 이산, 172~190쪽 참조.

129) 노영구, 2002, 앞의 논문, 207~210쪽.

130) 정하정, 2015, 〈사도세자 추존을 위한 정조의 서술 전략 - 〈현륭원지(顯隆園誌)〉를 중심으로〉, 《대동한문학》 45, 대동한문학회, 290~295쪽 참조.

여하튼 정조가 장용영을 통하여 《무예도보통지》에 수록된 표준 무예 체계를 익히도록 한 것은 분명하다.[131] 후일 축성된 화성의 성조(城操)는 남한산성의 예를 따랐다.[132] 따라서 정조가 편찬한 《병학통》은 화성 성조의 매뉴얼로, 《무예도보통지》는 화성을 호위하는 장용영 병사의 표준 무예로 제시되었던 셈이다. 앞의 논의를 토대로 추론해본다면, 병농일치의 오위제 복구라는 이상은 병서의 편찬과 이에 의거한 습진 또는 조련이라는 형태로 변형되어 구현된 것이라는 해석도 가능하다. 그 주요 무대는 사도세자가 잠들어 있는 화성유수부(華城留守府)라는 공간 주변이었다. 이 밖에도 정조는 화성 축성을 이론적으로 뒷받침하기 위해 《성제도설(城制圖說)》의 편찬을 지시하였다. 아울러 《병학지남》과 《신전자초방》을 중간하였으며, 《무경칠서(武經七書)》의 교정도 명하였다.[133] 재위 후반기인 1795년(정조 19)에는 《군려대성(軍旅大成)》, 《성도전편(城圖全篇)》, 《삼군총고(三軍摠攷)》와 같은 병서 또는 군사 관련 서적을 편찬하였으나 현재 전하지 않는다. 이시수는 정조의 이러한 행적을 〈행장(行狀)〉에 열거하며 "무가 되었다〔王之所以爲武也〕"라고 적어놓았다.[134] 비록 〈행장〉이라는 텍스트의 성격상 레토릭의 측면이 없지 않지만 군주로서 무의 측면에서 자신의 소임을 다하였다는 평가를 받은 것이다.[135] 이로써 정조는 문·무를 통합한 이상적 군주가 되겠다는 자신의 목적을 달성하였다.

---

131) 배우성, 2001, 〈정조의 군사 정책과 《무예도보통지》 편찬의 배경〉, 《진단학보》 91, 진단학회, 346~352쪽.

132) 《정조실록》 권45, 정조 20년 7월 20일(계해), "命華城城操 自明年設行 大操輪操 略倣南漢之規 備邊司因水原留守趙心泰狀啓 覆奏也 從之".

133) 노영구, 2002, 앞의 논문, 216~227쪽.

134) 《정조실록》 부록, 〈행장〉.

135) 참고로 조선시대 국왕이 신료들로부터 받는 시호에는 반드시 문·무 두 글자가 포함되어 있었다.

4.

화성 축조와 방어 체제 정비

1788년(정조 12) 2월, 채제공 기용 이후 출범한 노론·소론·남인 보합(保合)의 삼상(三相) 정권은 사도세자의 신원과 추숭이라는 정조의 목표를 추진하는 데 유리한 정치적 환경을 조성하였다.[136] 같은 해 11월에는 영남 남인들이 작성하여 올린 《무신창의록(戊申倡義錄)》에 근거하여 조덕린(趙德鄰)의 관작이 회복된다.[137] 그는 1725년(영조 원년) 영조의 정통성을 의심하는 듯한 상소를 올려 무신란에 영남인들이 참여하는 단초를 열었지만, 정작 난이 일어났을 때는 토벌 격문을 작성하여 공을 세운 논란의 인물이었다. 1760년(영조 36) 그의 손자 조진도(趙進道)가 과거에 합격하고도 조부의 죄로 삭과(削科)되는 사태가 벌어졌는데, 당시 사도세자는 삭과를 요청하는 노론의 요구에 소극적으로 응했다가 김상로, 홍계희의 공격을 받았다. 정조는 신료들

136) 유봉학, 1996, 앞의 논문, 84쪽. 사도세자에 대한 정조의 숭모 사업이 왕위 추숭까지 염두에 둔 것은 아니었다는 반론은 김지영, 2013, 〈정조대 사도세자 추숭 전례(典禮) 논쟁의 재검토〉, 《한국사연구》 163, 한국사연구회, 362~368쪽 참조.

137) 이하 조덕린 관작 회복의 전말은 최성환, 2009, 앞의 논문, 208~210쪽 참조.

을 소집하여 사도세자가 영조의 명을 받아 이 사안을 처분하려 한 것일 뿐, 영조 왕위 계승의 정통성을 의심한 것과는 무관한 일임을 설명하였다. 아울러 영조가 무신란 연루자들을 처벌한 이후 조덕린의 억울함을 인정하여 용서했다가 반대로 조진도의 합격 취소를 명한 것은 김상로 · 홍계희 일파의 무함 때문이라고 강변하였다. 정조는 이 사안을 처리하면서, 임오화변이 신임의리(辛壬義理)를 둘러싼 부자의 입장 차이에서 기인한 것이 아니라 역신들의 흉모에서 시작되었음을 공식화한 것이다. 사도세자 신원에 또 하나의 발판을 놓은 조치였다.

1780년(정조 13) 7월 금성위(錦城尉) 박명원이 양주(楊州) 배봉산(拜峰山)에 있던 영우원의 천장을 건의하였다. 그는 영조의 삼녀 화평옹주의 남편으로 왕실 인물 가운데 대표적인 사도세자 보호파 가운데 하나였다. 그가 제기한 천장의 명분은 원소(園所) 주변의 띠가 말라 죽고 뱀이 똬리를 틀고 있으며 풍수상 형세가 좋지 않다는 것이었다. 그러나 이 사안이 난순한 묘소의 이전이 아니라 사도세자의 위상과 관계된 중요한 문제였다는 점은 상소를 접한 정조의 반응에서 명확하게 나타난다.

> ① 어리석게도 지금까지 밤낮으로 가슴속에 담아두고 답답해하기만 하였는데 이런 때에 경의 요청이 이르렀으니 대신과 여러 신하들에게 물어 결정하겠다. …… ② 만약 화복(禍福)의 설에 현혹되어 오래된 묘를 갑자기 옮기는 것이라면 비록 여항의 서인의 집이라 하더라도 오히려 불가하다고 할 수 있는데 하물며 국가의 막중하고 막대한 일이겠는가? 지금 내가 이 말을 하는 것이 어찌 한 도위(都尉)의 소 때문이겠는가? 나의 심정이 정상인으로 자처하고자 하지 않는 것은 경들도 아는 바일 것이다〔予之情事, 不欲以常人自處者, 卿等之所知〕. …… ③ 천장해 모시는 일은

사체가 막중하므로, 본원의 제사 의식도 모두 태묘(太廟)에 버금가는 것으로 대부의 예를 사용해서 제사할 것이니 총호사(摠護使)를 차출하는 것이 마땅하다. 이런 때에는 삼공(三公)을 의당 갖추어야 할 것이다. 총호사의 임무는 으레 영의정이 관장하는 것이니, 좌상과 우상은 복상(卜相)한 뒤에 가서 봉심하라.[138)]

②는 사도세자 천장이 정조에게 얼마나 절실한 문제였는지를 보여준다. 그러나 그것은 ①과 같이 오랜 시간을 기다려 전체 신료들의 동의를 구해야 하는 간단하지 않은 문제였다. '선왕의 유지와 어긋나지 않는다'는 공감대가 필요했기 때문일 것이다. ③은 이 천장이 태묘에 버금가는 것으로 행해져야 한다고 천명한 것이다. 영우원 천장지는 불과 수일 만에 수원부사 조심태(趙心泰)의 장계로 결정되었다. 정조의 사전 준비가 없었다면 성사될 수 없는 빠른 속도였다.[139)] 이로써 국내 제일의 길지로 손꼽히던 수원부(水原府) 화산(華山)으로 이장이 결정되었다. 이곳은 반룡롱주(盤龍弄珠)의 형국으로 왕릉에 버금가는 길지였다. 같은 해 9월에는 행궁과 관아 건물이 모습을 드러내었다.[140)] 10월에는 정조의 세심한 감독 아래 천장 공역이 완료되었다. 영우원은 현륭원(顯隆園)으로 이름이 바뀌었고, 영우원에 묻혀 있던 영조의 지문(誌文)은 폐기되고 정조가 직접 작성한 지문으로 대체되었다. 그는 이 지문을 직접 작성하여 사도세자의 죽음에 대한 자신의 해석과 입장을 담았다.[141)] 이 모든 것이 선왕에 의해 역모의 죄명으로

138) 《정조실록》 권27, 정조 13년 7월 11일(을미).

139) 이왕무, 2012, 앞의 책, 563·564쪽 참조.

140) 최홍규, 2001, 《정조의 화성 건설》, 일지사, 204쪽.

141) 정하정, 2015, 앞의 논문 참조.

죽은 사도세자의 권위를 높이기 위한 것임은 두말할 나위 없다.

1792년(정조 16) 윤 4월에는 사도세자 신원을 위해 노론 남당계의 토역을 주장하는 경상도 유학 1만 57인의 상소가 올라왔다.[142] 정조는 이에 대해 김상로, 홍계희 등의 처벌로 토역이 이미 이루어졌다고 다독이며 이들의 청을 들어주지 않았으나, 이전과 달리 사도세자 신원의 정당성을 부정하지는 않았다. 이듬해 8월에는 '금등(金縢)'의 내용을 공개하여, 영조와 사도세자 둘 다 허물이 없음을 대내외에 알리고 채제공 등 남인의 입지를 보존해주려고 하였다.[143] 이로써 노론과 소론을 견제하며 남인을 조제하는 정조 탕평론의 이론적 기반이 완성되었다. 그리고 삼당을 모두 참여시키되 노론 시파를 우위에 두는 정국 운영이 시작되었다.[144]

이보다 앞선 1789년(정조 13)에는 현륭원 조성을 위해 기존 읍치(邑治)를 팔달산 아래로 옮기면서 신도시를 조성하였다. 영우원 천장지로 결정된 화산의 민호 244호는 팔달산 아래 수원부의 신읍치로 이전하였다.[145] 정조는 신읍치 수원에 부민과 민인을 안집(安集)시키기 위한 여러 대책을 강구하였다. 논의 초반에는 한양의 부호에게 장사 밑천을 대여하는 방안이 대신들에 의해 제시되었다. 그 뒤 조심태가 수원 백성 중 장사 경험이 있는 부유한 자들에게 이자 없이 원금을 대여해주고 상품의 종류와 가격도 자유롭게 정하게 하자는 취지로 시전 활성화 방안을 올리자 이를 채택하여 시행하였다.[146] 현륭원 주변

---

142) 《정조실록》 권34, 정조 16년 윤4월 27일(을미).

143) 《정조실록》 권38, 정조 17년 8월 8일(무진).

144) 유봉학, 1996, 앞의 논문, 86쪽.

145) 장필기, 1998, 〈정조대의 화성 건설과 수도 방위 체제의 재편〉, 《조선 후기의 수도 방위 체제》, 서울시립대학교 서울학연구소, 173쪽.

고을 백성들에게는 급복(給復), 즉 면세와 함께 환곡을 탕감하여 경제적 혜택을 주었다. 그리고 지역민을 대상으로 특별 과거를 시행하고 가자(加資) 또는 관직 제수 등의 은전을 내림으로써 신도시를 활성화하고 민심을 안정시키고자 하였다.[147]

정조는 현륭원이 소재한 수원부의 위상도 격상시켰다. 1793년(정조 17) 1월, 수원의 호칭을 화성(華城)으로 바꾸고 부사(府使)를 유수(留守)로 승격시켜 장용외사(壯勇外使)와 행궁정리사(行宮整理使)를 겸임하게 하였다.[148] 현륭원과 행궁 보호를 명분으로 유수부 승격과 함께 장용영 외영을 설치한 것이다.[149] 실제로 정조가 화성이나 현륭원을 행차할 때에는 반드시 장용영 병력이 동원되었다. 한양을 중심으로 한 도성 방어 체제를 전담한 중앙 군영과 달리, 장용영은 화성유수부 호위와 경영에 치중하였고 동시에 정조 친위 군영의 성격을 갖고 있었다.[150]

화성에 대한 정조의 특별한 관심은 곧 축성 논의로 연계되었다. 현륭원, 행궁, 유수부를 호위하는 성곽이 필요하였기 때문이다.[151] 앞서 이미 부사직(副司直) 강유(姜游)와 사직(司直) 신기경(愼基慶)의 상소가 있었지만[152] 진지하게 논의되지는 않았다. 정조는 1793년(정조 17) 1월 반포한 〈장용영진내외영신정절목(壯勇營進內外營新定節目)〉에서 화성

146) 김선희, 2009, 〈화성유수(華城留守) 조심태(趙心泰) 연구-수원 이읍과 화성 건설에서의 역할을 중심으로〉, 《조선시대사학보》 50, 조선시대사학회, 159·160쪽.

147) 《정조실록》 권28, 정조 13년 10월 11일(계해).

148) 《정조실록》 권37, 정조 17년 1월 12일(병오), "敎曰 …… 是地水原府 自卜園寢 關防增重".

149) 《정조실록》 권37, 정조 17년 5월 25일(병진), "批曰 …… 矧玆華城居留 須看制置之意 爲守護仙寢也 爲整蹕行宮也".

150) 박범, 2017, 앞의 논문, 82쪽, 320쪽 참조.

151) 《정조실록》 부록속편, 〈천릉지문(遷陵誌文)〉, "始先王十三年己酉 遷永祐園于水原府之花山 更號顯隆 大築華城 以拱衛象設 揭御眞于園之齋殿 以寓晨昏之義 歲輒展謁 哀慕不自勝".

152) 《정조실록》 권30, 정조 14년 6월 10일(기미); 《정조실록》 권32, 정조 15년 1월 22일(정유).

축성의 필요성을 다음과 같이 피력하였다.

> 본부(本府)는 삼남(三南)의 요충으로 현륭원을 이미 이곳에 모셨고 또 행궁을 두었으니, 그 체모를 높이고 요새지를 중히 하는 도리가 전보다 특별해야 할 것이다. 성을 축조해야 한다는 의논은 예전부터 있었지만, 더구나 유수부로 승격된 뒤이니 더욱 바로 설치해야 할 것이다.[153]

이에 따라 같은 해 5월에는 특명으로 초대 화성유수에 임명되었던 채제공이 '축성방략(築城方略)'을 정조에게 올렸다.[154] 11월에는 전 수원 부사 조심태를 접견한 자리에서 정조가 화성 축성 비용의 조달 방안을 구체적으로 묻기도 하였다.[155] 같은 해 12월에는 화성 축성의 핵심 인물이 모인 소대(召對)가 열렸다. 영중추부사 채제공, 비변사 당상 정민시, 심이지(沈頤之), 윤행임(尹行恁), 조심태를 부른 자리였다. 논의 결과 대략 10년간의 공사 기간과 25~50만 냥 정도의 공사비가 추산되었다.[156] 이 자리에서 정조는 현장에서 공역을 감독하는 감동당상(監董堂上)에 조심태를 임명하고, 축성 사업 전체는 채제공이 총괄하도록 하였다. 그리고 금위영과 어영청 소속 번상군 1초를 10년 동안 정번(停番)시키고 대신 받는 돈으로 축성 경비를 조달하도록 하였다. 다음해 1월 시작된 화성 성역은 예상 기간을 크게 앞당겨 1796년(정조 20) 10월 16일에 마무리되었다. 1794년(정조 18) 여름의 극심한 가뭄으로 6개월간 공사가 중단되었음에도 불구하고 28개월 만에

---

153) 《정조실록》 권37, 정조 17년 1월 25일(기미).
154) 《정조실록》 권37, 정조 17년 5월 25일(병진).
155) 《정조실록》 권38, 정조 17년 11월 16일(을사).
156) 《정조실록》 권38, 정조 17년 12월 6일(을축).

대공사를 마친 것이다.

화성 성역이 논의될 무렵, 화성의 방어 체제 개편도 함께 추진되기 시작하였다. 이와 함께 장용영의 확대 개편과 전력 증강도 이루어졌다. 그 계기는 1793년(정조 17) 1월 수원의 유수부 승격과 장용영 외영의 설치였다. 그 결과 한양에 있던 장용영은 자연스럽게 내영으로 구분되었다. 먼저 장용영 내영의 위상과 편제를 살펴보자. 장용영 병방(兵房)이 장용내사(壯勇內使)로 바뀌고 어영청의 전례에 따라 장용대장(壯勇大將)의 호칭이 부여되었다. 장용대장은 병방과 달리 반드시 장신(將臣) 이상을 거친 사람이 임명되었다. 그리고 군색제조(軍色提調)를 겸하였으며, 비변사 당상을 예겸(例兼)하여 비변사 업무에 참여할 수 있었다.[157] 한편 장용영 내영은 호위청을 흡수함으로써 숙위 업무의 비중을 늘렸다.[158] 그리고 내영의 편제도 확정하였다. 이전까지 내영은 규모가 3사(司) 13초(哨)에 불과하였다. 장용영 내영은 남방 군제 5영(營) 3사(司)의 제도를 취하여 영장을 두었다. 내영은 5개 사에 25개 초를 두도록 계획되었다. 중사(中司) 5개 초는 도성에, 전사(前司) 5개 초는 수원에, 좌사(左司) 5개 초는 양성, 용인, 광주에, 우사(右司) 5개 초는 고양, 파주, 안산, 과천, 시흥에, 후사(後司) 5개 초는 지평, 양근, 가평, 양주, 장단에 두었다.[159] 다만 이것은 편제상 병력으로 실제 병력과 일치하는 것은 아니었다.

《장용영대절목(壯勇營大節目)》에 기재된 장용영 내영의 편제 병력은 다음과 같다. 각색표하군(各色標下軍) 839명, 좌·중·우 3초의 선기대가

157) 《정조실록》 권37, 정조 17년 1월 25일(기미).

158) 《정조실록》 권37, 정조 17년 1월 12일(병오), "癸丑 創以大臣中時帶扈衛大將人例兼 合扈衛廳於壯勇營".

159) 《홍재전서》 권13, 서인(序引) 6, 〈익정공주고군려류서(翼靖公奏藁軍旅類敍)〉, 군제인(軍制引).

345명, 중사(中司) 5개 초의 경군(京軍)은 615명, 4사(司) 각 5개 초의 향군(鄕軍)은 2,540명, 사후군(伺候軍) 52명, 공장아병(工匠牙兵) 26명, 치중복마군(輜重卜馬軍) 40명, 배봉아병(拜峯牙兵) 245명, 고성아병(古城牙兵) 439명, 노량아병(露梁牙兵) 144명으로 내영의 총 병력은 편제상 5,285명이다.[160] 같은 자료에 의거하여 이 인원을 보직에 따라 파악하면 차이가 발견된다.[161] 내영의 보직은 뇌자(牢子) 118명, 순령수(巡令手) 115명, 취고수(吹鼓手) 95명, 대기수(大旗手) 100명, 당보수(塘報手) 66명, 등롱군(燈籠軍) 60명, 장막군(帳幕軍) 50명, 아병 57명, 별장표하군(別將標下軍) 40명, 사사파총표하군(四司把摠標下軍) 120명, 선기장표하군(善騎將標下軍) 18명, 선기대 345명, 경군 615명, 향군 2,540명, 사후군 52명, 공장아병 26명, 치중복마군 40명, 별중사표하군(別中司標下軍) 58명, 별중사아병(別中司牙兵) 381명, 별후사표하군(別後司標下軍) 23명, 별후사아병(別後司牙兵) 222명, 별아병장표하군(別牙兵將標下軍) 23명, 별아병장아병(別牙兵將牙兵) 120명으로 총 5,284명이 담당하였다. 장용영 직제는 도제조 1명, 제조 2명, 대장(大將)·사(使) 1명, 종사관 1명, 별장 1명, 파총(把摠) 5명, 선기장(善騎長) 3명, 초관(哨官) 25명, 액외장용위(額外壯勇衛) 15명, 지구관(知彀官) 17명, 통장(統長) 2명, 제본사(除本仕) 7명, 별무사(別武士) 36명, 부료무사(付料武士) 16명, 교련관(敎鍊官) 20명으로 구성되었다.[162]

이제 장용영 외영의 군제 변화를 살펴보자. 1793년(정조 17) 1월, 유수부 격상 직후 만들어진 〈장용영진내외영신정절목〉에 기록된 바와

---

160) 《장용영대절목(壯勇營大節目)》 권1, 〈군제(軍制)〉. 이 자료에는 총원이 5,245명으로 기재되어 있다. 단순 오기로 보인다.

161) 김준혁, 2007, 앞의 논문, 69쪽. 김준혁은 필자와 달리 총원을 5,245명으로 보았다.

162) 김준혁, 2007, 앞의 논문, 82·83쪽.

같이, 당시 화성의 방어 병력은 수원부의 군제와 병력을 그대로 준용하는 정도였다.

> 외영의 군제를 금방 바로잡았는바, 조련에 참가하는 군사는 별효사(別驍士) 2초, 마병(馬兵) 4초, 속오군 26초, 각종의 표하군 547명, 치중군(輜重軍) 200명이다. 이것은 이미 훈련도감의 군제를 본뜬 것이니, 더 이상 가감할 필요가 없이 그대로 둔다. 그리고 근래 조련이 오랫동안 중지되어 군정(軍政)이 허술해졌다. 그러니 지금 크게 경장하는 때를 당하여 병든 마필과 지쳐 있는 군사들을 특별히 찾아내어 기어코 진작시켜서 일신되도록 해야 한다.[163]

따라서 이 절목에서는 화성 성곽의 방어를 담당하는 성정군(城丁軍) 확보 방안도 함께 검토되었다.[164] 같은 해 2월에는 장용영의 건의로 수원의 마병이 장별대(壯別隊)로 개칭되었다.[165] 정조는 2월 15일 비변사의 당상과 여러 장신을 불러 화성 군제 개편의 방향을 아래와 같이 지시하였다.

> 수원 군제를 아직껏 바로잡지 못하였으니 경(정민시)이 전 부사 조심태와 충분히 논의하여 결정하되, 반드시 백성들을 위하는 조정의 지극한 뜻을 느낄 수 있도록 하라. 군정은 정예롭고 숙련되게 하는 것이 제일이지 군사의 숫자를 많이 하는 데만 힘쓸 것은 아니니, 모쪼록 인원수를 줄이고 정예한 군사를 뽑는 것에 주력하라.[166]

---

163) 《정조실록》 권37, 정조 17년 1월 25일(기미).

164) 위의 각주, "本府姑未及設城 而來頭經紀 旣是次第事 則城丁軍不可不磨鍊".

165) 《정조실록》 권38, 정조 17년 7월 13일(갑진).

1793년(정조 17) 9월에는 장별대가 다시 친군위(親軍衛) 체제로 개편되었다. 친군위는 좌·우열로 편성되어 각각 100명의 마병이 소속되었다.[167] 같은 해 10월 비변사에 올려진 〈장용외영군제절목(壯勇外營軍制節目)〉에는 그동안 이루어진 외영의 군제 변화가 반영되었다. 이에 따르면 보병은 정군 13초, 봉족 13초로 편성된다. 정군은 다시 3사(司)로 편제되는데 전사와 후사는 각각 5초, 중사는 3초로 편성된다.[168] 봉족의 경우 6초는 노비로 대신하고 3년의 기한을 두어 양인으로 교체하도록 하였다. 충정(充定)할 양인이 부족했기 때문이다.

이렇게 일단락되었던 화성의 방어 체제는 1794년(정조 18) 축성이 개시되면서 다시 세 차례에 걸쳐 개편되어 협수군(協守軍) 체제로 바뀌었다. 지성(枝城) 없이 평지에 홀로 세워지는 화성의 방어를 위해서는 인근 고을의 지원과 호응이 필수적이라고 생각했기 때문이다.

> 성지(城池)에는 반드시 협수군을 두어야 하니, 이것은 대체로 기각지세(掎角之勢)를 이루어 성원해야 하고 힘을 합쳐 방어해야 하기 때문인데, 남한산성과 북한산성 그리고 송도와 강화에서의 예를 상고할 만합니다. 이번에 화성의 행궁이 낙성되고 성곽 공사가 마무리됨에 따라 상께서 삼군의 조련 상황을 직접 살펴보시고 완전한 요새지로서의 형세를 이루어놓으셨는데, 주위의 가까운 지역에서 협수하는 제도가 아직까지 구비되지 못했으니, 이것은 보장(保障)을 중히 하고 사전에 예방하는 뜻이 전혀 못 된다고 할 것입니다.[169]

---

166) 《정조실록》 권38, 정조 17년 7월 16일(정미)
167) 《정조실록》 권38, 정조 17년 9월 24일(갑인).
168) 《정조실록》 권38, 정조 17년 10월 21일(신사).
169) 《정조실록》 권42, 정조 19년 5월 25일(을해).

이에 따라 인근 고을인 용인·진위·안산의 수령이 협수장으로 지정되어, 용인현령이 동성협수초관(東城協守哨官), 진위현령이 남성협수초관(南城協守哨官), 안산군수가 서성협수초관(西城協守哨官)을 맡게 되었다. 그리고 세 고을에 있는 수어청과 총융청의 속오군은 협수군으로 편성되어 유사시 성곽을 방어하는 타졸(垜卒)이 되었다. 1797년(정조 21) 9월에는 유수 서유린(徐有隣)의 건의로, 총융청 남양방영(南陽防營)에 소속되어 있던 시흥과 과천의 수령이 떨어져 나와 북성협수장(北城協守將)과 통구유병장(通衢遊兵將)에 포함되었다.[170] 이로써 화성은 유사시 주변 5읍 군현의 지원을 받는 협수 체제를 갖추게 되었으며, 장용영 외영 역시 42초의 병력을 갖춘 거대 군영이 되었다.

같은 해 12월 화성유수부에서 올린 〈군제협수추절목급수성절목(軍制協守追節目及守城節目)〉에는 총 42초의 병력이 입방군(入防軍) 20초와 협수군 22초로 나뉘어 편성되었다.[171] 입방군은 정군(正軍)이라고도 하였는데, 번상의 형식으로 행궁에 교대로 입방하는 부대로서 각 읍 군사 중 비교적 정장(精壯)한 자들로 선발하였다. 협수군은 앞서 보았듯이 화성을 둘러싼 인근 각 읍의 군사로, 유사시에 화성에 들어와 약속된 지역에 배치되는 병력이었다. 입방군, 협수군과 별도로 수성군(守城軍) 또는 성정군이란 병력도 있었다. 수원부 판관이 겸임하는 영성장(營城將) 아래 성장(城長) 4명, 치총(雉摠) 8명, 초관(哨官) 16명 아래 수첩군관(守堞軍官) 47명, 타장 180명, 성정군 8,620명이 편성되었다. 성정군은 유수부 내의 각종 납미군(納米軍)에서 충정하였다.[172]

그러나 이러한 방어 체제는 1798년(정조 22) 10월 다시 한 번 개편

170) 《정조실록》 권47, 정조 21년 9월 24일(경인).

171) 《정조실록》 권47, 정조 21년 12월 30일(을축).

172) 이태진, 1977, 앞의 책, 213쪽.

되었다. 이제까지 군 편제에 참고한 척계광법(戚繼光法)을 국초의 오위법(五衛法)으로 바꾸려는 시도였다.

> 주나라는 정전법을 통해 병부(兵賦)를 정하였고, 한나라는 남군과 북군을 두어 중외를 통어하였으며, 당나라는 부위(府衛)를 두어 병농을 겸관(兼管)하게 하였다. 그러다가 아조(我朝)에 이르러서는 삼대의 모범적인 제도를 참작하여 오위에서 총괄하는 군제를 창설, 바다 동쪽 수천 리 땅에서 창 들고 활을 멘 무리들은 모두 여기에 소속되게 하였는데, 일단 찌르고 치는 기술을 익힌 다음에는 또 즐거운 마음으로 농사를 짓게 함으로써 덕이 자혜롭게 흘러넘치고 교화가 행해져 기강이 바로잡히면서 제어될 수 있게끔 하였다. 그런데 그 사이에 군영의 제도가 나와 오위의 편제가 폐지되자 고금이 서로 같지 않은 것이 하늘과 땅처럼 판이해지면서, 농사를 지어도 먹지 못하고 길쌈을 해도 입지 못해온 지가 어언 200년이나 되었다.[173]

이상의 취지 아래 '사(司)-초(哨)'의 편제가 '위(衛)-부(部)-대(隊)'의 편제로 변경되었다. 화성의 수미(收米)를 1두씩 감하여 3두와 5두로 통일하는 한편, 속오군 510명, 납포군(納布軍) 490명의 군액을 감액했으며, 아별무사(兒別武士) 1,000명도 혁파했다. 아울러 경사(京師)의 각 영에 납부하던 군정(軍丁)을 장용영 외영으로 납부하게 하여 군역의 폐단을 시정하려고 하였다.

1798년(정조 22) 10월 19일 비변사에서 올린 〈장용외영오읍군병절목(壯勇外營五邑軍兵節目)〉을 보면 장용영 외영의 병력은 '5위-속(屬) 5

173) 《정조실록》 49권, 정조 22년 10월 19일(기유).

위' 체제로 다시 편성되었다.[174] 개편의 주요 내용은 다음과 같다. 화성의 방어 병력은 이전처럼 정병(正兵)과 성정군(城丁軍)으로 구성되었다. 정병은 장락대(長樂隊) 5위로 편성되었다. 장락대는 정예군으로 편성된 상근 부대로 국왕이 거둥할 때 호위의 임무를 담당하였다.[175] 유사시에는 화성의 성곽 방어를 구역별로 담당하는 주력 부대였다. 성정군은 수원과 인근의 용인·진위·시흥·안산·과천 등 오부(五府)에서 입속한 군사들로 장락대의 정병을 지원하였다. 이들은 팔달위(八達衛, 남문 구역), 창룡위(蒼龍衛, 동문 구역), 화서위(華西衛, 서문 구역), 장안위(長安衛, 북문 구역)로 나뉘어 방어를 담당하였는데, 다시 각각 장락위(長樂衛)의 전·좌·우·후위에 편제되었다. 장락(長樂) 중위(中衛)에 편제된 신풍위(新豊衛)는 성의 중앙 부분을 방어하는 유병(遊兵)이었다.

장락 오위는 매 위마다 위장(衛將) 1명, 부장(部將) 5명, 통장(統將) 3명, 대정(隊正) 9명을 두었다. 성정군이 배치되는 속오위에는 매 위마다 위장 1명, 부장 5명, 통장 20명, 장(長) 45명을 두었다. 각 위의 위장은 협수 군현의 수령으로 임명하였다. 이에 따라 전위 팔달위장은 진위현령, 좌위 창룡위장은 용인현령, 우위 화성위장은 안산군수, 후위 장안위장은 과천현령이 각각 맡았다. 그리고 시흥현령은 협수위장으로 용도(甬道)의 방어를 담당하게 하였다. 용도는 화성의 서남암문(西南暗門)에서 밖으로 길게 연결되는 좁은 길이다. 외성에 해당하는 구역으로 길 양쪽을 성곽으로 둘러쌓았다.

장락 오위가 행궁을 호위할 때에는 전위·좌위·우위·후위가 서로

---

174)《정조실록》49권, 정조 22년 10월 19일(기유) 〈장용외영오읍군병절목(壯勇外營五邑軍兵節目)〉;《화성성역의궤(華城城役儀軌)》권2, 절목 〈부근오읍군병합속절목(附近五邑軍兵合屬節目)〉. 둘은 같은 자료이다. 이하 정리한 화성 방어 체제의 개편은 두 자료와 강문식, 1996, 〈정조대 화성의 방어 체제〉,《한국학보》82, 일지사, 220~222쪽을 주로 참조하여 서술하였다.

175) 김준혁, 2007, 앞의 논문, 184쪽.

연결하여 고리 모양으로 빙 둘러서 방어하고, 중위는 4위가 친 1차 방어선 안에서 다시 행궁을 에워싸서 이중으로 호위하도록 하였다. 진을 칠 때는 4위가 외곽의 보루, 즉 1차 방어선이 되고 중위가 안쪽의 2차 방어선이 되어 임기응변하면서 명령이 떨어지면 즉각 조응하게 하였다. 그리고 국왕이 행행할 때 척후나 복병의 임무는 열읍(列邑)에 소재하고 있는 신풍대에서 차출한 병력이 담당하게 하였다.

〈표 3〉 화성유수부의 장락대 편성[176]

전위	정병	본부 남쪽 장락대 635명
	성정(팔달위) 총 2,583명	본부 팔달대 1,104명, 진위 팔달대 720명을 오부로 편성
		가파군(加派軍): 본부 팔달대 245명, 진위 팔달대 265명
		통장 20명, 타장 45명, 각색 표하군·화부 등 184명
좌위	정병	용인 장락대 381명, 진위 장락대 254명
	성정(창룡위) 총 2,271명	본부 창룡대 736명, 용인 창룡대 1,096명을 5부로 편성
		가파군: 본부 창룡대 40명, 용인 창룡대 150명
		통장 20명, 첩장 45명, 각색 표하군·화부 등 184명
중위	정병	본부 장락대 389명, 용인 장락대 123명, 진위 장락대 123명
	유병(신풍위) 총 960명	용인 신풍대 275명, 안산 신풍대 250명, 시흥 신풍대 213명, 진위 신풍대 170명, 과천 신풍대 52명(통구의 유장 8명이 120명씩 인솔)
우위	정병	본부 장락대 361명, 안산 장락대 274명
	성정(화서위) 총 2,378명	본부 화서대 1,464명, 안산 화서대 360명을 5부로 편성
		가파군: 본부 화서대 320명
		통장 20명, 첩장 45명, 각색 표하군·화부 등 169명
후위	정병	본부 장락대 266명, 시흥 장락대 169명, 과천 장락대 200명
	성정(장안위) 총 2,463명	본부 장안대 1,464명, 과천 장안대 360명을 5부로 편성
		가파군: 본부 장안대 224명, 과천 장안대 166명
		통장 20명, 타장 45명, 각색 표하군·화부 등 184명

장용영 외영의 확대와 화성 방어 체제의 개편은 화성유수부 중심의 방어 능력을 크게 강화시켰다. 도성 남쪽의 중진(重鎭) 중 하나인 화성의 전력이 증강됨으로써 개성, 강화, 광주 여타 3유수부가 호위하는 도성의 방어 능력도 자연 증가하였다.[177] 그러나 장용영 외영의 확대는 중앙 군영의 축소를 초래하였다. 수어청의 경청은 혁파되어 광주유수부의 군영이 되었고, 총융청은 중앙 군영의 별영으로 존속하였으나 속오군은 절반 이하로 줄었다. 어영청과 금위영은 적지 않은 군액을 장용영으로 넘겨주었다.[178]

화성 건설은 1794년(정조 18) 1월부터 1796년(정조 20) 9월까지 국가의 모든 역량을 총 집결하여 완성한 당대 최고의 프로젝트였다. 화성 성곽의 규모는 총 연장 4,600보(步)이다. 산상(山上) 부분이 2,944보 4척, 평지 부분이 1,091보 4척, 각 문루와 포루가 도합 635보 4척이다.[179] 화성의 4대문은 창룡문(蒼龍門, 동문), 화서문(華西門, 서문), 팔달문(八達門, 남문), 장안문(長安門, 북문)이다. 그 외 건조물로는 화홍문(華虹門)과 남수문(南水門)이라는 2개의 수문이 있다. 아울러 암문(暗門), 적대(敵臺) 4좌, 노대(弩臺) 1좌, 공심돈(空心墩) 2좌, 봉돈(烽墩) 1좌, 치성(雉城) 8좌, 포루(砲樓) 5좌, 포루(鋪樓) 5좌, 각루(角樓) 3좌 등도 있다. 화성 성곽 시설물의 상당수는 이전 우리나라 성곽에서는 제대로 도입되거나 구현되지 않았던 것이었다. 이러한 설계는 대개 중국식 성제(城制)에서 영감을 받은 것인데, 측면부와 정면의 방어 능력 강화, 망루형 구조물에 의거한 정찰 능력 강화, 화포 및 조총 발사 능력 강

---

176) 강문식, 1996, 앞의 논문, 221쪽.

177) 장필기, 1998, 앞의 논문, 189쪽.

178) 박범, 2017, 앞의 논문, 300쪽 참조.

179) 《화성성역의궤》 권수(卷首), 〈도설〉.

화에 주안점을 두어 설계된 것이다.[180] 그렇다면 이러한 방어 시설은 언제, 어떻게 도입된 것일까?

정약용은 화성 설계를 위해 〈성설(城說)〉, 〈옹성도설(甕城圖說)〉, 〈포루도설(砲樓圖說)〉, 〈현안도설(懸眼圖說)〉, 〈누조도설(漏槽圖說)〉 등을 작성하여 옹성, 포루, 현안, 누조와 같은 방어 시설의 증축을 주장하였다.[181] 특히 성벽의 형태를 규형(圭形)으로 만들 것을 제안하였다. 지면에서 수직으로 올라가는 성벽보다 하단과 상단이 튀어나오는 형태가 성벽의 내구성 증진과 방어에 용이하였기 때문이다. 그의 주장은 류성룡(柳成龍)의 성설(城說)과 모원의(茅元儀)의 《무비지(武備志)》 등의 영향을 받은 것이기도 하였다.[182] 《무비지》는 1737년(영조 13) 사행을 통해 조선에 전해져 이듬해 평안 감영에서 50권이 간행되었으며,[183] 1777년(정조 1) 사행 때 구입해온 《고금도서집성(古今圖書集成)》에도 포함되어 있었다.[184] 화성 성터를 정할 때 참고한 《반계수록(磻溪隨錄)》의 성설도 정조가 열람하였을 가능성이 높다.[185] 유형원(柳馨遠)은 군읍(郡邑)을 호위하는 성곽의 부재를 지적하며, 읍치와 생활 주거지를 포함하는 넓은 성곽을 축조해야 한다고 주장하였다.[186] 정조는 축성 방안을 연구하기 위해 류성룡의 문집도 열독하였다.[187] 그의 성

180) 노영구, 1999, 〈조선 후기 성제 변화와 화성의 성곽사적 의미〉, 《진단학보》 88, 진단학회; 정연식, 2001, 〈화성의 방어 시설과 총포〉, 《진단학보》 91, 진단학회.

181) 정약용, 《다산시문집》 권10. 1792년(정조 16) 겨울 정조에게 진상된 정약용의 〈성설〉은 화성 축성에 대한 기본 지침서였다. 이 글은 나중에 〈어제성화주략(御製城華籌略)〉이란 이름으로 《화성성역의궤》 권1에 수록되었다.

182) 노영구, 2007, 〈조선 후기 성제 변화와 다산 정약용의 축성 기술론〉, 《다산학》 10, 다산학술문화재단, 137~156쪽 참조.

183) 《영조실록》 권47, 영조 14년 10월 20일(기해).

184) 《정조실록》 권3, 정조 1년 2월 24일(경신).

185) 《정조실록》 권38, 정조 17년 12월 8일(정묘), "上曰 柳馨遠 磻溪隨錄補遺 有移水原邑治于北坪 建築城池之論 百年之前 預爲此論 若覩今日事者 誠亦異矣".

설 역시 주요 내용은 옹성, 치성, 포루, 현안, 양마장(洋馬牆) 등의 방어 시설을 제대로 갖추어야 한다는 것이었다.[188]

화성 성곽에 벽돌이 대량으로 사용된 점도 주목된다. 명·청대 육로 사행으로 북경을 다녀온 조선 사신들 상당수가 중국의 웅장하고 치밀한 성제(城制)에 깊은 인상을 받았다.[189] 특히 중국 성이 벽돌로 축조된 것이라는 점이 눈에 띄었다.[190] 화성의 경우 전체를 벽돌로 축조한 것은 아니었지만, 전례 없이 많은 양의 벽돌을 성곽 축조에 사용했다. 옹성, 공심돈, 적대, 포루, 현안 등에 69만여 장의 벽돌을 썼던 것은 새로운 성제를 충실히 적용한 결과라 할 수 있다.[191] 굳이 각종《연행록(燕行錄)》을 보지 않았더라도, 연행 사신의 〈문견별단(聞見別單)〉이나 〈치계(馳啓)〉 등을 자주 접한 정조에게 중국식 성제와 방어 시설은 그다지 낯설지 않았을 것이다.[192] 그는 이 밖에도 전국 각지에 있는 성지(城池)의 모양을 검토하여 화성 축성에 반영하려고 노력하였다. 도면을 대충 그려 진상한 수령은 즉시 파직시키기도 하였다.[193]

---

186) 유형원(柳馨遠),《반계수록(磻溪隨錄)》 권22, 병제후록(兵制後錄) 〈성지(城池)〉, "我國郡邑無城處固多矣 其有城者亦狹 不合事理甚矣".

187)《정조실록》 권30, 정조 18년 2월 28일(병술), "敎曰 柳文忠之經綸事業 婦孺之所知 近日爲閱築城方略 遺集在案頭 諦看其書 益知其人".

188) 류성룡(柳成龍),《서애집(西厓集)》 권14, 잡저 〈전수기의십조(戰守機宜十條)〉.

189) 조헌(趙憲),《중봉집(重峯集)》 권4, 〈의상십육조소(擬上十六條疏)〉 갑술십일월(甲戌十一月), "十四曰城臺之固 臣竊見遼陽以西至于山海一路距胡地最近 故旣於極邊 接城【秦之萬里城】爲長牆 牆下有壕子 五里各置一煙臺 臺下有小方城".

190) 박제가(朴齊家),《북학의(北學議)》 내편, 〈성(城)〉.

191) 윤용출, 2018, 〈조선 후기 번벽축성(燔甓築城) 논의와 기술 도입〉,《한국민족문화》 67, 부산대학교 한국민족문화연구소, 266쪽.

192)《정조실록》 권16, 정조 7년 7월 18일(정미), "大司憲洪良浩上疏曰 …… 秦之長城 曾聞用甓而猶未之詳 臣於今行 目見舊城之周絡山頂者 皆是甓也". 정조의 연행 정보 활용에 대해서는 정재훈, 2012, 〈18세기의 연행과 정조〉,《동국사학》 53, 동국대학교 동국역사문화연구소, 105~116쪽 참조.

193)《정조실록》 권39, 정조 18년 1월 7일(을미).

완공 이후 정조는 화성의 성제가 중국과 같이 치첩(雉堞)의 제도를 완비한 모습을 직접 확인하고 "이제야 우리나라도 성의 제도가 있다고 말할 수 있겠다."며 만족감을 드러냈다.[194] 이러한 노력의 결과 조선 후기 성곽 건축의 백미라 할 수 있는 화성이 탄생하게 되었던 것이다.

그러나 정조가 전례 없는 규모의 축성을 추진하고 장용영 외영을 강화하여 화성에 군사력과 경제력을 집중한 것에 대해 불만의 목소리도 없지 않았다. 어떤 명분을 대더라도 화성의 축성은 평소 민생 안정과 검소한 재정 집행을 누누이 강조해온 자신의 입장을 번복하는 것이어서, 정조는 비난 여론에 더욱 민감할 수밖에 없었다.

> 《화성성역의궤(華城城役儀軌)》가 완성되었다. 상이 화성유수 조심태에게 "성을 쌓는 데에 든 비용이 거의 80만에 가까운데, 소중한 역사(役事)를 조금이라도 구차하게 하고 싶지 않은 것이 나의 본래 생각이었다. 이 책을 간행하여 모든 사람들이 성의 공사에 관한 본말을 분명히 알도록 해야 할 것이다."라고 말하였다.[195]

위의 사료에서 보이듯이, 정조는 의궤 편찬을 통하여 화성 성역이란 거대한 국책 사업의 전말을 후세에 전하는 한편, 화성 축조에 소요된 비용과 출처 역시 투명하게 공개하고자 하였다. 전(錢) 80만 냥의 축성 비용은 쌀로 환산할 경우 17만 5,000석 정도에 해당한다. 당시 호조의 1년 경비가 13만 5,000석으로 추산되는 점을 감안한다면, 정조가 얼마나 막대한 규모의 재용(財用)을 단기간 내에 화성에 쏟아

---

194) 《정조실록》 권46, 정조 21년 1월 29일(경오).

195) 《정조실록》 권45, 정조 20년 11월 9일(경술).

부었는지 상상하기 어렵지 않다.[196] 그는 화성 축성에 대하여 "3년 만에 완공시키면서도 백성을 번거롭게 동원하지도 않았고 국가의 경비를 축내지도 않았다. 이는 비록 종전부터 내탕고(內帑庫)에 비축해두었던 저축 덕분이기는 하지만, 그중 40만 (냥)은 바로 금위군 10여 초의 번을 10년 동안 중지함으로써 얻은 효과"라고 자부하였다.[197] 그러나 화성 축성비의 72퍼센트에 해당하는 12만 6,000석은 다른 관청의 대부를 통하여 상환을 전제로 충당한 것이라는 점에서 볼 때 정조의 논리에는 큰 허점이 있다. 백성들이 축성 비용을 세금의 형태로 직접 납부한 것은 아니지만, 다른 관청에 바친 세금 또는 노동력의 형태로 간접적으로 이미 지불한 셈이 되기 때문이다.

현륭원과 신읍치 조성에 따른 주민의 이주 역시 아무리 적절한 보상을 해주어도 불만이 전혀 없을 수는 없는 사안이었다. 화성의 웅장한 성곽과 주변 경관 조성을 위해 1,200만여 그루의 나무가 식수된 것[198]은 경탄과 함께 불만의 대상이 될 소지가 있었다. 특히 확장 과정에서 많은 물의를 빚은 장용영은 5만 석이란 거금을 화성에 대여한 기관이었다.[199] 그리고 이 금액은 여러 관청들에 의해 최장 10년에 걸쳐 장용영으로 상환될 예정이었다. 무엇보다 축성역 자체가 아무리 임금을 주었다 하더라도 백성들에게는 부담이 큰 공역이었을 가능성이 높다.[200] 수원 지역에 구전되는 "화성(華城)이 성화(成火)요 심태(心泰, 조심태)가 태심(太甚)하니, 수원(水原)이 원수(怨讐)로다."라는 민요

---

196) 방범석, 2015, 앞의 논문, 57쪽 참조.

197) 《정조실록》 권45, 정조 20년 10월 22일(갑오).

198) 이왕무, 2012, 앞의 책, 564쪽 참조.

199) 방범석, 2015, 앞의 논문, 57쪽.

200) 《정조실록》 권7, 정조 3년 3월 8일(임진), "欒純旣赴任 上疏曰…是以 沁民之諺曰 嗟嗟築斯 與長江而無窮 長江斷絶 役乃歇 其哀痛怨悶之狀可知".

의 한 구절은 당시 축성역으로 인한 백성들의 고통을 반영한 것으로 보인다.[201] 비용 절감을 위해 승군(僧軍)과 일부 백성의 징발을 주장한 채제공의 의견을 가납하지 않은 사례나[202] 1794년(정조 18) 11월 흉년이 들자 축성 공사를 즉각 중지한 결단은, 대규모 축성을 추진한 정조의 심적 부담에서 비롯된 것으로 보아도 좋을 것이다.

> 설사 돈과 곡식을 특별히 마련해내어 며칠 되지 않아 골격이 훌륭하게 이루어지더라도, 백성들이 굶주려 죽는 우환이 온 나라에 한창 급하고 공사의 구령 소리가 온 부(府) 안에서 그치지 않는다면, 저 처자를 부양하는 잔약한 백성들이 원망하고 눈을 흘기면서 '우리 임금은 어찌하여 성 쌓는 데 쓰는 마음을 백성들을 보호하는 데 베풀지 않으며, 성 쌓는 데 드는 재물을 백성들을 살리는 데로 옮겨 쓰지 않는가.'라고 말하지 않겠는가? 그리고 또 '구중궁궐의 광명한 불빛이 헐벗은 백성들은 비추지 아니하고 오로지 성가퀴만 비추는구나.'라고도 말하지 않겠는가? 또 '성은 올해도 쌓을 수 있고 내년에도 쌓게 할 수 있으며 10년까지 끌 수도 있지만, 백성들은 하루 굶기고 이틀 굶기어 한 달까지 참게 할 수는 없는 것이다.'라고도 말하지 않겠는가? 이런 상황에서 내(정조)가 아무리 성 쌓는 것이 중요하다는 것을 가지고 응대하고자 하더라도, 어찌 감히 옛날 선왕께서 백성들을 사랑하고 돌보아서 행차하는 길에 곡식을 밟지 말도록 했던 뜻을 우러러 본받지 않을 수 있겠는가?[203]

1796년(정조 20) 7월 호남에서 "진나라처럼 축성을 한다."는 유언비

---

201) 김선희, 2009. 앞의 논문, 144쪽.

202) 《정조실록》 권40, 정조 18년 5월 22일(무신).

203) 《정조실록》 권41, 정조 18년 11월 1일(을유).

어가 돌았다.[204] 화성 성역이 종료된 이후 그동안 잠재해 있던 불만이 서서히 분출되기 시작했다. 1798년(정조 22) 8월 사간원 헌납(獻納) 임장원(任長源)은 시폐의 개선을 논하는 과정에서 거대한 화성의 경관을 본 자신의 소회를 말하며, 현륭원 조성을 빌미로 재정을 낭비하여 백성을 곤궁에 빠뜨린 정조의 처사를 비난하였다.[205] 정조는 우아한 비답을 내려 임장원을 용서하였고, 오히려 그를 논척한 장령 정최성(鄭最成)을 추고하였다.[206] 1799년(정조 23) 5월에는 화성 운영의 폐단을 보고한 충청도 암행어사 신현(申絢)을 격려하였다.[207]

한편에서는 화성행궁정리수성곡(華城行宮整理修城穀), 일명 정리곡이 환곡화됨에 따라 적지 않은 폐단이 발생하고 있었다.[208] 정리곡은 화성에 있는 외정리소(外整理所) 운영을 위해 설치된 재원이다. 외정리소는 화성과 행궁의 유지 및 보수, 원행(園行) 인원의 접대비 등을 담당하는 관청이었다. 반면 한양의 장용영 내영이 관장하는 원래의 정리소는 화성 원행의 왕래 비용을 조달하기 위해 설치된 관청이었다. 둘 다 호조 재정과는 별도로 운영되었다. 1795년(정조 19) 윤 2월 을묘원행(乙卯園行)을 마친 정조는 남은 예산을 곡물로 바꾸어 '을묘정리곡(乙卯整理穀)'이라 명명하고, 전국 군현에 굶주리는 백성을 위한 진휼곡으로 운영하게 하였다. 그러나 수령, 향리, 면임(面任)의 농간으로 정조의 의도와 달리 많은 불만이 곳곳에서 터져나왔다.

화성 축성을 오로지 순수하게 국방의 차원에서만 보면, 이 사업은

---

204) 《정조실록》 권45, 정조 20년 7월 2일(을사).

205) 《정조실록》 권49, 정조 22년 8월 26일(정사).

206) 《정조실록》 권49, 정조 22년 9월 1일(신유).

207) 《정조실록》 권51, 정조 23년 5월 9일(병인).

208) 《정조실록》 권43, 정조 19년 11월 9일(병진) 등.

어영청과 금위영이라는 도성 방어 전력의 감축과 동시에 달성되었다.[209] 두 영에 속한 일부 번상군의 번상을 정지하고 그들에게 정번전(停番錢)을 징수함으로써, 장용영의 대부 자금 대부분을 상환할 계획이었기 때문이다. 현륭원이 있는 화성의 방어 체제가 축성과 장용영 외영의 설치로 강화된 반면, 도성의 허술한 방어 시설[210]에 대한 보수 기록은 보이지 않는다. 도성 주변 4유수부 체제의 정비로 도성의 방어력은 증가했지만, 이러한 상황 속에서 수많은 도성 백성들이 유사시 피난 갈 곳은 여전히 마땅치가 않았다. 화성 자체의 방어만 보더라도, 평지에 해자 없이 조성된 구조적 특성상 명대 중국의 평지성처럼 본성(本城)을 보호하는 지성(枝城)들이 구축되었어야 하나 그렇지가 않았다. 정조의 오판이나 한계라기보다 그럴 필요가 없었다는 설명이 당대의 실상에 부합할 것이다. 대청·대일 외교가 전례 없이 안정된 상황과 조선 내 공성 병기의 발달 수준을 감안한다면 화성의 규모나 시설은 오히려 과분한 것임에 틀림없다.

많은 재원이 장용영과 화성에 집중되는 상황에서, 감(監)·병(兵)·수사(水使)가 관할하는 지방 관방(關防)의 보수나 신설은 통상적 수준을 벗어나지 못했다.(1부 4장 참조) 따라서 우리는 선행 연구에서 이미 강조한 바와 같이 화성 축성의 상징적 효과에 더욱 주목할 필요가 있다.[211] 이에 따르면 화성은 군사적 기능뿐만 아니라, 정조 통치의 상징

---

209) 방범석, 2015, 앞의 논문, 58쪽.

210) 《정조실록》 권6, 정조 2년 7월 20일(정미); 《정조실록》 권6, 정조 2년 9월 10일(병신), "副司直 姜游上疏曰 都城 乃宗廟社稷之所在 人民財貨之所萃 此爲必守之地 而議者皆以爲都城不可守 …… 然而城堞之不固 猶復前日 而在在有崩潰之形;軍餉之無儲 猶復前日 而間間有稱貸之議 如是而何以繫都民之心 爲固守之計乎".

211) 배우성, 2004, 〈정조의 유수부 경영과 화성 인식〉, 《한국사연구》 127, 한국사연구회, 256~263쪽; 김준혁, 2015, 앞의 논문, 97~106쪽 참조.

적 공간 창출이라는 의미도 함께 갖고 있었다. 장용영 외영의 자급적 군둔과 함께, 군주의 권위를 상징하는 장엄한 성곽 안에서 백성들이 정전(井田)과 균역의 태평성대를 누리는 것이 화성 축성에서 지향한 또 하나의 목표가 아니었을까?[212] 탕목읍(湯沐邑)이자 왕기(王畿)의 표준이 되는 화성은 메밀 파종 등의 국책 사업이 시범적으로 거행되는 곳이자,[213] 성군 정조가 선정을 펼쳐 조선 8도로 확대해가는 시발점이 되는 곳이었다.[214] 무엇보다도 비운의 생을 마친 생부가 잠들어 있는 곳이었기에[215] 견고한 성곽을 갖추어 그 위엄을 드러낼 필요가 있었다. 애써 군사적 효능을 강조하면서 화성의 웅장한 외관에 집착한 정조의 발화(發話)는 이러한 맥락에서 보아야 더 설득력을 갖는다.

> 한갓 겉모양만 아름답게 꾸미고 견고하게 쌓을 방도를 생각하지 않으면 참으로 옳지 않지만, 겉모양을 아름답게 하는 것도 적을 방어하는 데에 도움이 된다. 병법에 상대방의 기를 먼저 꺾는 것을 귀하게 여기기 때문에 소하(蕭何)는 미앙궁(未央宮)을 크게 지었고, 또 "웅장하고 화려하지 않으면 위엄을 보일 수 없다."고 말하였다. 그렇다면 성루를 웅장하고 화려하게 꾸며서 보는 사람들로 하여금 기가 꺾이게 하는 것도 성을 지키는 데 큰 도움이 될 것이다.[216]

---

212) 화성 둔전의 운영과 수리 시설 설치에 대해서는 염정섭, 1996, 〈정조 후반 수리 시설 축조와 둔전 경영-화성 성역을 중심으로〉, 《한국학보》 82, 일지사 참조.

213) 《정조실록》 권48, 정조 22년 6월 3일(을미); 《정조실록》 권48, 정조 22년 6월 5일(정유).

214) 《정조실록》 권42, 정조 19년 윤2월 13일(을미), "命進饌時參班老人 七十以上及六十一歲人 各賜帛一匹 仍予黃紬繫鳩杖 園底居民 加二年給復 府城內外 加一年給復 敎曰 …… 因此而思之 仁政在乎推之而已 孟子所謂擧斯心 加諸彼者是爾 今以華城一府 推之七道兩都 又可知矣 今玆施惠 只及於華城一府 而不及於八道兩都 只行於今年一年 而不行於千年萬年 是豈曰推之云乎 整理所之設 古豈有哉".

215) 《정조실록》 권46, 정조 21년 2월 25일(병신), "判中樞府事李秉模上箚曰 華城一府 上爲園陵之拱衛 中爲畿輔之保障 下爲舟車之都會".

화성의 방어 체제가 강화됨에 따라, 정조의 관심 속에서 많은 재원과 물력이 장용영에도 집중 투입되었다.[217] 내탕(內帑)의 잉여를 옮겨주는 것만으로 운영하기에는 장용영의 편제와 규모가 이미 크게 확대되었기 때문이다. 이 과정에서 장용영은 기존 군영과 다를 바 없는 행태로 각종 문제를 발생시켰다.[218] 정조 역시 이러한 사태를 예견하고 각별히 단속할 것을 지시하였으나,[219] 그 지시는 민생의 현장에서 잘 이행되지 않았다. 장용영 확대와 화성유수부 운영에 대한 정조의 강력한 의지와 지지는, 아이러니하게도 이것을 호가호위하는 무리에 의해 왜곡되어 각종 폐단을 자아내고 있었다.

장용영 병사의 급료를 지급하기 위해 황해도에 설치한 둔전에서는 다른 데보다 헐한 지대가 책정되어 많은 백성들이 경작을 선호하였다. 그러나 중간에 일을 담당한 무리, 즉 둔감(屯監)들은 종자조(種子條)·수세조(水稅條) 등의 각종 부가세를 만들거나 계약 이상의 지대를 거두어 백성들의 불만을 가중시켰다.[220] 장용영이 군수품 마련을 위해 시장에서 쌀을 구입할 때에도 문제가 발생하였다. 이 업무를 관할하는 선혜청이 장용영을 핑계로 공인(貢人)들에게 미곡을 염가로 팔도록 강압하였기 때문이다.[221] 아래 사료에 보이듯이 화성유수부가

---

216) 《정조실록》 권38, 정조 17년 12월 8일(정묘).

217) 이방섭, 2010, 〈정조의 장용영 운영과 정치적 구상〉, 《조선시대사학보》 53, 조선시대사학회, 73~78쪽; 방범석, 2015, 앞의 논문, 54-59쪽 참조.

218) 장용영 운영에 따른 폐단과 이에 대한 불만에 대해서는 송찬섭, 1999, 〈정조대 장용영곡의 설치와 운영〉, 《한국문화》 24, 서울대학교 규장각한국학연구원, 262~272쪽; 방범석, 2015, 앞의 논문, 32쪽 참조.

219) 《정조실록》 권32, 정조 15년 1월 22일(정유), "若以營門言之 壯營新出 安知無射利之徒 藉賣之擧乎"; 《정조실록》 권33, 정조 15년 7월 10일(계미), "諭平安道兵馬節度使李漢豐曰 道內所在屯土案付壯營者 若有一毫爲民弊侵民田 是豈設施本營以來辛勤提飭之本意 其查探以聞".

220) 《정조실록》 권48, 정조 22년 3월 18일(임오).

제방을 쌓는 과정에서 감교(監校)가 백성들의 농지에 댈 보(洑)의 물을 빼앗는 일도 발생하였다.

> 화성부가 신천군(信川郡)에서 흙을 사들여 제방을 쌓으려 할 때, 감교가 백성들의 농지에 댈 보(洑)의 물을 빼앗았다. 상이 이 소식을 듣고 본도로 하여금 조사하게 하니, 관찰사 서매수(徐邁修)가 사실을 밝혀 보고하였다. 이에 전교하기를, "…… 하찮은 차인(差人)이 제멋대로 폐단을 만들고 있는데도, 감영과 고을이 화성이라는 두 글자를 듣고서는 그 사이에서 가부에 대한 언급을 하려 들지 않았다. 조정의 본의와 고심은 그런 것이 아니다. 해당 수령은 비록 혹시라도 몰랐다고 하더라도 해당 감사가 어찌 소홀하게 처리할 수 있는 일인가? 해당 도신(道臣)은 추고하고 해당 수령은 해부(該府)로 하여금 나문(拿問)하여 처치하게 하라. 앞으로는 화성부 소관의 일이라고 칭탁하고서 하나라도 폐단이 있는데도 즉시 보고하지 않는 경우, 이 도 저 도를 논할 것 없이 도신과 수령은 엄중한 문책을 면하기 어려울 것이다. ……"라고 하였다.[222]

문제는 화성과 관련된 폐단을 전국의 수령이나 감사가 선뜻 조사, 적발하지 못하는 분위기가 당시에 분명히 존재하였다는 것이다. 정조는 이러한 행태를 엄금하였지만 실효를 거두었는지 확실하지는 않다. 하찮은 심부름꾼이 멋대로 위세를 부리는 동력이 다름 아닌 정조의 화성 운영에 대한 열정과 의지에서 나온 것이라는 점에서 볼 때 위의 상황은 매우 역설적이다.

---

221) 《정조실록》 권33, 정조 15년 9월 3일(을해), "左議政蔡濟恭啓言 壯勇營爲軍兵接濟 從市直貿米 惠廳出於爲經費爲貢民 而湖西廳托以壯營 勤令貢人 廉價賣米".

222) 《정조실록》 권44, 정조 20년 6월 25일(기해).

장용영 외영에 할당된 속오군을 인근 고을에서 충정할 때에도 폐단이 발생하였다.[223] 면임(面任)과 이임(里任)은 장정 한 명을 군적에 올리기 위하여 마을을 이 잡듯이 뒤졌고, 선발 여부를 결정하는 담당 아전들은 이를 빌미로 뇌물을 요구하기 일쑤였다. 선발된 속오군의 기강 해이로 인한 문제도 발생하였다. 이러한 소소한 문제는 결국 민심의 불만으로 축적될 수밖에 없었다. 정조는 백성들의 불평을 분명히 인지하고 있었고, 자신의 의도와 다르게 발생한 사태를 답답하게 여겼다.[224]

아래 인용된 사료에 보이는 것처럼, 정조의 장용영 설치와 이와 연관된 화성유수부 운영은 조신들의 광범위한 동의와 지지 아래 추진되지 않았다. 관련 정책이 국왕의 사친인 사도세자의 신원 또는 숭모를 명분으로 추진되었기 때문에, 신하들로서는 공개적으로 비판하기가 어려웠던 것 같다. 그러나 신료들의 자발적 동의와 지지가 없는 정조의 독단적 정책은 국가의 많은 인력과 재원이 투입되거나 될 예정임에도 불구하고 국왕 개인의 '사사(私事)'로 여겨질 뿐이었다.

> 내가 장용영을 만든 것은 숙위를 강화하기 위해서도 아니고 군제를 늘이기 위해서도 아니다. 나의 고심을 지금까지 숨기고 드러내지 않았기 때문에 장용영의 일에 대해서는 언제나 마치 나 한 개인의 사적인 일처럼 여겨져왔다. 병신년(1776) 이후 쌀 한 섬, 베 한 필을 감히 낭비하지 않고 있는 정력을 다 들여 경영한 끝에 이제야 겨우 두서가 잡혔다. 바깥 조정의 신하들과 의논을 하였더라면 마치 길가에 집을 짓는 것처럼

223) 《정조실록》 권51, 정조 23년 4월 10일(무술).

224) 《정조실록》 권51, 정조 23년 4월 10일(무술), "許多弊條 難一二計 問諸邑倅 泛稱聞風而爭先 扣之村氓 不免蹙眉而相告 顧予爲華城事 事俱便物 物皆得之本意 豈亶然乎哉".

말이 많았을 것이니, 어찌 빨리 성취될 가망이 있었겠는가?[225]

이처럼 독단적 추진과 이후 발생한 여러 가지 폐단은 관련 정책에 대한 민심의 불만을 초래하였다. 1795년(정조 19) 1월 권귀(權貴) 정동준(鄭東浚)을 비판하는 첨지(僉知) 권유(權裕)의 상소문에서 나온 "여정(閭井)의 필부와 서민들까지도 온통 그 모양으로 되어가고 있는데, 그 대략적인 것만 거론해서 말해본다 하더라도 …… '장영(壯營)을 설치하는 것에 대해 감히 입을 열지 못하고 있고, 화성을 경영하는 일에 대해 감히 입을 놀리지 못하고 있다.'는 등으로 말을 하고 있습니다."라는 이 구절은 내용의 사실 여부를 확인하기 어렵다. 그러나 사실이 아니라 하더라도 이러한 유언(流言)이 만들어질 정도로 정조의 관련 정책에 대한 불만이 잠재해 있었던 사회 분위기는 쉽게 짐작할 수 있다.[226] 심지어 정조의 지지 기반이라 할 수 있는 남인 계열에서도 장용위에 대해 부정적인 기록을 남긴 사례가 있어서 주목된다.[227] 영남 남인으로 정조 연간에 선전관직(宣傳官職)을 역임한 노상추(盧尙樞)는 장용위의 교만과 향락을 비판하였고,[228] 정약용 역시 장용영 장교와 군병의 오만한 행태를 《목민심서(牧民心書)》에 남겨두었다.[229] 정조의 소수 측근만이 장용영 재정의 운영에 관여하였던 것도 정국 운영에 부담을 주는 요인이었다.[230]

---

225) 《정조실록》 권33, 정조 15년 9월 3일(을해).

226) 《정조실록》 권42, 정조 19년 1월 11일(갑오).

227) 방범석, 2015, 앞의 논문, 20쪽 참조.

228) 《노상추일기(盧尙樞日記)》, 정조 11년 6월 3일, "大抵壯勇者 別監出身也 古無而今設侍衛於別軍之次 此輩驕慢太過 人皆不敢爲 期昨日此輩設樂于廳 宴會狼藉".

229) 정약용, 《목민심서(牧民心書)》 권10, 형전(刑典) 〈금폭(禁暴)〉, "孝廟之訓鍊營 先王朝之壯勇營 其校卒怙橫者多 官長不敢下手 所謂禁軍 指此類也".

1800년 음력 6월 정조가 갑자기 승하하자 정순왕대비의 수렴청정 아래 김귀주가 주도하는 벽파가 정권을 장악하였다. 벽파는 서학 탄압 등을 빌미로 시파와 남인 세력을 정계에서 대거 축출하고 정국을 주도하려고 하였다. 아울러 정조가 가장 심혈을 기울인 장용영의 군사적·재정적 기반을 해체함으로써 자파의 정권 기반을 다지려고 하였다.[231] 정순왕대비는 1801년(순조 1) 1월 내노비(內奴婢) 3만 6,974명과 시노비(侍奴婢) 2만 9,093명을 양민으로 해방하고, 이로 인하여 발생하는 재정상의 결손은 장용영에서 보충하도록 하였다.[232] 이어서 다음해 1월에는 벽파의 거두였던 영의정 심환지(沈煥之)가 "나의 이 조처는 부득이한 것이다. 지금 좌우에서 나를 가까이 호위하게 하는 것은 모두가 일시적인 방편에서 나온 것이니, 후세에는 이것으로써 법을 삼을 수 없다."고 한 정조의 발언을 근거로 장용영의 혁파를 발의하였다.[233]

이후 장용영 혁파는 특이하게도 김조순(金祖淳), 박준원(朴準源)을 비롯한 시파의 별다른 저항 없이 일사천리로 진행되었다. 이 문제에 대해서는 시파가 수세에 몰리고 있었기 때문이라는 해석도 있지만,[234] 순조대 신료 전체의 암묵적 동의하에 진행되었다는 취지의 반론도 있다.[235] 정조의 대상(大喪)을 마치기도 전에 취해진 전격적이고 이례적 조치라는 점,[236] 정조의 장용영 설치와 화성유수부 운영에 대해 민

230) 유봉학, 1996, 앞의 논문, 96~98쪽.

231) 이태진, 1977, 앞의 책, 220~225쪽 참조.

232) 《순조실록》 권2, 순조 2년 1월 28일(을사), "先朝以內奴婢 寺奴婢 嘗欲革罷 予當繼述 自今一倂革罷 其給代 令壯營擧行".

233) 《순조실록》 권4, 순조 2년 1월 20일(임진).

234) 이태진, 1977, 앞의 책, 224쪽; 김준혁, 2007, 앞의 논문 198쪽 등.

235) 방범석, 2015, 앞의 논문, 33·34쪽.

심의 불만이 적지 않게 누적되어 있었다는 점, 시파 측의 별다른 반발이 보이지 않았다는 점 등을 종합적으로 감안해볼 때 후자의 해석도 설득력이 없지 않다.

236)《순조실록》 권8, 순조 6년 3월 3일(신해), "正言朴英載疏 略曰 …… 壯勇營創設 出自先大王深遠之聖籌 而敢以三年亦改之說 肆然陳達 指揮其血黨 矯誣先王之遺旨者 其罪四也".

3부

정조의 문·무 인식과 대책

1.
조선시대 문·무 위상의 불균형과 문제점

문·무에 대한 정조의 인식은 〈문무(文武)〉라 명명하여 내린 책문에 그 일단(一端)이 보인다. 그는 책문의 첫 머리에서 문·무의 병용을 강조한다.

> 문과 무를 병용하는 것이 국운을 장구하게 하는 계책이다. 삼대의 융성하던 시절은 비할 바가 없거니와, 진·한 이래로는 비록 영명하고 의로운 군주라 하더라도 문무를 병용하는 계책을 시행한 이가 희소하니, 그 까닭은 무엇이냐?[1]

이어진 책문에서는 무를 숭상하다가 국운이 기울거나 통치에 어려움을 겪은 진 시황, 한 무제, 당 태종의 사례와 문을 숭상하다가 동일한 상황에 처한 한 문제, 양 무제, 송나라의 사례를 언급하였다. 아울

---

1) 《홍재전서》 권48, 책문일(策問一) 〈문무(文武) 도기유생재시(到記儒生再試)〉. 국역문은 신창호 역, 2017, 《정조 책문, 새로운 국가를 묻다》, 판미동, 81~84쪽을 참조하여 필자가 수정하였다.

러 문무겸전의 도를 겸비한 인재를 역사에서 찾아보기 어렵다고 토로하였다. 그리고 문·무의 도는 서로 이용됨이 거공(駏蛩)이 홀로 달릴 수 없는 것과 같다고 비유하였다.[2] 문·무의 상호보완적 관계를 공공거허(蛩蛩駏驉)와 궐(蟨)의 고사에 빗대어 표현한 것이다. 아울러 문·무의 병용이 어려운 것이 본질적 차이 때문인지, 아니면 인재의 기량이 옛날 같지 않고 치우쳤기 때문인지 묻는다.[3]

이어서 자신이 다스리고 있는 조선의 문무병용은 어떠한 상태였는지 묻고 대답한다.

> 우리 동방은 작은 중국이라고 칭하니, 의관의 찬란함에 있어서는 "성대하도다, 그 문화여! 나는 주나라를 따르겠다."고 한 공자의 말에 부합된다. 그러나 남북의 융적은 봉홧불로 서로 경각시키니, 군병을 단련하며 무략을 강론하여 불의의 사태에 대비함을 어찌 조금이라도 소홀히 할 수 있겠느냐? 그러나 문관은 안일만 추구하고 무관은 즐기기만 하여 게으름만 피우고 나약하다. (문관의) 조제충금(鳥啼蟲唫)[4]은 생용(笙鏞)의 다스림[5]에 아무 보탬이 될 것이 없으며, (무관의) 풍성학려(風聲鶴唳)[6]는 전쟁터나 다름없다. 재상은 (실질이 없는) 장부나 문서만 작성하며 녹봉

---

2) 거공은《산해경(山海經)》에 나오는 공공거허(蛩蛩駏驉)를 가리키는데, 하루에 천 리를 달린다는 전설 속의 말이다. 궐(蟨)은《여씨춘추(呂氏春秋)》에 나오는 짐승으로, 앞은 쥐, 뒤는 토끼처럼 생겼는데 잘 달리지 못한다. 궐이 공공거허가 좋아하는 감초(甘草)를 가져다주면, 공공거허는 위급한 일이 생길 때 궐을 등에 업고 달아났다고 한다. 신창호, 2017, 앞의 책, 83쪽.

3) 《홍재전서》 권48, 책문일 〈문무 도기유생재시〉, "大抵文武之道 迭相爲用 其猶駏蛩之不可獨行 而終古賢主能臣 代不乏人 卒無兼修竝用者 則意者 文武之道 如水火之相反 有不可調劑協用而然歟 抑亦人才不古 器量有局 能乎此則不能乎彼而然歟".

4) 문맥상 문관들의 허황된 탁상공론이나 고담준론을 풍자한 말로 추정된다.

5) 생용지치(笙鏞之治). 생용은 악기의 일종인 생황(笙簧)과 대종(大鐘)을 가리키는데, 통상 왕정을 행하는 도구나 조정의 귀한 인재를 비유하는 말로 쓰인다(한국고전종합DB 각주정보). 따라서 문맥상 생용지치는 실력이 뛰어난 인재의 보좌를 받는 성군의 훌륭한 정치를 의미한다.

을 받고 장수는 훈련을 무용지물로 여기니, 문(文)이 땅에 떨어지고 도(道)가 상실되었다는 탄식을 한 지가 하루 이틀이 아니다. 만약에 변방의 독수리가 다시 오고 바다의 고래가 또 움직여 사납게 날뛰기를 불행히 임진·병자의 난과 같이 한다면, 비록 지혜로운 자가 있다 하더라도 어떠한 계책을 세워야 할지 모를 것이다. 생각이 여기에 미치면 어찌 한심하지 않겠느냐?[7)]

정조가 책문에서 제시한 조선의 현실은 문의 경우 동쪽의 주나라에 어울리는 융성함을 자랑하나, 무의 경우 북로남왜의 안보적 위협이 재발할 경우 대처하기 어려운 지경이었다. 그 이유는 문·무 관료 공히 자신의 마땅한 직분을 지키지 않았기 때문이다. 정조는 무의 쇠퇴 이유를 무관만의 잘못으로 돌리고 있지 않았다. 아울러 이러한 상황에 대해 문이 땅에 떨어지고 도가 상실된 것〔文墜道喪之歎〕이라고 표현했다. 당대 조선에서 무는 단지 무만의 문제가 아니었던 것이다.[8)] 여기에서의 문은 문맥상 무와 대비되는 좁은 의미가 아니라 인간이 자연에 대항하여 만들어낸 멋지고 우수한 것, 즉 문명의 의미로 보아야 할 것이다.[9)] 무가 정상적 상태에 있지 않으면 포괄적 의미의 문 역

---

6) 무관들이 본분에서 벗어나 겁부터 집어먹는 모습을 풍자한 말. 《진서(晉書)》 권79, 〈사현열전(謝玄列傳)〉에 따르면, 부견(苻堅)이 군사 100만을 거느리고 진을 벌여 비수(肥水)에 육박하자 사현은 군사 8,000명으로 물을 건너 들이쳤는데, 부견의 군사가 무너져서 갑옷을 벗어 던지고 밤을 틈 타 달아나면서 바람 소리나 학의 울음소리만 들어도 모두 왕사(王師)가 몰려온다고 여기며 허둥댔다고 한다(한국고전종합DB 각주정보).

7) 《홍재전서》 권48, 책문일 〈문무 도기유생재시〉.

8) 도(道)는 사람이 통행하는 길이라는 것이 그 본래 뜻이지만, 뒤에 가서 인간이나 사물이 반드시 그곳을 통하는 도리, 법칙, 규범을 의미하는 말로 널리 사용되었다. 여기에서 도는 동일 책문의 용례로 볼 때 '문무지도(文武之道)'를 가리키는 것 같다. 이것은 당대인이 도를 문도와 무도로 구별했음을 보여준다. 아울러 그들에게 도라는 것은 마땅히 문과 무를 포함해야만 하는 것으로 인지되었음을 알 수 있다.

시 쇠퇴한다는 것이 정조의 기본 생각이었다. 그러나 조선의 당대 현실은 전쟁 없는 세월이 오래 되어 문·무의 균형이 깨진 지 오래였다. 문이 융성한 결과 무가 해이해졌고 무인의 자긍심은 땅에 떨어졌다.

> 문·무는 똑같이 필요한 것이어서 어느 한쪽만을 중히 여겨서는 안 된다. 한쪽만을 중히 여기면 속습(俗習)은 그 취향에 따라 변하여 나라가 그 폐해를 받게 된다. …… 태평이 오래 계속된 때를 당하면 번번이 문이 성하고 무가 해이해지는 걱정이 있게 되어, 한번 궁마(弓馬)를 업으로 삼게 되면 곧 비방과 수모를 자초하여 추인(麤人, 거칠고 모자란 사람)으로 지목되고 그 수치가 거간꾼과 같게 된다. 그러나 만일 강토에 일이 있게 되면 끝내 매위(韎韋)[10]의 힘을 의지하게 되니, 옛사람이 이른바 "배양한 것이 쓰이는 것이 아니고 쓰이는 것은 배양한 것이 아니다."라고 한 말이 사실이 아닌가?[11]

위의 사료에 보이는 것처럼 문을 지나치게 숭상한 결과 궁마의 업, 즉 무인의 길을 걷는 인재가 사회적으로 천대받는 현상이 벌어지게 된 것이다. 추인, 즉 거칠고 교양 없는 사람으로 대표되는 무인의 이미지는 문무병용의 이상 국가를 지향하는 정조가 극복해야만 하는 현실이었으나, 이러한 현상은 오랜 역사적 연원을 갖는 구조적 문제이기도 하였다. 책문 말미에 제시한 것처럼 그가 생각하는 문무병용의 지표는 다름 아닌 문·무를 겸전한 인재를 얻는 것이었다.

---

9) 문 개념의 다양한 층위에 대해서는 도쿠라 히데미(戶倉英美), 2003,《중국사상문화사전》, 민족문화문고의 '문(文)' 항목 참조.

10) 붉은색 가죽으로 만든 군복으로, 고위 무관을 의미한다.

11) 《정조실록》 권12, 정조 5년 11월 2일(경자).

> 어떻게 하면 국가를 다스리는 계책에 있어서는 문·무를 병용하는 실상을 다하고 인재를 등용하는 방안에 있어서는 문·무를 겸전한 재목을 얻어서, 문·무의 도에 부합하고 장구한 아름다움을 누릴 수 있겠느냐? 아, 그대들은 격식에 구애하지 말고 모두 편(篇)에 기록하라. 내가 다시 열람하리라.[12]

지금부터는 정조가 지적한 숭문천무(崇文賤武)의 현상과 문제가 조선 건국 이래 어떤 역사적 과정을 거쳐 형성되었는지 살펴보고자 한다. 이에 앞서 고대 중국의 문·무 분화와 문·무 인식에 대하여 검토해보겠다.

중국 고대국가, 즉 은·주의 성립 이래로 문·무는 오랜 동안 합일(合一)의 상태였다.[13] 문과 무는 국가 존립과 통치에 있어서 불가결의 요소였으므로 왕족과 지배층이 반드시 겸비해야 할 덕목이었다. 관련하여, 제사와 전쟁은 국가의 가장 중대한 통치 행위였다.[14] 주대에 사(士)는 원래 무사를 가리켰으며, 따라서 교육의 목표도 문·무를 겸비한 통유(通儒)를 양성하는 것이었다. 이른바 예(禮)·악(樂)·사(射)·어(御)·서(書)·수(數)의 육예 가운데 서와 수만 행정에 관한 것이고, 나머지는 모두 군사 훈련과 연관된 활동이었다. 《맹자》에 보이듯이 학궁(學宮)도 원래 활쏘기를 연습하는 곳이었다.[15] '출장입상(出將入相)'이란 연칭어에서도 알 수 있듯이 당시 관료는 문·무의 직을 겸하였

---

12) 위의 각주.

13) 이하 서술한 고대 중국의 문·무 분화 과정은 다음 책을 참조하여 정리하였다. 가오밍스(高明士), 1999, 〈당대(唐代)의 문과 무〉, 《동양 삼국의 왕권과 관료제》, 국학자료원; 박건주, 2008, 〈중국 고대 문무사(文武史) 서설〉, 《동양사학연구》 105, 동양사학회.

14) 《춘추좌씨전(春秋左氏傳)》, 성공(成公) 13년, "劉子曰 …… 國之大事 在祀與戎".

15) 《맹자(孟子)》, 〈등문공(滕文公)〉 상, "序者 射也".

다. 병농일치의 군제 하에서 사대부는 평시에는 행정과 통치를 담당하는 문관이었으나, 전시가 되면 병사를 이끌고 출정하는 무관이 되었다. 문무인의(文武仁義)를 겸비한 것은 춘추시대 제후 및 군자의 자랑이자 소망이었다. 그리고 이때까지 문·무의 직분은 명확하게 구분되지 않은 상태였다.

춘추시대를 경과하여 전국시대에 들어서자 각국 간의 항쟁이 더욱 격렬해졌다. 상비군제의 완비로 무사의 전문성이 강조되기 시작하였다. 전문적 무관과 직업 병사의 증대는 자연스레 문·무 분화를 초래하였다. 특히 전국시대에 시행된 전공포상제(戰功褒賞制)와 군공작제(軍功爵制)는 용력만 가진 비천한 자의 신분 상승을 초래함으로써 문·무의 긴장을 야기하였다. 그러나 군사력뿐만 아니라 정치·경제·문화·외교의 총력을 전개하여 맞부딪치는 전쟁의 특성상, '단순히 무용만 겸비한 자는 대규모 군대를 이끌고 출정하기에 적합하지 않은 인물로 인식되는 경향' 역시 동시에 나타났다. 관련하여 전국시대의 명장 오기(吳起)는 장수의 가장 중요한 자격 요건으로 문무겸전을 언급하면서, '용(勇)'은 장수의 여러 요건 가운데 하나에 불과하며 단순히 용맹스럽기만 해서는 전군을 지휘할 수 없다고 주장하였다.[16] 나아가 최고 사령관인 장수는 전반적 대세의 흐름에 따라 취사선택해야 할 이해관계를 통찰하는 능력이 필요하다고 부기하였다. 이른바 '개별 전투에서는 져도 최종 목표를 달성하며 전쟁에 이기는' 전략적 사고를 가진 장수의 자질을 강조한 내용이었다.[17]

한편 유가 사상가들은 문에 기반한 도덕 정치인 인정(仁政)과 왕도

16) 오기(吳起), 김경현 역, 1998, 《오자병법》 〈논장(論將)〉.

17) 이에 부합하는 대표적 인물로는 링컨과 마오쩌둥이 떠오른다. 반면교사로 언급되는 인물은 항우이다.

(王道)를 대일통(大一統)의 해법으로 제시하였다. 그러나 현실 정치를 지향한 그들도 무의 가치를 완전히 부정한 것은 결코 아니었다. 공자는 상당한 수준의 군사 지식을 겸비한 인물이었으며, 천하 통치를 안정시키기 위한 천자의 정당한 전쟁은 정벌이라 하여 정당성을 인정하였다. 맹자 역시 민생을 파탄시키는 열국겸병(列國兼并)의 패도적 전쟁은 비난하였지만, 왕도를 펼치는 인자(仁者)의 의전(義戰)은 이론상 인정하였다.[18] 다만 공자와 맹자는 선후의 차원 혹은 본말의 차원에서 식(食)과 병(兵)보다는 신(信), 즉 백성들의 믿음에 기반한 인화가 더 중요하다는 취지의 발언을 남겼다.[19] 진의 몰락으로 패도에 바탕을 둔 법가적 통치의 지속성이 의심받고, 한대 이후 유가가 국가의 지원 속에 정치사상계의 헤게모니를 쥐게 되면서 숭문천무의 경향은 더욱 짙어갔다.

당대 번진의 할거와 안록산의 난으로 대표되는 절도사의 자립은 역사의 반작용을 불러와 송대 이후에는 황제를 중심으로 한 문관 중심의 관료 체제가 성립되었다.[20] 송의 초대 황제 조광윤(趙匡胤)은 금군(禁軍) 최고 사령관인 전전도점검(殿前都點檢) 출신으로 쿠데타로 왕좌에 오른 인물이었다. 따라서 그는 당대 절도사와 같은 독립적 군벌의 출현을 무엇보다 두려워했다. 그는 우선 금군 장군들의 병권을 술자리에서 회수하고[21] 중앙군을 삼군(三軍)으로 개편한 뒤 그 출병권

18) 송영배, 1999, 〈제자백가의 다양한 전쟁론과 그 철학적 문제의식 (Ⅱ)〉, 《동양학》 29, 단국대학교 동양학연구소, 2~9쪽.

19) 《논어》, 〈안연(顔淵)〉, "子貢問政 子曰 足食足兵民信之矣 子貢曰 必不得已而去 於斯三者何先 曰去兵 子貢曰 必不得已而去 於斯二者何先 曰 去食 自古皆有死 民無信不立"; 《맹자》, 〈공손추(公孫丑)〉 하, "城非不高也 池非不深也 兵革非不堅利也 米粟非不多也 委而去之 是地利不如人和也".

20) 송대 병권의 집중과 문관 우위 관료 체제의 성립은 주로 이근명 편역, 1999, 《중국역사》 하권, 신서원, 75~85쪽 참조.

(出兵權)을 추밀원에 귀속시켰다. 이로써 무관 장군은 전시에 군대를 지휘하지만, 군대의 이동이나 출병은 문관 관료의 철저한 통제 하에서만 가능하게 되었다. 아울러 지방의 건장한 병졸들을 수도로 불러들여 금군에 편입시킴으로써 지방군의 전력을 약화시켰다.[22] 지방 번진에는 문관을 파견하여 군사·민정·재정·사법의 권한을 중앙 조정이 철저하게 통제할 수 있게 하였다. 송대에 이르러 본격적으로 실시된 과거제는 황제독재체제와 문관 우위의 관료제를 더욱 공고히 하였다고 평가받는다. 송 왕조는 이러한 강간약지(强幹弱枝)와 문관 우위의 정책으로 번진의 할거라는 부작용은 제거했지만, 동시에 관료기구의 비대와 비효율, 변경 군사력의 약화라는 또 다른 대가를 지불해야 했다.

송대 성리학의 무에 대한 인식은 문을 중심에 둔 문무합일 또는 문무병용이라는 종래 구도에서 크게 벗어나지 않았다. 따라서 문을 수반하지 않은 무의 추구, 예를 들어 수단과 방법을 가리지 않고 전쟁에서 승리하는 것은 도덕적으로 정당화되지 않았다.[23] 송대 성리학을 집대성한 주희(朱熹) 역시 어떤 성과를 달성하기 위한 제도 변혁을 부정한 것은 아니었다. 그러나 패도보다는 왕도, 공리(功利)보다는 의리(義理)를 강조함으로써 선진유학의 맹자와 같은 입장에 서 있었다.[24]

---

21) 유명한 '배주석병권(杯酒釋兵權)'의 고사이다.

22) 송 태조가 문치주의를 강조했다고 하여 나라의 병력을 감축한 것은 아니었다. 송대 직업 병사의 수는 꾸준히 증가하여 1081년경에는 91만 2,000명이라는 천문학적 규모에 달했다. 이들에 대한 급료 지급은 이민족 왕조에 대한 세폐 발송과 더불어 송 왕조의 재정을 압박한 중요한 원인 중 하나였다. 디터 쿤, 육정임 역, 2015, 《하버드 중국사 송-유교 원칙의 시대》, 너머북스, 75쪽.

23) 이러한 점에서 볼 때 남송대의 유명한 척화론자인 주희가 왕안석의 신법을 강력하게 비판했다는 것은 매우 시사적이다. 왕안석이 신법을 추진한 의도가 다름 아닌 송의 적극적 대외 팽창을 위한 군비 증강에 있었기 때문이다. 이범학, 1989, 〈왕안석의 대외경략책과 신법〉, 《역사와 인간의 대응-중국사편》, 고병익선생회갑기념 사학논총간행위원회 참조.

그는 모든 사업의 성과가 제도 변화보다 도덕의 부흥과 재정립에서 기인한다고 믿었다. 북벌의 구체적 방안을 제시한 진량(陳亮)에 비해 주희는 상세한 실행 방안을 제시하지 않고 군주의 수신(修身)을 강조하였다. 군사 문제의 개혁에 관한 주희의 대안은 진량보다 훨씬 더 근본적이며 급진적이었으나 또한 이상주의적이었으며 극단적이었다. 주희의 입론에 따르면 엄밀히 말해 과정이 도덕적이거나 정당하지 않은 승리 또는 성공은 인정받을 수 없었다.[25] 조선 중종대 사림파의 종장(宗匠)인 조광조의 발언은 무의 활용에 대한 주희의 입장을 극단까지 끌고 나간 것이었다.[26]

> 전쟁의 기회도 또한 한마음에 있을 뿐입니다. 옛날 제왕(帝王)이 이적(夷狄)을 대함에 있어서 도에 맞게 하는 것도 반드시 친히 그곳을 가보고서 안 것이 아닙니다. 모든 일을 다 인과 의로 한 것에 불가합니다. 그리고 올해 북방에 서리가 일찍 와서 농사 수확이 전혀 없으니, 만약 변경의 환란을 만나면 반드시 제어하지 못할 것입니다. 왕자(王者)가 이적을 대하는 데는 변경을 충실하게 하고 백성을 넉넉하게 하여 일이 일어나지 않도록 해야 할 것이고, 저들이 먼저 변경을 요란하게 하여 우리를 침범하면 부득이 대응하되, 죄를 묻는 군사를 서서히 일으키는 것이 본디 사

---

24) 주희와 진량의 왕(王)·패(覇) 논쟁에 대해서는 호이트 틸만, 김병환 역, 2010, 《주희의 사유세계-주자학의 패권》, 교육과학사, 213-219쪽을 참조하여 정리하였다.

25) 물론 유교 또는 성리학 사상 안에도 권(權) 또는 시중(時中)의 입장에서 전쟁 전후의 임시적 조치나 기만·책략에 가까운 행위를 얼마든지 합리화할 수 있는 여지가 있었지만, 그 조건은 이론상 성인이나 군자에 가까운 인물 그리고 권을 행할 수 있는 상황이어야만 인정되었다. 문제는 그 권의 기준이 명확하지 않다는 데 있었다. 그러나 이러한 모호성이 성리학 이념이 통치 현장에서 구현되는 과정에서 그 경직성을 덜어준 측면 또한 없지 않다.

26) 《중종실록》 권34, 중종 13년 8월 17일(갑신), "光弼曰 此眞儒者之至言也 但自三代以下 處置邊事 不得一從帝王之道也 今無乃可遺乎". 동일한 사안에 대해 같은 성리학자인 정광필(鄭光弼)의 입장은 훨씬 유연했다.

리에 마땅합니다. 그렇게 하더라도 우리의 병력을 살피고 헤아려야 하며 가벼이 움직여서는 불가한데, 하물며 명분 없는 거사이겠습니까? 비록 (또 다른 여진 추장) 주장합(住張哈)이 이 거사로 인하여 저절로 제어될 수 있다 하나, 아마도 반드시 그렇지는 않을 듯합니다. 옛날 성종조에 만포첨사 허혼(許混)이 사냥하는 오랑캐를 몰래 사로잡았더니, 이로 인하여 수십여 년 동안 변방의 근심이 그치지 않아서 백성들이 그 폐해를 받게 되므로, 성종께서 허혼을 베어서 앞으로 올 일을 징계하셨습니다. 지금 조정에서 대신을 보내어 숲속에서 오랑캐를 엄습하여 사기의 술책을 가지고 도적의 방법을 행하니, 국가의 사체(事體)에 어떻겠습니까? 신은 변방의 일만 일으키고 국가의 체면만 크게 상하게 될까 염려됩니다.[27]

조광조는 여진 추장 속고내(速古乃)를 기습하여 생포하자는 조정의 중론을 극력 반대하고 있다. 속고내는 조선을 침탈한 전력이 있는 회령부(會寧府) 주변의 성저야인(城底野人)이었다. 조광조는 그가 이번에는 침략한 것이 아니라 사냥하러온 것이기 때문에 생포의 명분이 없다는 논리로 병조판서 유담년(柳聃年) 등의 기습론을 반박하였다. 그리고 제왕이 이적을 대하는 도리는 먼저 인과 의로 상대하고, 그래도 복종하지 않을 때에만 민력을 해치지 않는 선에서 군사를 신중히 동원하여 정벌해야 한다고 주장하였다. 이러한 취지의 발언이 유교 또는 성리학 담론의 영향을 받아 나온 것이라는 점은 의심의 여지가 없다. 결국 중종은 조광조의 손을 들어 주었고, 속고내 기습 작전은 무산되고 말았다.

널리 알려진 바대로 신흥 무장 이성계(李成桂)와 신진사대부 세력

---

27) 《중종실록》 권34, 중종 13년 8월 17일(갑신).

은 1392년 성리학을 자신들이 세운 새로운 국가의 통치 이념으로 표방하였다.[28] 정도전(鄭道傳)을 비롯한 유자 관료들은 문·무의 병용, 문무불가편폐(文武不可偏廢), 문무일체지도(文武一體之道)의 이상을 종종 언급하였다.[29] 정도전의 다음 발언은 조선 초 사대부의 문무병용 인식을 드러낸 대표적인 사례로, 국가 통치의 양익(兩翼)을 담당하는 문·무 관료의 중요성을 강조한 내용이다.

> 예로부터 나라를 다스리는 사람은 문으로써 다스림을 이루게 되고 무로써 난리를 평정하게 되니, 문·무의 양직(兩職)은 사람의 두 팔과 같으므로 한쪽만을 두고 한쪽은 버릴 수 없습니다.[30]

이와 관련하여 문·무 관료를 선발하는 과거제 역시 문·무과 모두 실시해야 한다는 인식이 태조의 〈즉위교서(卽位敎書)〉에 보인다.[31] 이 교서는 정도전이 대필한 것이었다. 태종 역시 강무장(講武場) 설치 문제를 놓고 신하들을 힐난하면서 문무병용의 당위성을 설파한 바 있다.[32] 앞서 보았듯이 조선 초 사대부에게 바람직한 국가는 문·무의 기능이 상호 균형을 이루고 맡은 바 직분을 다하는 나라였고, 이상적 인재는 문·무를 겸비한 인물이었다. 문·무를 겸비한 군주,[33] 문·무를

---

28) 정도전(鄭道傳), 《삼봉집(三峰集)》 권7, 《조선경국전(朝鮮經國典)》 〈정보위(正寶位)〉, 〈국호(國號)〉.

29) 최영진, 2010, 〈조선시대 문/무에 대한 인식과 이론적 근거〉, 《유교사상연구》 41, 한국유교학회, 11~16쪽 참조.

30) 《태조실록》 권5, 태조 3년 2월 29일(기해).

31) 《태조실록》 권1, 태조 1년 7월 28일(정미), "文武兩科 不可偏廢".

32) 《태종실록》 권33, 태종 17년 2월 2일(기미), "古人云 文武竝用 長久之策 予欲竝用文武而不偏耳".

33) 《정종실록》 권3, 정종 2년 2월 4일(기해), "冊立弟靖安公【諱】爲王世子 句當軍國重事 王若曰 建儲貳 所以正國本 崇位號 所以定人心 玆遵典章 肅擧冊禮 惟爾靖安公【諱】資全文武 德備英明".

겸비한 재상[34], 문·무를 겸비한 수령[35]이 다스리는 나라가 이상적인 국가였다.

그러나 실제 조선은 문무병용의 이념보다 문치주의를 지향하였고, 송대와 같은 문관 우위의 관료 체제를 정비해갔다.[36] 무력 정변으로 정권을 잡은 태조·태종과 정도전을 비롯한 신진사대부들은 장군과 휘하 병력이 끈끈한 유대관계를 맺는 사병제를 혁파하는 데 각고의 노력을 기울였다.[37] 오랜 진통 끝에 1400년(정종 2) 4월, 왕세자 이방원(李芳遠)에 의해 사병제가 폐지되어 발병권(發兵權)이 국왕에 직속되었고,[38] 장군과 부하 병사 간의 사사로운 교제는 철저히 금지되었다. 그 결과 병조의 발병(發兵) 공문이 없으면 장군이라도 단 한 명의 병력도 부릴 수 없는 상황이 되었다.[39] 사병제 혁파는 국내 정치의 불안 요인을 제거하는 데는 성공했지만, '장수는 군인을 알지 못하고 군인은 장수를 알지 못하는' 상황[40]을 초래하는 데 일조하였다. 임진왜란 때 도체찰사로 전쟁을 총지휘한 경험이 있는 류성룡은 국초 사

---

34) 《세종실록》 권33, 세종 8년 7월 14일(을사), "遣禮官 致祭于卒左議政(仍令)致(死)〔仕〕 柳廷顯 其祭文曰 …… 且以經文緯武之略 乃膺出將入相之權".

35) 《태조실록》 권3, 태조 2년 5월 30일(갑술), "敎曰 守令 兼任軍民 必文武專才 可當其任".

36) 이하 서술한 조선 전기 문치주의 체제 지향은 주로 임민혁, 2004, 〈임진왜란 전후 국방 의식 변화와 국방 전략〉, 《군사사연구총서》 4, 국방부 군사편찬연구소, 72~88쪽; 정해은, 2012, 〈조선시대 군사사상〉, 《한국군사사 12권-군사사상》, 육군군사연구소 기획·주간, 육군본부, 124~129쪽을 참조하였다.

37) 김종수, 2002, 〈조선 초기 중앙군제의 정비와 사병제 개혁〉, 《조선의 정치와 사회》, 최승희교수정년기념논문집간행위원회, 32~35쪽 참조.

38) 《정종실록》 권4, 정종 2년 4월 6일(신축), "罷私兵".

39) 《세종실록》 권66, 세종 16년 10월 27일(경오), "黃喜議曰…又無兵曹公文 雖一隊副護軍 不得擅發".

40) 신숙주(申叔舟), 《보한재집(保閑齋集)》 권13, 책(策) 〈치사병례대신분정권복정방(置私兵禮大臣分政權復政房)〉, "革私兵者 懲高麗權臣跋扈之弊也 夫私兵之設 初欲居京城而衛王室 及其弊也 君弱臣強 冠屨倒置 此私兵之不可不革也 而昇平日久 兵備惰弛 將不識兵 兵不知將 倉卒不可用也 此所以有復私兵之請也".

병제 혁파의 빛과 그늘을 선조에게 다음과 같이 보고하였다.

> 전조인 고려 때는 권신들이 병사를 갖고 있었지만 본조에서는 이 폐단을 없애버렸기 때문에 내환은 없어졌어도 외우가 있게 되었습니다. 출전할 때에는 단지 장수만 있고 평소부터 소속된 병사가 없습니다.[41]

사병을 혁파한 조선은 확실한 문관 우위의 정치 체제 수립에 주력하였다. 이것은 문·무관을 차별하는 여러 제도적 장치에 의해 구현되었다.[42] 첫째, 서반(西班) 즉 무반의 품계에는 2품 이상을 두지 않았다. 무관으로 2품 이상의 직위에 오를 때에는 문관의 품계인 동반의 품계를 빌려야 했다. 임진왜란 초기 해전에서 빛나는 전공을 세운 이순신에게 가자된 품계도 자헌대부(資憲大夫), 즉 정2품 하계(下階)의 문산계(文散階)였다.[43]

둘째, 조선시대 관료제의 꽃이자 고위 관직으로 승진하는 지름길인 청요직도 문관이 훨씬 많았다. 청요직은 문자 그대로 맑고[淸] 중요한[要] 관직이라는 의미였는데, 순자법(循資法)의 구애를 받지 않고 고속 승진이 가능한 특혜를 받았다. 주로 유교 정치 이념의 구현과 관련된 정3품 당하관 이하의 문관직으로 구성되었다.[44] 문관은 의정부·육조·사헌부·사간원·홍문관·승정원·예문관 등에 청요직이 있었는데 비해, 무관은 도총부와 선전관에 불과하였다. 그나마 선전관은

---

41) 《선조실록》 권48, 선조 27년 2월 27일(병자).

42) 국초 무신에 대한 차별책은 정해은, 2012, 앞의 책, 130~133쪽을 주로 참조하여 정리하였다.

43) 《선조수정실록》 권26, 선조 25년 6월 1일(기축).

44) 조선시대 청요직에 대해서는 송웅섭, 2017, 〈조선시대 관직의 꽃, '청요직' 이야기〉, 《역사학자들이 본 역사 속 행정 이야기》, 한국행정연구원 편, 혜안 참조.

문관이 겸하는 자리가 따로 배정되어 있어 무관의 몫은 더욱 줄어들었다. 아래 사료에 인용된 세조대 양성지(梁誠之)의 상소문은 이에 대한 무관들의 불만이 작지 않았음을 잘 보여준다.

> 문과 무를 하나 같이 대접해야 한다는 것입니다. 대개 예로부터 문·무 사이에는 시기와 혐오가 일어나기 쉽습니다. 문리(文吏)는 세력도 있고 청요(淸要)의 직위를 가지나 무반은 부지런히 고생하면서도 권세가 없으니, 만일 임금이 편파적으로 문신을 믿고 언어와 예모에 있어 그들을 대하는 것이 혹 다르게 되면, 고려 때 경인년과 계사년의 일이 실로 염려됩니다.[45]

위의 자료는 집현전(集賢殿) 직제학(直提學) 양성지가 왕위에 오른 지 얼마 안 되는 세조를 위하여 민심 수습, 제도 정비, 토속(土俗)의 적절한 준용 등을 건의한 상소문의 일부이다. 그는 왕위 교체 이후 정치 안정에 필요한 여러 현안을 언급하면서 문·무관의 차별 없는 대우도 함께 헌의(獻議)하였다. 아울러 무관에 대한 천시가 지속될 경우 고려시대의 무신정변(武臣政變)과 같은 최악의 사태가 일어나 왕조의 정치가 큰 혼란에 빠질지도 모른다는 경고도 덧붙였다. 경인년의 일은 1170년 정중부(鄭仲夫)가 이의방(李義方), 이고(李高) 등과 함께 반란을 일으켜 의종(毅宗)을 폐위하고 여러 문신을 축출한 사건이다. 그리고 계사년의 일은 1174년 서경유수 조위총(趙位寵)의 반란 이후 정중부가 실권자 이의방을 제거하고 정권을 완전히 장악한 일련의 사건을 가리킨 것이다.

---

45) 《세조실록》 권1, 세조 1년 7월 5일(무인).

아울러 관직의 규모에서도 문관 쪽이 훨씬 유리하였다. 《경국대전》에 기재된 문관과 무관의 실직(實職) 수는 전자가 1,779개, 후자가 3,826개로 도합 5,605개에 달하였으나, 무록관(無祿官)과 체아직(遞兒職) 등을 제외한 정직(正職)의 수는 문관이 1,579개인 데 비해 무관은 821개에 불과하였다.

셋째, 전술과 전투보다 전략이 우월하다는 분위기 속에서 문관이 병권을 장악하는 관료제 운영을 들 수 있다. 이것은 문관이 군사 관련 관서의 최고위직을 겸직하거나 무관의 독자적 지휘권을 무력화하는 방식으로 이루어졌다. 조선 전기에는 오위도총부(五衛都摠府)의 사령관인 도총관과 오위장(五衛長)을 겸직으로 운영하였고, 조선 후기에는 훈련도감·어영청·금위영의 대장(종2품) 위에 문관 도제조(정1품)와 제조(정2품)를 두어 주로 병조판서가 겸직하도록 하였다. 국가 유사시 국왕을 대신하여 고위 문관 재상이 후방에서 전쟁을 총지휘하는 체찰사제(體察使制)도 조선 전기를 경과하며 정착되었다.[46] 전선에는 부대를 총지휘하는 도원수가 파견되었는데, 이 역시 고위 문관 관료가 주로 임명되었다. 그 결과 실제 병력을 통솔하여 전투에 참여하는 고위 무관은 도원수의 통제를 받는 구조가 성립되었다.[47]

넷째, 교육 기관의 운영에서도 문관은 서당·향교·성균관 등의 예비 교육 기관이 있었으나 무관 지원자를 위한 교육 기관은 전무하다시피 하였다. 성균관의 예를 따라 강태공(姜太公) 여망(呂望)의 무묘(武廟)를 훈련원에 건립하자는 세종대 박아생(朴芽生)의 상소는 문무일

46) 조선 전기 체찰사제의 성립에 대해서는 김순남, 2007, 《조선 초기 체찰사제 연구》, 경인문화사 참조.

47) 임진왜란기 군령·군사지휘권의 구조에 대해서는 차문섭, 1983, 〈조선 중기 왜란기의 군령·군사지휘권 연구-도체찰사·도원수를 중심으로〉, 《한국사학》 5, 한국학중앙연구원 참조.

체의 도에 어긋난다는 이유로 받아들여지지 않았다.[48]

국초의 문·무 인식 및 무신에 대한 차별 기제와 연관하여 눈여겨 보아야 할 지점은, 무과의 은영연(恩榮宴)을 문과의 예식과 같이 베풀어달라는 예조의 요청에 대한 태종을 비롯한 군신의 반응이다.[49] 은영연은 국왕이 문·무과 합격자에게 내려주는 축하연이었다. 아래 사료에 보이듯이, 예조에서는 무과 합격자에게도 문과와 마찬가지로 은영연의 하사를 요청하였지만, 태종은 이에 대해 부정적 의견을 표한다. 다른 신료들 역시 문무병용이 아닌 문무병립은 불가하다는 데 동의하며 왕의 의사를 지지하였다. 다만 이후 기록을 보면 무과 합격자를 위한 은영연은 폐지되지 않은 채 계속 시행되었다.

> 예조에서 무과의 은영연을 베풀어주도록 청하였다. 상이 "문과처럼 조복을 입은 관인이 행차하는 큰길에서 소리쳐 행인을 물러나게 할 필요가 없을 것 같으니, 은영연 같은 일은 폐지하는 것이 좋겠다. 무사들은 바람이 순조롭고 날씨가 화창한 때에 활을 당겨 활쏘기를 연습하는 것이 바로 그 낙(樂)이다. 그 공(功)이 어찌 유생들이 한 권의 《대학》을 궁구함에 미치겠는가? 그중에서 1등 세 사람에게 모두 1계급씩 승진시켜 도목정(都目政, 인사 고과 및 행정) 때 벼슬을 받는 사람과 같게 한다면, 이것으로도 족할 것이다."라고 말하였다. 여러 신하가 "문·무를 병용하는 뜻이라면 좋겠지만, 문·무를 병립시킨다면 불가합니다. 오늘날 무과를 설치한 것은 오직 무사를 권장하기 위한 것이니, 성상의 하교가 진실로

48) 《세종실록》 권51, 세종 13년 3월 17일(신사), "上覽司馬溫公議曰 文武非二致也 若別立武成王廟 其不經甚矣 詳定所提調孟思誠許稠鄭招等議曰 自古建文廟以祀孔子者 非爲專文 乃以天縱之聖 垂訓萬世 爲百王之師故也 今若別立武廟 則是孔子專文 太公專武 而非文武一體之道也 況本朝當試武科之時 幷試經書 則非以文武爲二也 且建武廟之非 溫公已嘗著論 今何更議 上然之".

49) 최영진, 2010, 앞의 논문, 16쪽 참조.

옳습니다."라고 아뢰었다.[50]

군사력과 무의 중요성을 누구보다 잘 알고 있었던 태종이지만, 무사의 활쏘기와 유생의 《대학》 읽기의 가치는 명확히 차등하여 인식하였음을 알 수 있다. 태종에 동조하는 신하들의 발언을 보면, 문무병용과 문·무의 병립은 같은 의미가 아니라는 점이 더욱 분명해진다. 관련하여 무과에서 요구되는 무예 기술은 문과에서 요구되는 유교적 소양에 비해 상대적으로 낮게 평가되는 것이 일반적이었다. 후대의 자료이기는 하지만 《명종실록》의 사론은 문·무 인식의 참뜻을 좀 더 분명하게 보여준다. 문·무는 마땅히 병용해야 하는 것이지만, 본(本)·말(末), 중(重)·경(輕), 선(先)·후(後)의 위계 또한 동시에 존재하였다.

> 사신은 논한다. 왕이 친히 열병하는 까닭은 거마(車馬)를 훈련하기 위한 것으로 왕정(王政)에서 폐지할 수 없는 것이다. 문과 무를 병용해야 한다고 하지만 그 선후는 있는 것이다.[51]

국초 문치주의의 지향은 특히 무관의 선발에 있어서 문무겸전의 자질을 중시하는 풍조로 나타났다.[52] 사병제 혁파 2년 뒤인 1402년(태종 2)부터 실시된 조선의 무과는 《무경칠서(武經七書)》와 같은 병서에 대한 지식과 함께 마보(馬步)·무예에 능숙한 자를 선발하기 위한 시험이었다.[53] 고려 중기 이후로 병서 강의와 무학 습득은 개인적 차원

50) 《태종실록》 권21, 태종 11년 5월 8일(무신).

51) 《명종실록》 권11, 명종 6년 3월 21일(기유).

52) 조선 전기 무관에 대한 병서 및 경서 교육의 추이에 대해서는 윤훈표, 2014, 〈조선 전기 병서의 강의와 무학 교육〉, 《역사문화연구》 49, 한국외국어대학교 역사문화연구소를 참조하였다.

에서 이루어졌으나, 고려 말 신진사대부가 등장한 이후 무신도 병서의 지식을 습득해야 한다는 주장이 힘을 얻었기 때문이다. 그리하여 병학 또는 병서에 대한 지식이 무관의 출세에 반드시 필요한 요건이 되었다. 세종대에는 무과 강서(講書) 시험에 유교 경전까지 포함시켰다.[54] 무신이 되려면 적어도 병학과 함께 유학의 기본 경서 정도는 알아야 한다는 의미였다. 즉 문치가 기본 전제임을 분명히 한 것이다. 당대 조선에서 무의 능력은 문의 소양을 기본으로 한 상태에서 발현되는 것이 가장 이상적이라고 여겨졌다. 조선 7대 국왕 세조가 장수의 자질을 수련의 측면에서 아래와 같이 세 등급으로 나눈 것은 문무겸전의 인식을 보여주는 대표적인 사례라 할 만하다.

> 항상 활쏘기·말달리기를 일삼고 겸하여 유술을 익히는 자가 상품의 인물이다. ……
> 학자를 비방하고 무용을 숭상하되 마음에 경거망동을 삼가는 자는 중품의 인물이다. ……
> 힘을 믿고 세력을 의지하여 사람을 만나면 거만하게 대하는 자는 하품의 인물이다.[55]

반면 문관에게 병학과 무예를 익히도록 강제하는 조치는 시행되지 않았다. 다만 유장(儒將) 즉 문관이지만 무재를 갖춘 인물의 등용과 변지(邊地) 배치가 강조되기는 하였으나 큰 실효를 거두지는 못했다.[56] 문관들의 기피와 반발이 주요 원인이었다. 문무 일체를 강령으

---

53) 《태종실록》 권3, 태종 2년 1월 6일(기축).

54) 《세종실록》 권86, 세종 21년 8월 21일(정유), "御思政殿 上親抽武經與經書中一書 講武擧人".

55) 세조, 《병장설(兵將說)》 〈장설(將說)〉.

로 내걸면서 문관과 무관을 상호 교차하여 임용하는 조치도 문관들의 집요한 반대로 제동이 걸렸다.[57] 무관에게 가끔씩 제수되던 승지직(承旨職)도 박원종(朴元宗)의 임명 좌절을 계기로 더 이상 시행되지 않았다.[58]

문무겸전의 무관을 등용해야 한다는 이상 역시 현실에서는 실현되기 어려웠다. 무예에 뛰어난 응시자는 강경(講經)에서 좋은 점수를 받기 힘들었고, 반대로 강경에서 높은 점수를 받은 응시자는 무예가 시원치 않은 경우가 많았다.[59] 《무경칠서》 중에서도 가장 쉽고 내용이 적은 《오자병법(吳子兵法)》의 강경에만 응시자가 몰렸다. 현직 무관에게도 무예 단련과 함께 병서 읽기가 권장되었으나, 양쪽 다 능숙해진다는 것은 권근(權近)의 술회대로 불가능에 가까웠다.

> 후세에 가르치는 법이 폐지되고 해이해지면서부터 사람들이 각기 그 자질에 가까운 것만을 학습하여, 문사는 사리에 어두우며 고지식하고 무사는 교만하거나 사나웠다. (그러다 보니) 백성을 친근히 할 사람을 구하면 대개 방어하는 일에 능력이 딸리고, 방어할 수 있는 사람을 구하면 더러 믿고 책임 지우기에는 부족하였다. 대체로 평소의 학습이 각각 한 가지에만 구애되어 서로 넘나들지 못하였기 때문이다.[60]

---

56) 임민혁, 2004, 앞의 논문, 88~99쪽 참조.

57) 윤훈표, 2014, 앞의 논문, 69쪽.

58) 《성종실록》 권269, 성종 23년 9월 10일(무인), "【史臣曰 上以文武一體 參用武臣爲承旨 如邊脩 李季仝 李拱 梁瓚 金世勣 吳純 李朝陽 曺克治 邊處寧是也 及元宗爲承旨 廷議駁以爲不稱 遞爲參議 自是不復用武臣爲承旨】".

59) 유진 Y. 박(Eugine Y. Park), 2010, 〈조선 후기의 무과 제도와 한국의 근대성〉, 《한국문화》 51, 서울대학교 규장각한국학연구원, 303쪽.

60) 권근(權近), 《양촌집(陽村集)》 권12, 기(記) 〈의흥삼군부사인소청벽기(義興三軍府舍人所廳壁記)〉.

이러한 상황 속에서 무과 응시자에게 요구되는 강경은 형식화되거나 수준이 낮았다. 비정기적으로 거행된 다양한 종류의 별시 무과는 간소한 절차로 인원을 선발하였는데 강경보다 무예 시험을 강조하였다. 한편 정치적·사적 이유로 시행된 별시 무과의 정원은 정기 시험인 식년 무과의 정원 28명을 크게 초과하였다. 임진왜란 이전 100명 이상을 선발한 광취무과(廣取武科)는 7차례였고 총 3,215명의 인원을 선발하였다.[61] 동시에 실시된 별시 문과의 선발 인원은 124명에 불과하였다. 선발 인원이 비정상적으로 증가함에 따라 무과에 급제하고도 출사하지 못하는 대기자인 출신(出身)들의 불만도 점점 증가하였다.

앞서 살펴본 여러 요인은 무과가 문과에 비해 상대적으로 쉬운 출사로(出仕路)라는 인식을 형성시켰으며, 무과 급제자의 자질 저하에도 일정하게 기여하였다.[62] 이러한 상황이 진전되던 조선 전기의 군역제 역시 제 기능을 다하지 못했다. 양인 감소와 천민 증가, 사족의 군역 기피와 면역 계층화, 대립제의 발생 등은 군적에 남아 있는 양인 농민의 부담을 가중시켰으며, 동시에 군역이 사회문화적으로 고역화(苦役化)·천역화(賤役化)되는 데에도 일조하였다.[63] 그럼에도 불구하고 조선 전기 무과 출신의 정치적 위상과 사회적 지위는 높았으며 양반층이 무과를 독점하다시피 하였다. 16세기에 접어들면서 중앙 관료 체계 내 무관의 입지가 이전에 비해 상대적으로 좁아졌지만, 여전히 사족들은 자신들의 출사 경로로 문·무과를 차별하지 않았고 가

61) 심승구, 2002, 〈조선 후기 무과의 운영 실태와 기능-만과(萬科)를 중심으로〉, 《조선시대사학보》 23, 조선시대사학회, 151쪽.

62) 유진 Y. 박, 2010, 앞의 논문, 303쪽 참조.

63) 임용한, 2012, 〈군역제의 동요〉, 《한국군사사 5권-조선 전기 Ⅰ》, 육군군사연구소 기획·주간, 육군본부 참조.

족 내에도 문·무과 출신이 혼재하였다고 한다.[64]

이러한 분위기는 17세기부터 전환되기 시작하였다. 그 결정타는 왜란과 호란 이후 빈번하게 실시된 일명 만과(萬科)라고 부른 광취무과(廣取武科)였다. 조선 후기에 실시된 만과는 1,000명 이상을 선발한 무과를 지칭하였는데, 많게는 2만여 명 가까이 선발하기도 하였다.[65] 많은 인원이 선발되면서 점차 천인을 포함한 피지배계층에게도 문호가 개방되었고, 무과 합격자의 신분이 저하됨에 따라 그 위상 역시 추락하였다. 한편 무과에 합격한 피지배계층이 곧바로 관직을 제수받기는 쉽지 않았다. 합격자 중 누가 더 빨리 요직에 나아가느냐에는 여전히 문지(門地), 즉 가문의 배경이 중요하게 작용하였기 때문이다. 따라서 출사 경로로서 무과의 효능은 이전만큼은 아니었지만 사족에게 여전히 중시되었다.[66]

광취무과는 원래 변방에 배치하는 부방(赴防) 군사를 충원하기 위해 실시되었으나, 안보 위기가 사라진 이후에도 재정적·정치적인 목적으로 존속되었다. 우선 광취무과에 합격한 출신들에게 북변 부방을 면제해줌으로써 군포를 받아 재정을 보충하였다. 동시에 조선 후기 무과의 기능은 신분 상승을 열망하는 각 계층의 불만을 누그러뜨리는 완충제로서 본격적으로 전환되기 시작하였다. 그리고 붕당 간의 갈등이 격화되어 재경(在京)의 일부 양반 사대부 가문이 한정된 경외(京外) 관직을 독점하기 시작하자, 그 대응의 일환으로 무반벌족(武班閥族) 가문이 형성되었다. 이들은 집권 세력의 후원을 받으며 군영

64) 유진 Y. 박, 2010, 앞의 논문, 305쪽 참조.

65) 심승구, 2002, 앞의 논문, 152쪽 참조.

66) 정해은, 2001, 〈조선 후기 선천(宣薦)의 운영과 선천인의 서반직 진출 양상〉, 《역사와 현실》 39, 한국역사연구회, 129쪽.

의 고위직에 진출하였고 그 대가로 충성을 바쳤다.[67]

이상에서 살펴본 무·무관·무과의 저하된 위상과 인식은 조선 후기의 다양한 자료를 통해 확인된다. 임진왜란 당시 선조는 국방력의 저하가 경상도의 숭문천무 풍조에서 비롯된 것이라고 진단한 바 있으며,[68] 정묘호란 직전 호패법 실시에 반발하는 여론을 보고하려고 작성해두었던 장유(張維)의 차자에서도 군적 편입을 수치스러워한 사족의 시각이 잘 나타나 있다.[69] 권무청(勸武廳)을 설치하여 유업(儒業)을 갖춘 무인을 확보하려는 조정의 노력이 당사자의 반발에 부딪힌 것도 무업(武業)에 대한 당시 사족들의 상대적 거부감을 반영하는 사례로 생각된다.[70] 경상도 선산의 무반 가문 출신인 노상추(盧尙樞, 1746~1829)를 비롯하여 그의 조부와 아들이 처음에 희망하였던 출사 경로가 무과가 아닌 문과였다는 점도 시사적이다.[71]

특히 국문학자 정재민이 야담·설화 등에서 발굴한 사례는 당대 조선 사회의 무관 인식의 한 단면을 생생하게 보여준다.[72] 별시 무과

---

67) 조선 후기 무반 벌열의 대두에 대해서는 장필기, 2004, 《조선 후기 무반벌족 가문 연구》, 집문당; 유진 Y. 박, 유현재 역, 2018, 〈벌열 무반의 대두〉, 《조선 무인의 역사, 1600~1894년》, 푸른역사, 66~109쪽 참조.

68) 《선조실록》 권43, 선조 26년 10월 22일(임인), "上曰 …… 聞慶尙道風俗 人有子兄弟 一子能文 則坐於堂上 一子業武 則坐於庭中 如視奴隷 國家之有今日 慶尙道誤之也 昔陸象山教子弟習武 王陽明善騎射 我國只持册子 以教子弟 岐文武爲二道 甚無謂也".

69) 장유(張維), 《계곡집(谿谷集)》 권17, 소차(疏箚) 〈논군적의상차(論軍籍擬上箚)〉, "世降衰叔 綱維解紐 士族之游惰自便 其來也久矣 一隸軍役 則鄉里不齒 婚嫁不售 故人之避軍役 如避死焉".

70) 정해은, 2007, 〈17세기 상천(常賤) 무과 급제자에 대한 차별과 사족의 권무(勸武)〉, 《조선시대사학보》 42, 조선시대사학회, 146~149쪽 참조.

71) 문숙자, 2009, 《68년의 나날들, 조선의 일상사-무관 노상추의 일기와 조선 후기의 삶》, 너머북스, 89쪽, 121쪽.

72) 정재민, 2015, 〈무인구관담의 전승 변이와 문인-무인의 관계〉, 《한일군사문화연구》 20, 한일군사문화학회; 정재민, 2016, 〈조선 후기 설화에 나타난 무인의 위상과 문무 관계〉, 《한일군사문화연구》 21, 한일군사문화학회.

에 합격한 능력 없는 급제자를 비웃는 이야기, 집정자인 고위 문관에게 다양한 방법으로 뇌물을 제공하며 관직을 구걸하는 무인의 이야기, 문관 앞에서 자신을 소인(小人)이라고 낮추어 부르는 정충신(鄭忠信)의 이야기, 후일 인조의 국구가 되는 한준겸(韓浚謙)이 자신의 신분을 무부(武夫)로 속이고 통성명하자 상대방인 학사(學士)로부터 무시와 모욕을 받은 이야기, 부당한 행위를 했다는 이유로 양주목사의 뺨을 후려친 무인 양익표(梁翼彪)의 이야기 등은 다소 과장이 섞여 있는 허구이기는 하지만, 당대인이 가진 무에 대한 인식의 심연을 보여준다는 점에서 흥미롭다. 경연에 참여한 조선 17대 국왕 효종은 무신이 천시받는 당시의 세태를 아래와 같이 지적하면서, 그 결과 무관은 자신의 직분에 어울리는 능력을 잃어버리고 문관의 흉내만 내는 유약한 존재가 되고 말았다고 한탄하였다.

> 문관은 글을 숭상하는 것보다 더한 것이 없고 무관은 무예를 숭상하는 것보다 더한 것이 없으므로 국가에서 취하는 것도 여기에서 벗어나지 않는다. 그런데 지금은 그렇지가 않아서 문관으로서 무변(武弁) 같은 사람인 경우에는 으레 경시당하기 일쑤이지만, 무관으로서 서생 같은 사람인 경우에는 바야흐로 용납받고 있다. 따라서 무관으로서 말달리기를 좋아하면 반드시 광패(狂悖)스럽다고 지목하니, 풍조가 괴이하기 그지없다. (서진의 명장인) 양호(羊祜)나 두예(杜預)처럼 가벼운 갖옷에 느슨한 띠를 띤 사람을 다시 볼 수가 없으니, 지금 세상에 무관으로서 서생처럼 생긴 자가 어떻게 전진(戰陣) 사이에서 힘을 발휘할 수 있겠는가?[73]

---

73) 《효종실록》 권1, 〈효종선문장무신성현인대왕행장(孝宗宣文章武神聖顯仁大王行狀)〉.

위와 같은 상황 판단은 3부의 서두에서 검토한 정조의 문·무 인식과 매우 유사하다. 선행 연구는 군제 개편, 병서 편찬, 문무관(文武官) 시사(侍射), 《이충무공전서》 편찬 등의 행위를 정조의 문무겸전론과 연결하여 취약한 왕권의 강화를 위해 군사력의 증강을 도모한 것이라는 맥락으로 설명하였다.[74] 그러나 문·무와 관련된 국초 이래의 담론을 살펴본 결과 정조의 문무겸전론은 어디까지나 문을 우위에 둔 문무병용의 논의와 더 가깝다는 점을 확인할 수 있었다. 다음 사료에서 보이듯이, 정조는 문·무의 불균형이 초래하는 폐단에 대해 잘 알고 있었다. 더불어 문·무의 균형을 잡는 것이 쉽게 해결하기 어려운 미묘한 문제라는 점 또한 인지하였다.

> 송나라의 정치는 오로지 문교만 숭상하였으므로 역대에서 무위가 가장 떨치지 못하였다. 뿌리가 허약해져 오랑캐들이 침략한 바람에 고상한 이야기와 태연한 걸음걸이가 필경에는 넘어지고 위태로운 형세를 부축하고 지키는 데에 도움이 되지 않고 말았는데, 이는 후세에 마땅히 거울로 삼아 경계해야 할 것이다. 대체로 문·무를 아울러 사용하는 것은 예로부터 어려웠다. 상호 부족한 것을 보완하는 것은 또한 상리(常理)인데, 어떻게 하면 관대하고 질박한 것을 주로 삼고, 강력하고 굳센 것으로 구제하여 문약에 이르지 않고 무력을 남용하는 데 이르지 않게 할 수 있겠는가? 대체로 예악을 숭상하면서도 활쏘기와 말타기를 폐지하지 않고 농사의 여가에 수렵을 잊지 않으며, 군사 훈련을 하는 가운데 시서예악(詩書禮樂)의 글을 익히고 차분하고 여유 있게 예절을 갖추면서도 군대

74) 박성순, 2008, 〈정조의 경장책과 왕권강화론-문무겸전론과 실학적 경세관을 중심으로〉, 《동양고전연구》 31, 동양고전학회; 최형국, 2012, 〈정조의 문무겸전론과 병서 간행-인식과 의미를 중심으로〉, 《역사민속학》 39, 한국역사민속학회.

의 앉고 서며 나아가고 물러가는 절도에 익숙하게 하는 것은, 옛날 성왕(聖王)의 헤아릴 수 없는 신묘한 능력이 (문·무) 두 가지 측면에 있었기 때문이다. 내가 비록 덕이 없지만 이것을 소원하고 있는데, 어떤 방법으로 이렇게 할 수 있겠는가?[75]

무와 관련하여 국왕 정조가 진정 고민한 문제는 군사력의 강화 또는 문·무의 위상 교체라기보다 건국 이래 문치주의의 지향 속에서 지나치게 저하된 무·무관·무인의 위상과 자부심을 높임으로써 무 본연의 기능과 의미를 회복하는 것이었다. 관련하여 정조가 역점을 둔 군제 개편과 병서 편찬 등의 사업도 군사력의 직접적 강화라기보다 계지술사와 문무일체의 맥락에서 시행된 것이라고 생각한다. 바로 이것이 정학(正學, 성리학) 수호를 표방한 성군(聖君) 정조가 마땅히 지향해야 할 이상이자 목표였다. 다음부터는 이상의 논지를 좀 더 상세히 논증해보겠다.

---

75) 《정조실록》 권15, 정조 7년 6월 26일(병술).

2.
정조의 문무겸전론과 병학 사상

정조의 문·무 인식을 본격적으로 살펴보기에 앞서, 당대 조선이 군사력의 비약적 증강을 도모할 절실한 필요가 있었는가 하는 점을 재차 검토해볼 필요가 있다. 본서의 1부에서도 살펴보았듯이 정조대의 대청·대일 관계는 특별한 갈등이나 현안이 없는 안정기였다. 청으로부터의 군사 기술 수용에 대해 검토한 강석화는 정조 재위기에 해당하는 18세기 중반 이후 조·청 양국 간에 군사 분야의 교류나 상호 영향이 미미하였음을 논증하였다.[76] 아울러 그 원인으로 두 나라가 함께 맞서야 할 공동의 적이나 어느 한 나라를 심각하게 위협할 것으로 예측되는 적대국이 없었던 상황을 지적하였다.

정조가 검약 및 중농 분위기의 쇄신이라는 대내적 목표에 따라 은광 개발을 억제한 점도 눈에 띈다.[77] 당시 조선이 은의 확보나 유통에 애로를 겪고 있었음에도 불구하고 은광 개발을 제한한 것은, 정조

76) 강석화, 2018, 〈17, 18세기 조선의 청 군사 기술 수용〉, 《조선시대사학보》 67, 조선시대사학회, 357쪽.

77) 권내현, 2019, 〈조선 후기 은광 개발 억제의 배경과 실상〉, 《한국사연구》 184, 한국사연구회 참조.

의 일차적 관심사가 외적을 방어하기 위한 군사력의 증강이라기보다 국내 치안의 유지와 내란의 방지에 있었다는 점을 방증한다. 그는 자신의 은광 정책을 무본억말(務本抑末)에 입각한 선조와 영조의 정책을 계승한 것이라고 천명하였다. 영조대 은광 개발을 반대한 신료들은 광산에 유민과 무뢰배들이 모여들어 도적으로 변신할 수 있다는 점을 우려하였다.[78] 일본 전국시대에 번(藩)의 존망을 걸고 싸우던 다이묘들이 군자금 마련을 위해 금·은·동광의 개발을 적극 장려하였던 것과는 매우 대조적 행보였다.

1779년(정조 3) 세 번째 도전 끝에 34세의 나이로 무과에 합격하여 벼슬길에 오른 노상추는 만년에 무관을 바라보는 당대 사회의 시선을 다음과 같이 묘사하였다.

> 옛적의 이름난 유학자들은 무부(武夫)를 천하고 비루한 무리라 칭했는데, 이는 구하여 나아갈 때 염치가 없고 구차하게 얻어도 부끄러워할 줄 모르며 주색만 좋아하고 명교(성리학)를 알지 못하기 때문이다.[79]

정조는 크게 저하된 무관·무인의 위상과 사기를 높이기 위해 부심하였다. 널리 알려진 대로 영조와 정조는 탕평 차원에서 서북 지역 무풍의 진작을 위해 비상한 노력을 기울였다. 정조는 서북 지역민의 등용을 염두에 둔 다양한 무과·무재(武才)를 실시함으로써 소외된 민심을 수습하려고 애썼다.[80] 문·무관이 길에서 만났을 때에는 품계의 고하에 따라 예를 갖추게 함으로써, 낮은 관품의 문관이 높은 관품의

---

78) 《승정원일기》, 영조 27년 8월 3일 등.

79) 《노상추일기》, 순조 8년 10월 18일.

80) 오수창, 2002, 《조선 후기 평안도 사회 발전 연구》, 일조각, 108~126쪽.

무관을 능욕하여 갈등이 발생하지 않도록 조치하였다.[81] 순장(巡將)의 차임도 전례대로 문·무의 균형을 맞추도록 하였으며,[82] 무과에 응시하는 영남 지역 무사의 인원이 감소하자 우려를 표하기도 하였다.[83] 문관에 비해 승진 속도가 현저히 낮은 무관의 인사도 지적하였다.[84] 그러나 국왕 정조가 문무병용과 관련하여 시행한 조치는 문·무의 근본적 위상 변화를 추구한 것이라고 보기는 어렵다.

정조의 병서 편찬과 이와 연관된 병학에 대한 관심도 문무병용 또는 문무겸전이라는 관점에서 재독해할 수 있다. 지금까지 정조의 병서 편찬은 주로 군제 개혁, 왕권 강화, 병법 발달이라는 관점에서 조망되어왔으며, 병학에 대한 관심 역시 '무'에 대한 남다른 가치 부여라는 점에서 주목되어 왔다. 이러한 그의 행위는 숭문호학, 정학 수호, 문예 군주의 이미지와는 이질적이거나 다소 대립적인 것으로 이해된 경향이 없지 않다. 그러나 앞서 살펴보았듯이 국초 이래 있어온 문무병용·문무일체·문무겸전 등의 논의와 맥락을 보면, 정조의 문·무 양 측면과 관련된 행위는 통합적이고 일관된 것이었음을 깨닫게 된다.

정조가 추진한 다양한 사업이 영조를 비롯한 조종(祖宗)의 유지를 계승하는 계지술사를 표방하며 이루어졌다는 점은 일찍부터 주목되었다.[85] 정조는 즉위 초 황경원(黃景源), 이휘지(李徽之), 홍국영 등의 신하들을 면대한 후 내린 교서에서 "선대의 뜻과 사업을 계승하는 것

---

81) 《정조실록》 권7, 정조 3년 2월 25일(경진).

82) 《정조실록》 권11, 정조 5년 6월 4일(을해).

83) 《정조실록》 권39, 정조 18년 2월 15일(계유).

84) 《일성록》, 정조 18년 11월 24일(무신).

85) 정형우, 1970, 〈정조의 문예 부흥 정책〉, 《동방학지》 11, 연세대학교 동방학연구소; 노대환, 2016, 《영조시대를 계승한 정조의 인간상》, 한국학중앙연구원 등.

은 국왕의 크나큰 일이며, 유학을 숭상하고 도를 중히 여김은 국가의 급선무인 것이다."라며[86] 계지술사와 숭유중도(崇儒重道)가 국정 운영의 중요 지침임을 천명하였다. 성리학을 국시로 한 조선에서 계지술사와 숭유중도는 다소 진부하다고 여겨질 정도의 슬로건이었지만, 정조의 경우 전방위적으로 그리고 매우 철저하게 그것을 실천하려고 했다는 점에서 다른 왕들과 크게 차별된다.

그는 숙종과 영조의 유지를 계승하여 규장각을 설치하고[87] 대보단 제향에 적극 참여하는 한편, 대명의리론의 정리를 위해 《존주휘편》을 편찬하였다.[88] 영조의 완론탕평 정책을 계승하여 준론탕평 정책을 펼친 것도 유명한 사실이다.[89] 정조대의 편찬 사업 역시 영조대의 성과를 계승 또는 보충한 것이었다.[90] 그 예로는 《명의록(明義錄)》·《속명의록(續明義錄)》, 《무원록(無冤錄)》·《증수무원록(增修無冤錄)》, 《동국문헌비고(東國文獻備考)》·《증정동국문헌비고(增訂東國文獻備考)》, 《속대전》·《대전통편》 등이 있다. 《경종실록》의 개수와 《국조보감(國朝寶鑑)》의 편찬도 계지술사 사업의 일환이자 즉위 초 자신의 불안한 정통성을 강화하기 위한 조치로 설명된다.[91]

정조의 병서 편찬 사업 역시 계지술사의 맥락으로 이미 설명된 바 있다. 《무예신보》를 편찬한 사도세자의 유지를 계승하여 정조가 《무

---

86) 《정조실록》 권1, 정조 즉위년 5월 24일(갑오), "召見前大提學黃景源 大提學李徽之 左承旨洪國榮 教曰 予惟繼志述事 人君之盛節 崇儒重道 有國之急務".

87) 정형우, 1970, 앞의 논문, 149쪽.

88) 정옥자, 1998, 〈대명의리론(對明義理論)의 정리〉, 《조선 후기 조선중화사상 연구》, 일지사.

89) 박광용, 1998, 《영조와 정조의 나라》, 푸른역사, 145~172쪽.

90) 정형우, 1970, 앞의 논문, 150쪽.

91) 허태용, 2013, 〈정조의 계지술사 기념사업과 《국조보감》 편찬〉, 《한국사상사학》 43, 한국사상사학회 참조.

예도보통지》를 간행하였다는 해석이 대표적 사례이다. 이에 따르면, 《무예도보통지》의 편찬에는 새로운 무반층의 육성과 표준 무예 체계의 확립이라는 실용적 목적뿐만 아니라, 사도세자의 복권이라는 정치적 목적도 함께 있었다고 한다.[92] 이 과정에서 사도세자는 북벌 추진을 통해 존주대의(尊周大義)의 수호자라는 이미지를 갖고 있던 효종의 뜻과 용모, 자질을 계승한 인물로 강조되었다.[93]

영조대 《병장도설》(《진법》)과 《속병장도설》 편찬, 정조대 《병학통》 편찬 역시 영·정조의 왕권 강화 시도 및 군제·전술의 변화, 즉 전쟁 수행 방식의 변동에 따른 것으로 해석되었다.[94] 병자호란 당시 청군 기병에 참패했던 원인이 보병에 편중된 전술·전법이라는 반성에서 오위제 복구론이 제기되었고, 이와 연관하여 앞의 세 병서가 출간되었다는 것이 그 중심 논지이다. 널리 알려진 바와 같이 임진왜란 이후 조선은 명군 장수 척계광의 《기효신서》에 수록된 절강병법을 적극 수용하고자 노력하였다. 그 병법이 특히 왜적(倭賊) 방어에 유효했다고 믿어졌기 때문이다. 《병학지남》은 방대한 《기효신서》에서 군사 조련의 요지를 뽑아 추린 책으로 정조대 당시 조선군의 편제와 훈련

92) 배우성, 2001, 〈정조의 군사 정책과 《무예도보통지》 편찬의 배경〉, 《진단학보》 91, 진단학회, 338~342쪽 참조.

93) 《홍재전서》 권9, 서인이(序引二) 〈무예도보통지서(武藝圖譜通志序)〉, "宣廟既平倭寇 購得戚繼光紀効新書 遣訓局郎韓嶠 遍質東來將士 究解其棍棒等六技 作爲圖譜 而孝廟光承前烈 頻行內閱 某手某技 益大以闡 則擊刺之法 於是乎稍廣團練矣 然六技而已 其目未之加焉 及至先朝己巳 小朝攝理庶務 以竹長槍等十二技 增爲圖譜 俾與六技 通貫講習事在顯隆園志"; 《홍재전서》 권16, 지(誌) 〈현륭원지(顯隆園誌) 기유(己酉)〉, "小朝自幼時 志度已英爽 遊嬉必陳兵威 上試叩其所存 有問 輒條對甚悉 凡坐作進退 緩急虛實之方 皆手畫口授 無或差爽 又喜讀兵家書 奇正變化之妙 無不默識精通 孝廟嘗喜武技 暇日御北苑 輒馳馬試藝 所御青龍刀鐵鑄大椎 尙在儲承殿 武士之有膂力者 莫能運 小朝自十五六歲 已皆擧而用之 又善射御 執矢對鵠 發必中心 臨轡飛輇 悍馭亦馴 宮中相語曰 豐原筵奏 克肖孝廟之說 果有先見云".

94) 노영구, 2002, 〈조선 후기 병서와 전법의 연구〉, 서울대학교 박사학위논문, 196~215쪽; 정해은, 2004, 《한국 전통 병서의 이해》 상권, 국방부 군사편찬연구소, 179~214쪽 등.

에 가장 많은 영향을 주었던 병서였다.[95] 반면 국초의 《진법》은 여진족 기병을 대적하기 위해 기병을 중시하는 전술을 수록한 병서라고 인식되었다. 청군 방어를 위해 《진법》의 우월성을 강조하는 유의 사고는 당대 기록에서 쉽게 찾을 수 있다.

> 전 현감 최국량(崔國亮)이 글을 올렸는데, 대략 이르기를 "오위진법은 실로 우리 성조께서 생각하여 만든 것인데, 번한(番漢)의 형세를 겸하고 기정(奇正)의 변화를 궁구하여 제가(諸家)를 집대성한 것으로 후세에 큰 규모를 세운 것입니다. 그런데 폐기한 채 수거(修擧)하지 않은 지 지금 이미 100여 년이나 되었습니다. 국가에서 채용한 척계광의 진법은 족히 도이(島夷)는 제압할 수 있으나 족히 산융(山戎)을 제압할 수는 없습니다. 지금 염려스러운 것은 오로지 북변에 있는데, 산융을 제압하고자 한다면 반드시 오위의 진법을 부활시킨 다음에라야 가능할 것입니다."라고 하였다. 이어 병서 8책을 덧붙여 바쳤는데, 그 책 이름을 《단구첩록(壇究捷錄)》이라 하였다. …… 세자가 가상하게 여겨 포장(褒奬)하였다. 책자를 궁중에 놓아두었으나 끝내 채용한 것은 없었다.[96]

> 경상감사 이상진(李尙眞)이 양산군수(梁山郡守) 안명로(安命老)가 지은 《연기신편(演奇新編)》을 바쳤다. 명로는 서생 출신으로 병사(兵事)에 뜻을 두고는 제가(諸家)의 설을 취집해서 일가(一家)로 통합하여 만든 다음 《연기신편》이라고 명명하였는데 모두 3권이었다. 이때에 이르러 (이)상진이 권하여 간행하게 하고는 한 질을 바치면서 "오늘날 군진(軍陣)에

95) 노영구, 2000a, 〈병서〉, 《정조대의 예술과 과학》, 문헌과해석사, 212~216쪽.
96) 《숙종실록》 권61, 숙종 44년 6월 16일(계사).

서 통상 쓰는 것은 단지 척계광의 진법뿐인데, 오위의 옛 제도보다도 오히려 못하니 병사를 담당한 신하에게 하문해보소서."라고 아뢰었다. 상이 그 의논을 해조(該曹)에 내렸는데, 해조가 경솔하게 변통할 수 없다고 하여 그 일이 결국 중지되었다.[97]

위의 두 기사는 전 현감 최국량과 경기감사 이상진 등의 건의가 조정에 전혀 채택되지 않았음을 보여준다. 당시 군사 문제를 담당한 조정의 신료들이 그들보다 식견이 부족했기 때문일까? 아니면 《진법》의 회귀론 또는 오위제 복구론 자체에 문제점이 있었기 때문일까? 필자는 후자의 가능성이 더 높았다고 생각한다. 우선 기병 전술의 효율적 전개를 위해서는 양질의 전마 확보가 필수적 전제 조건이었다. 그러나 광활한 목초지가 부족한 조선에서는 전마를 대량으로 사육하는 것 자체가 불가능하였다. 개간으로 조선 전기에 비해 확 줄어든 목장은 전마 확보를 더욱 어렵게 하였다.

즉위 직후 정조는 내사복시(內司僕寺)나 외사복시(外司僕寺)의 구마(廐馬) 공급이 원활하지 않고, 심지어 어승마(御乘馬)마저도 품질이 졸렬하다고 지적하며 마정(馬政)의 쇄신을 당부한 바 있었다.[98] 국영 목장에서 사육되는 양질의 말을 빼돌리는 것은 상시 일어나는 폐해였고,[99] 반면 국영 목장의 목자(牧子)는 마필 사육 및 공납의 어려움을

---

97) 《현종개수실록》 권10, 현종 5년 1월 10일(계유).

98) 《정조실록》 권2, 정조 즉위년 8월 14일(계축).

99) 이익, 《성호사설》 권4, 만물문(萬物門), 〈목장(牧場)〉, "今之馬政 異於是 司牧之職 必委諸下劣小吏任其偷損 故歲必抜其尤而去之 在牧者不過駑駿賤品 日漸數縮失政之莫大者也"; 《정조실록》 권16, 정조 7년 7월 18일(정미), "大司憲洪良浩上疏曰…夫我東牛馬之鮮少 非生畜之不殖也 特由牧養之不得其方 服乘之不順其性也 耽羅之産 素稱大宛之種 北關之馬 不讓冀北之駿 島場沙苑棊置雲布 豈眞無馬耶 職由牧子之耗蠹 監守之踈惰也 是謂失在於牧養也".

호소하고 있었다.[100] 도성에 양마(良馬)를 공급하는 강화도의 국영 목장은 대부분 폐지되어, 200마리 미만의 말만 공급할 따름이었다.[101] 1797년(정조 21) 사복시의 보고에 의하면, 국영 목장에서 관리되는 말은 총 6,949필에 불과했다.[102] 이러한 상황을 타개할 근본적이고 혁신적 조치가 취해진 적도 고려된 바도 없었다.

무엇보다 보병 전술이 기병에 취약하다는 주장 자체가 당대인의 선입견에 불과한 오류이다. 주지하다시피 임진왜란 이후 조선군 보병의 주요 무장은 조총으로 전환된 지 오래였다. 잘 훈련된 총병(銃兵)의 집단 전술이 전장에서 기병의 돌격 전술을 압도한 사례는 적지 않았다. 유명한 1575년(선조 8) 나가시노 전투(長篠の戦い)나 1592년(선조 25) 탄금대전투의 사례는 그 대표적 예라 할 수 있다. 반면 1619년(광해군 11) 심하전투 및 병자호란 당시 조총으로 무장한 조선군은 만주족 기병을 결코 압도하지 못했다. 요컨대 당시 동아시아 판도 내에서 조총으로 무장한 보병 전술과 기병 전술은 전술 자체의 우열보다 종합적 숙련도에 따라 승패가 좌우되는 단계로 판단된다.[103] 1787년(정조 11) 여러 판본을 검토하여 새로 정리한《병학지남》의 경우 거기영(車騎營) 전술이 약간 보완되기는 하였지만, 이후에도 이 병서는 폐기되거나 근본적으로 부정된 바 없었다.[104] 요해처(要害處)에 축성하여 적을 방어한다는 방어 전술의 줄기 역시 큰 변동이 없었다.[105] 따라

---

100)《정조실록》권16, 정조 7년 10월 29일(정해);《정조실록》권46, 정조 21년 5월 5일(갑진).

101)《정조실록》권9, 정조 4년 4월 28일(병자);《정조실록》권20, 정조 9년 7월 26일(계유).

102)《정조실록》권47, 정조 21년 12월 19일(갑인).

103) 오랜 기간 전장을 지배하였던 기병의 압도적 우위는, 화승이 아닌 부싯돌을 사용하여 발화하는 휠락(wheel-lock), 플린트락(flint-lock) 단계의 보병총이 개발되고 수송이 쉬운 경량의 야전포가 개발되면서 서서히 사라져 갔다.

104) 노영구, 2000a, 앞의 논문, 221~228쪽; 정해은, 2004, 앞의 책, 225~227쪽.

서 정조대《병 학통》의 편찬은 조금 다른 관점에서 설명해볼 여지가 있다.

영조대 서적 편찬은 대체로 조선 전기적 질서를 기준으로 이를 보완하는 방식으로 이루어진 데 비해, 정조대 전반기의 서적 편찬은 영조대까지 축적된 조선의 제반 요소를 분야별로 각각 통일된 하나의 체계 속에서 정리한 것이라는 설명이 이미 선행 연구를 통하여 제시된 바 있다. 아울러 영조대《속병장도설》·《속대전》의 편찬, 정조대《병학통》·《대전통편》의 편찬이 그 예시로 언급된 바 있다.[106] 이미 2부 3장에서 잠깐 언급하였지만,《병학통》의 발문(서명선 지음)은 정조대 병서 편찬의 계지술사적 맥락 및 집대성으로서의 성격을 잘 보여준다.

> 광묘(光廟, 세조) 원편(《병장도설》)의 공용은 영고(英考, 영조)를 기다려 더욱 빛나고, 영고 속편(《속병장도설》)의 완성은 우리 성상(정조)을 기다려 더욱 발휘되었으니, 세 임금께서 서로 전한 넓은 계책과 큰 위업은 앞뒤에서 그 길을 함께 하였습니다.《병학통》 한 편은 바로 원·속 도설의 집대성이 되는 것이니, 아! 아름답습니다.[107]

나아가 노영구는 1790년(정조 14)《무예도보통지》의 편찬(用, 末)을《병학통》의 편찬(體, 本)과 함께 체(體)·용(用)과 본(本)·말(末)의 상호 보완적 관점에서 파악하였다.[108] 이 연구에서 주목한 것은 이덕무가

---

105) 정해은, 2012, 〈국토 방어 전략〉,《한국군사사 12권-군사사상》, 육군군사연구소 기획·주간, 육군본부 참조.

106) 노영구, 2000b, 〈정조대 병서 간행의 배경과 추이〉,《장서각》3, 한국학중앙연구원, 66~77쪽.

107)《병학통》 권2, 〈발〉.

작성한 것으로 짐작되는 《무예도보통지》 권수(卷首)에 실린 〈병기총서(兵技總序)〉의 다음 구절이었다.

> 일찍이 논하기를 《병학통》은 영진(營陣)의 강령이요 《무예도보통지》는 기격(技擊)하는 추뉴(樞紐)라고 하였는데, 통(通)이라는 것은 밝다는 것이요 해박하다는 뜻이니 체(體)와 용(用)이 서로 상응하고 본(本)과 말(末)이 서로 연결되어야 한다. 병(兵)을 논하는 자들이 이 두 통(《병학통》과 《무예도보통지》)을 버리고 무엇을 쓰겠는가? 이를 의술에 비유하면, 운기(運氣)를 미루어 증험하고 경맥(經脈)을 진찰하는 것은 (병가에서는) 진법에 해당하고, 초목(艸木)과 금석(金石)(과 같은 약재)은 무기에 해당하며, 약재를 삶고 굽고 조제하고 가는 것은 격자(擊刺)에 해당한다.[109]

정해은 역시 정조대 편찬된 《대전통편》, 《병학통》, 《무예도보통지》에 모두 '통(通)'이란 한자가 들어 있다는 사실을 부각하였다. 아울러 《병학통》과 《무예도보통지》의 편찬이 군사 훈련이나 무예에 대해 조선의 표준 모델을 만들어 질서 있고 체계화된 군대를 육성하고자 한 정조의 의지가 반영된 것이라 해석하였다. 나아가 예(禮)가 천지(만물)의 질서인 것과 같이 강군을 만들기 위해서는 군대의 질서가 중요하다는 점을 정조가 강조하였다는 사실을 강조하였다.[110]

> 예(禮)에 "예란 천지의 질서이다. 그것이 바로 질서이기 때문에 모든 것

---

108) 노영구, 2000b, 앞의 논문, 77쪽.

109) 《무예도보통지》 권수(卷首), 〈병기총서(兵技總序)〉. 거의 동일한 내용이 이덕무(李德懋)의 《청장관전서(靑莊館全書)》 권24, 편서잡고사(編書雜稿四) 〈무예도보통지부진설(武藝圖譜通志附進說)〉에도 실려 있다.

110) 정해은, 2004, 앞의 책, 212·213쪽.

들이 그에 의해 구별되는 것이다."라고 하였다. 예는 물론 그런 것이지만 군려(軍旅) 문제는 그보다 오히려 더한 바가 있다. 행렬(行列)이 질서가 있으면 대오가 정연하고, 좌작(坐作)을 질서 있게 하면 진퇴에 차질이 없고, 격자도 질서를 지켜야 기병(奇兵)과 정병(正兵)이 각기 제구실을 하는 것이니, 이것이 바로 승리를 가져오는 길인 것이다. 따라서 이를 어기면 어지러워지고 어지러워지면 그 진(陣)은 깨지고 만다. …… 혹자는 '군대는 기변(奇變)이 중요한데 무슨 질서가 필요한가?'라고 말하지만, 이것은 모르고 하는 소리이다. 용병을 잘하는 자일수록 변화무쌍하면서도 더욱더 질서를 잃지 않는다. 더욱 그 질서를 잃지 않은 이후에야 그 변화가 더욱 끝이 없을 것이다. 일찍이 수레바퀴가 어긋나고 깃발이 쓰러져 있는 상태인데 무슨 (용병의) 변화가 가능하겠는가?[111]

정조가 직접 쓴 〈어제병학통서(御製兵學通序)〉의 위 구절은 군대 운용에 있어 규율과 질서를 강조하는 것으로도 읽히지만, 다른 한편으로는 예(禮)의 차원 또는 언어로 병(兵)의 문제를 바라보는 정조의 시각을 드러내기도 한다. 치병(治兵)과 치례(治禮)를 동일한 차원에서 인식하는 정조의 발언은 다른 기록에서도 확인된다.[112] 이상의 논의 그리고 영조와 정조 모두 중흥주(中興主)로서의 자의식을 갖고 있었다는 점을 상기해본다면,[113] 영조는 '속(續)의 군주'로 정조는 '통(通)의 군주'로 자신의 시대적 소임을 다하려 했다고 평가할 수 있을 것이

111) 《홍재전서》 권8, 서인일(序引一) 〈병학통서(兵學通序)〉.

112) 《정조실록》 권6, 정조 2년 8월 13일(경오), "命兵曹 釐正閱武儀節 教曰 治不師古 皆苟道也 治兵與治禮奚異哉 大抵五衛之法未復 五營之制未革 雖欲務循古意 求得良規 既不得正其本 則亦不過治末之歸而已".

113) 윤정, 2007, 〈18세기 국왕의 '문치' 사상 연구-조종사적(祖宗事蹟)의 재인식과 계지술사의 실현〉, 서울대학교 박사학위논문, 69~157쪽.

다. 관련하여, 영조가 국초에 편찬된 《국조오례의(國朝五禮儀)》를 보완하기 위해 《속오례의(續五禮儀)》를 간행하였고, 정조가 국가 전례의 집대성을 위해 《국조오례통편(國朝五禮通編)》과 《춘관통고(春官通考)》를 편찬한 사실 역시 주목된다. 《국조오례통편》은 정조의 지시로 《국조오례의》부터 영조대에 편찬된 각종 국가 전례서까지의 내용을 종합한 책으로, 1788년(정조 12) 유의양(柳義養)이 편찬했다. 《춘관통고》 역시 같은 해 유의양이 편찬했는데, 각종 전례의 의주(儀註)뿐만 아니라 그 시행과 연관된 사적까지 전부 수합한 뒤 《대명집례(大明集禮)》의 체제를 모방하여 정리한 책이었다.[114)]

필자가 보기에 《병학통》의 간행을 전술 변화의 관점에서 설명한 대부분의 선행 연구는 이른바 오위제 복구론이 병농일치의 주대 고제를 지향하는 당대인의 심성과 연관되어 있다는 사실을 간과한 경향이 있다.[115)] 즉위 초 정조가 선포한 〈대고〉에도,[116)] 영조의 〈어제병장도설후서〉에도,[117)] 송규빈(宋奎斌, 1696~1778?)의 병서 《풍천유향(風泉遺響)》에도 이와 같은 지향은 빠짐없이 등장한다.[118)] 토지 개혁 및 신분제 개혁이 수반되지 않은 병농일치적 주대 군제 복구론의 비현실

---

114) 김문식, 2009, 〈조선시대 국가 전례서의 편찬 양상〉, 《장서각》 21, 한국학중앙연구원, 93~95쪽.

115) 오위제 복구론과 병농일치의 고제 지향의 관련성에 대해서는 백기인, 2004, 《조선 후기 국방론 연구》, 혜안, 121~147쪽 참조.

116) 《정조실록》 권5, 정조 2년 6월 4일(임진), "經曰 重門擊柝 以待暴客 詰戎政 必自制置始 成周之兵 籍於司徒 屬於司馬 兵以寓農者也 漢之南北軍 唐之十六衛 宋之東西班 皇朝之十二衛 互有長短之別 而於是乎農 兵分焉 至于我東 文治立國 武略亦備 府兵而爲三軍 三軍而爲五衛 內置摠管 外設鎭營 各有統領 兵馬爲一官 無廩餼之費 軍有精銳之稱 雖懲麗末之弊 亦倣周初之法也 是以守則固 攻則克 龍蛇以後 始有訓局 自是分軍之制作 而五衛遂廢矣 重以募兵而設營 分部而設局 又有割摠畿輔之卒 或稱兵使 或稱大將者 俱皆措置繁氄 沿革無常".

117) 《병장도설》, 〈어제병장도설후서〉, "夫此書 五衛兵書 而首篇序文 卽光廟潛邸時御製 乃周時寓兵於農之義 而與唐之府兵宋之禁廂 同一規 而前朝則有六衛 而入我朝五衛 卽龍驤虎賁義興忠武忠佐是也 一自京軍門設立之後 兵農作二 五衛之制今无矣".

성과 정조대 군제 개편 및 화성 축조의 상징적 성격에 대해서는 이미 이 책의 2부에서 상세히 논한 바 있다. 이상의 검토를 종합하면, 영조대 《병장도설》의 복간과 《속병장도설》의 간행, 그리고 정조대 《병학통》의 간행은 실제 군사적 측면의 오위제 회귀를 목적으로 한 조치라기보다 주대 고제·고례로의 지향을 드러내기 위한 상징적 조치의 일환이었다는 해석도 가능하다.

관련하여, 조선 중·후기의 적지 않은 유가 지식인들이 병서를 단초로 삼아 '왕(王)=패(覇)' 내지 '문(文)=무(武)' 간의 관계를 균형적이고 통일적으로 파악하고자 했는데, 이것은 유가의 왕도정치〔經道, 文學〕와 법가의 패도정치〔權道, 武學〕를 대립되는 것으로 파악하기보다는 상보적·병행적 관계로 이해하려는 태도를 의미했다는 최근 연구가 주목된다.[119] 이 논지는 "국왕 정조가 군사(君師)를 자임하고 정학(성리학) 수호와 연관된 많은 언설을 남겼음에도 불구하고, 정통 성리학자로서의 입장에서는 이탈한 모습을 보였다."고 주장한 선행 연구와도 묘하게 맥이 닿아 있다.[120] 요컨대, 정조의 병서 편찬 행위는 문무병용의 이상을 실현하려는 의지와 함께 결코 사공(事功)을 등한시

---

118) 송규빈, 《풍천유향》, 〈등비지장(登陴指掌)〉, "國朝五衛之制 卽兵農相寓之義 而鎭管相維 內外周備 此誠祖宗朝宏遠之規也". 송규빈은 무반 가문 출신으로 영조대 하위 군관직을 역임한 것으로 추정되는 인물이다. 풍천(風泉)은 비풍(匪風)과 하천(下泉)을 가리킨다. 비풍은 《시경》 〈회풍(檜風)〉의 편명이고, 하천은 《시경》 〈조풍(曹風)〉의 편명이다. 이 두 편은 모두 주나라 왕실이 점차 쇠약해짐을 현인(賢人)이 개탄한 내용이다. 따라서 《풍천유향》이란 서명은 병자호란으로 인해 조선이 사대처(事大處)를 부득이하게 명에서 청으로 바꾼 사실과 연관된 것임을 알 수 있다.

119) 김홍백, 2018, 〈병서를 읽는 두 가지 방법-조선 중후기 병서 비평 자료를 중심으로〉, 《한국한문학연구》 54, 한국한문학회, 261쪽.

120) 소진형, 2009, 〈정조의 명덕(明德) 해석과 왕건 강화 논리〉, 《한국사회과학》 31, 서울대학교 사회과학연구원; 백민정, 2010, 〈정조의 사대부 인식과 정치철학적 입장 연구〉, 《한국실학연구》 20, 한국실학학회; 정순우, 2015, 〈정조의 통치 이념에 깃든 순자적 사유〉, 《한국실학연구》 29, 한국실학학회 등.

할 수 없었던 현실 정치가이자 군주로서 자신의 입장이 반영된 조치라고 생각한다.

마지막으로, 정조대 병서에 반영된 정조의 병학 사상을 살펴보고자 한다. 문·무를 둘러싼 역사적 경로나 사회적 환경이 크게 달랐던 조선과 청은 병서를 대하는 태도에도 적지 않은 차이를 보였다. 이러한 차이는 병서를 대하는 군신의 태도에서도 극명하게 드러나는데, (명군 참전의 성과를 감안하더라도) 조선이 《기효신서》에 다소 열광적인 반응을 보인 데 비해, 강희제가 남긴 아래의 발언은 두 사회에 내재한 무 인식의 현격한 차이를 보여주는 것이라 하겠다.

> 전쟁에서 중요한 것은 경험에서 우러나오는 행동이다. 이른바 《무경칠서》는 화공과 수전에 관한 쓸데없는 말이나 상서로운 징조, 날씨에 관한 충고로 가득 차 있으며, 조잡하고 내용이 서로 모순된다. 나는 신하들에게 이 책의 내용에 따라 전쟁한다면 결코 승리할 수 없었을 것이라고 하였다. 그러자 이광지(李光地)가 "무예를 익히는 자들은 《좌전》을 읽는 것이 좋습니다."라고 말하였다. 그러나 나는 《좌전》 역시 경박하고 공허하다고 말하였다.[121]

반면 정조는 이전 조선의 군왕에 비해 상대적으로 병학에 상당한 식견을 갖고 있으며, 군대 운용의 본질도 깊이 이해하고 있었다. 1797년(정조 21) 《무경칠서》의 정본을 편찬할 때, 정조는 기존의 주석을 답습하지 말고 다른 주해본도 참고하도록 신료들에게 명했다.[122] 이 사

---

121) 조너선 스펜스, 이준갑 역, 2001, 《강희제》, 이산, 113쪽 재인용. 본문의 인용문은 조너선 스펜스가 《청성조실록》을 보고 강희제의 시점에서 소설체의 문투로 풀어쓴 것이다.

례로 미루어 알 수 있듯이, 그는 기존 주해를 꼼꼼하게 검토하였을 뿐만 아니라, 자신의 의견도 적극 개진하며 병서 편찬을 지휘하였을 것으로 짐작된다. 성리학의 통치 철학을 담고 있는《대학》과 관련된 어제서 편찬에 대해서도 청의 강희제와 조선의 정조는 상이한 태도를 보였다.[123] 전자가 주자의 해석을 존중하며 그대로 따른 반면, 후자는 정조의 물음과 신하의 답변이 수록된 논강(論講)의 형식을 채택하여 최선의 답변을 수록하였다고 한다.

《병학통》과《무예도보통지》의 편찬 사례에서 살펴보았듯이 정조는 병서의 효용을 훈련의 측면에서 통일과 질서에 있다고 보았지만, 병서만으로는 승리할 수 없다는 사실 또한 잘 알고 있었다. 그는 "군대에 법이 있는 것이 마치 바둑에 기보가 있는 것과 같으며, 이 책을 읽는 이들은 바둑 잘 두는 자가 기보 자체를 바둑으로 생각하지 않는 것처럼 하면 될 것이다."라고 언급하였다.[124] 병서 자체는 참고 자료일 뿐 실전에서 그대로 적용하는 것이 아님을 분명히 밝혔던 것이다.[125] 정조는 군왕이 용병할 때 전장에 나간 장수의 재량권을 허용하는 것이 중요하다는 사실 또한 인지하였다.[126] 세조가 편찬한《병장설

---

122) 노영구, 2017, 〈조선시대《무경칠서(武經七書)》의 간행과 활용의 양상-《무경칠서직해(武經七書直解)》의 도입, 간행을 중심으로〉,《조선시대사학보》80, 조선시대사학회, 136~138쪽.

123) 박경남, 2013, 〈청과 조선의 어제집(御製集) 편찬과 성조·정조의《대학》논의〉,《민족문화연구》61, 고려대학교 민족문화연구원.

124)《홍재전서》권9, 서인이(序引二) 〈병학지남서(兵學指南序)〉, "兵之有法如奕之有譜乎 讀是書者知善奕者之不以譜爲奕幾矣".

125) 윤무학, 2013, 〈조선 후기의 병서 편찬과 병학 사상〉,《한국철학논집》36, 한국철학사연구회, 119쪽.

126)《정조실록》권3, 정조 1년 2월 1일(정유), "上曰 小人雖用事 三年興師 豈無一人成功者乎 此必有所以然之故 此等處正合理會 蓋曠歲連兵 戰必敗績 若究厥由 則其弊有三 人君用人之道 必先愼簡 而旣任之 則又勿疑然後乃可以責效 而出將之後 使宦侍監軍 覘視其動靜 其弊一也 閫外事將軍主之 然後發號施令之際 自有統領 而必使關由於朝廷 故緩急設置 每患後時失勢 其弊二也 郭子儀李光弼皆是名將 而不能委任之 又使九節度一時出兵 互相携貳 令出多門 其弊三也".

(兵將說)》에도 유사한 내용이 실려 있어 주목된다.[127]

127)《병장설(兵將說)》 장설(將說) 〈유장편(諭將篇)〉, "若山川膈礙則視難洞 百里連陣則言難通 一部受敵則應難齊 故知兵者 委律其將 漢祖是也 不知者縻縶諸軍 隋煬是也 此兵家之大要 不出於此".

3.

《이충무공전서》 발간과 이순신의 유장적 면모

이순신이 노량해전에서 전사하자 선조는 그에게 우의정을 추증하고 사우 건립을 논의하도록 명하였다.[128] 1601년(선조 34) 민간의 주도로 충민사(忠愍祠)가 건립되었고, 1603년(선조 36)에는 이순신의 공덕을 눈물을 흘리며 사모한다는 뜻에서 타루비(墮淚碑)가 건립되었다. 선조는 그를 선무공신(宣武功臣) 1등에 책봉하였지만,[129] 원균 역시 같은 등급에 녹훈함으로써 자신의 과실을 덮고자 하였다.[130] 이순신의 빛나는 전공에 비해 선조의 평가나 대우는 다소 박한 감이 없지 않다.

이후 이순신의 부하였던 황해병사 유형(柳珩)의 발의를 계기로 1620년(광해군 12) 여수에 전라좌수영대첩비(全羅左水營大捷碑)가 건립되었다. 인조대에는 남해현령 이정건(李廷楗)이 노량해전의 전적지인

---

128) 《선조실록》 권106, 선조 31년 11월 30일(신해); 《선조수정실록》 권32, 선조 31년 11월 1일(임오). 이하 선조대~숙종대 이순신 현창 사업에 대해서는 주로 윤정, 2015, 〈17세기 이순신 사적 정비와 선조대 역사의 재인식〉, 《진단학보》 125, 진단학회, 64~74쪽을 참조하여 정리하였다.

129) 《선조실록》 권175, 선조 37년 6월 25일(갑진).

130) 노영구, 2004, 〈역사 속의 이순신 인식〉, 《역사비평》 69, 역사비평사, 341·342쪽.

남해도 근처에 사우를 건립하고 비를 세웠으며, 1643년(인조 21)에는 '충무(忠武)'라는 시호가 하사되었다.[131] 효종대에는 북벌을 표방하는 분위기 속에서 상무 정신의 표상으로 이순신을 중시하기 시작하였다.[132] 1658년(효종 9) 김육(金堉)은 이순신의 봉분에 묘비를 건립해줄 것을 국왕에게 건의하였다. 이순신의 외손자 홍우기(洪宇紀)가 김육에게 신도비문(神道碑文)의 작성을 요청한 것이 그 계기였다. 효종은 신도비 건립을 명하면서, 이순신의 3대손 이광보(李光輔)를 발탁하여 함양군수에 임명하였다. 아울러 이정건이 건립한 남해의 사우에도 비를 세우도록 명하였다. 비문은 송시열이 지었고 글씨는 송준길(宋浚吉)이 썼다. 이 비는 1660년(현종 1)에 세워졌다. 1662년(현종 3)에는 민유중(閔維重)의 요청으로 남해의 사우와 통제영의 사당에도 '충렬(忠烈)'이라 사액하였다. 1681년(숙종 7)에는 통제영충렬사비(統制營忠烈祠碑), 1688년(숙종 14)에는 명량대첩비(鳴梁大捷碑)가 세워졌고, 1693년(숙종 19)에는 이순신의 묘에 신도비가 건립되었다. 1706년(숙종 32)에는 지역 유생 서후경(徐後慶)의 건의를 계기로 이순신의 고향이자 무덤이 있는 아산에 사당이 세워졌고, 이듬해에는 '현충(顯忠)'이라 사액되었다.

앞서 살펴본 것처럼 인조대 이후 이순신 현창 사업은 대개 서인의 주도로 이루어졌는데, 여기에는 광해군 정권을 부정한 인조 정권이 선조를 계승함으로써 자신의 정통성을 찾고자 하는 의도가 개입되어 있었다고 한다.[133] 이들은 이순신 처벌과 관련된 선조에 대한 부정적

---

131) 윤정, 2014, 〈숙종대 《충무공가승(忠武公家乘)》 편찬의 경위와 정치적 함의-《이충무공전서》의 원전에 대한 검토〉, 《역사와 실학》 55, 역사실학회, 116쪽.

132) 윤정, 2015, 앞의 논문, 69쪽.

133) 윤정, 2015, 앞의 논문, 89·90쪽 참조.

여론을 해소하기 위해 양자를 승전의 주역으로 묶어 선양하는 방식으로 역사를 재구성하여 《선조수정실록》, 《선묘보감(宣廟寶鑑)》 등에 수록하였다. 그리고 이 작업에는 이순신의 후손이 편찬한 가승(家乘) 자료가 적극 활용되었다.

한편 숙종대 말부터 이순신의 후손을 적극적으로 발탁하기 시작했다. 숙종대 무과에 급제하여 벼슬길에 오른 이봉상(李鳳祥)이 1728년(영조 4) 순절했는데, 이러한 분위기에 촉매 역할을 하였다.[134] 이봉상은 이순신의 현손 이홍의(李弘毅)의 동생 이홍저(李弘著)의 아들로 선전관, 전라좌수사, 승지, 함경남도병사, 삼도수군통제사, 포도대장, 훈련대장 등 요직을 두루 거친 인물이었다. 그는 무신란이 일어났을 때 충청병사로 재직 중이었는데, 청주성에서 작은아버지 이홍무(李弘茂)와 함께 반란군에 사로잡혀 처형당했다. 그에게는 '충민(忠愍)'이라는 시호가 하사되었다.

> 적이 청주성을 함락시키니, 절도사 이봉상과 토포사 남연년(南延年)이 죽었다. …… 이날 밤에 이르러 적이 이봉상이 깊이 잠든 틈을 타 큰소리로 외치며 영부(營府)로 돌입하니, 영기(營妓) 월례(月禮)와 이봉상이 친하게 지내고 믿던 비장 양덕부(梁德溥)가 문을 열어 (적을) 끌어들였다. 이봉상이 창황하게 침상 머리의 칼을 찾았으나 찾지 못하자 적이 끌어내 칼로 위협했다. 이봉상이 크게 꾸짖어 "너는 충무공 집안에 충의가 서로 전해져오고 있음을 듣지 못했느냐? 왜 나를 어서 죽이지 않으냐?"라고 크게 세 번 외치니, 드디어 죽였다.[135]

134) 숙종~정조대 이순신 후손에 대한 발탁은 윤정, 2014, 앞의 논문, 134~150쪽을 참조.
135) 《영조실록》 권16, 영조 4년 3월 15일(을축).

위의 사료에 보이는 것처럼 이봉상의 장렬한 죽음은 이순신 가문의 변함없는 충절을 확인시켜주는 사례로 인식되었고, 이에 따라 더욱 많은 이순신 후손들이 병사와 수사에 임명되었다. 그리고 이들 중 다수가 삼도수군통제사에 임명되었다. 통제사는 이순신이 최초로 임명된 관직인데, 이들을 임명하는 교서에는 공통적으로 이순신의 후손임을 강조하고 그와 같은 역할을 당부하는 내용이 담겨 있었다. 이것은 통제사가 이순신 후손의 가업처럼 인식되었던 당시의 상황을 반영한다.[136] 한편 숙종대 대보단 창설 이후에는 이순신 현창 사업이 대명의리론 및 조선중화주의와 연관되어 이루어지는 현상이 나타났다.[137]

정조대에도 이순신 현창의 열기는 식지 않았고, 그 성과는《이충무공전서》의 간행으로 결실을 맺었다. 정조는 이순신 외에도 외적 격퇴에 공이 있었던 인물들의 전기나 전서를 편찬하게 하였는데, 그 현황을 표로 정리하면 다음과 같다.

〈표 4〉 정조대 편찬·간행된 '충신'의 문집[138]

간행 시기	문집명	대상	비고
정조 15년 (1791)	《김충장공유사(金忠將公遺事)》 5권	충장공(忠壯公) 김덕령(金德齡)	임진왜란
	《임충민공실기(林忠愍公實記)》 5권	충민공(忠愍公) 임경업(林慶業)	병자호란
정조 18년 (1794)	《용성쌍의록(龍城雙義錄)》 4권	양무공(襄武公) 정봉수(鄭鳳壽)·증(贈) 호조참판(戶曹參判) 정기수(鄭麒壽) 형제	정묘호란
정조 19년 (1795)	《이충무공전서(李忠武公全書)》 14권	충무공(忠武公) 이순신(李舜臣)	임진왜란
정조 22년 (1798)	《충렬록(忠烈錄)》 8권	충무공(忠武公) 김응하(金應河)	심하전투
정조 24년 (1800)	《양대사마실기(梁大司馬實記)》 10권	충장공(忠壯公) 양대박(梁大樸)	임진왜란

근 10여 년 동안 발간된 문집의 대상 인물들을 일별해보면 몇 가지 특징이 발견된다. 우선 이들은 모두 대명의리의 고수와 연결된 인물이었다. 심하전투나 양차의 호란은 말할 것도 없고, 임진왜란 역시 일본군의 개전 명분이 '가도입명(假道入明)', 즉 '정명향도(征明嚮導)'의 다른 표현이었기 때문이다. 당대 조선 군신에게 일본의 침략은 곧 중화문명의 위기로 해석되곤 하였다.[139]

특히 김덕령, 임경업, 이순신 등은 조정의 처벌을 받아 원사(冤死)하거나 원사될 뻔한 인물이었다. 아들이 역모에 연루되자 곧바로 창끝을 인조에게 돌려 거병한 이괄(李适)과 달리, 이들은 조정의 조치를 순순히 받아들였다. 심지어 이순신의 경우 사면된 뒤 이전보다 더 빛나는 전공(명량해전, 노량해전)을 세워 누란의 위기에 빠진 나라를 다시 구하였다. 무(武)의 표상으로서, 또 충(忠)의 표상으로서 이들의 자격에는 부족함이 없었다. 즉 이들은 어떠한 상황 속에서도 지켜야 할 보편적 도덕 법칙이자 윤리인 군신의 의리를 지킨 인물로서 더욱 특별한 위상을 지닌 자들이었다고 할 수 있다. 정조는 이들의 처벌이 군주의 잘못 때문이 아니라 당사(黨私), 즉 편당(偏黨)의 폐해 때문이라고 강변하며,[140] 자신의 황극탕평(皇極蕩平)을 뒷받침하는 사례로 언

136) 무반 벌열로서 충무공 후손인 덕수 이씨 가문의 위상에 대해서는 장필기, 2004, 앞의 책, 169~183쪽 참조.

137) 노영구, 2004, 앞의 논문, 344~346쪽.

138) 민장원, 2016, 〈정조의 '충신(忠臣)'·'충가(忠家)' 현창 사업과 이순신에 대한 기억의 재구성〉, 고려대학교 석사학위논문, 9쪽의 내용을 전재한 뒤 보완함.

139) 허태구, 2014, 〈김성일 초유(招諭) 활동의 배경과 경상우도 의병 봉기의 함의〉, 《남명학연구》 40, 경상대학교 경남문화연구원 남명학연구소, 41~46쪽 참조.

140) 숙종대 대명의리론 또는 존주론의 확산 분위기와 연관하여 임경업이 복권되고, 임경업 처형의 주모자로 김자점이 확실한 근거 없이 지목되는 역사적 과정을 다룬 선행 연구로는 이종필, 2017, 〈김자점 담론의 추이와 소설적 악인 형상화의 정치적 역학〉, 《조선 중기의 전쟁과 고소설의 기억》, 소명출판 참조.

급하였다.

> 일찍이 우리나라는 접역(鰈域)[141]에 위치해 풍기(風氣)가 국한되었으므로 생각 또한 옹졸한데, 거기다가 당사(黨私)를 현자(賢者)와 정인(正人)을 해치는 무기로 삼기 때문에 상대가 먼저 착수하느냐 내가 먼저 착수하느냐에 따라 연슬(淵膝)[142]이 크게 달라진다는 말을 들었다. 내가 즉시 이런 습속에 이런 당사마저 있다면 비록 기(夔)·설(卨)·관중(管仲)·제갈량(諸葛亮) 같은 인재가 다시 나오더라도 세상에 용납되기 어려울 것이라고 말하였다. 충장공(忠壯公, 김덕령)이 화를 당한 것만 반대파 소인들에게서 연유한 것이 아니라 충무공(忠武公, 이순신)과 충민공(忠愍公, 임경업)도 모두 그렇지 않음이 없었으니 어찌 몹시 한탄스럽지 않겠는가?[143]

뒤주에 갇혀 죽은 사도세자의 아들로서 정통성이 태생적으로 취약했던 정조는 즉위 초부터 반대 세력의 끊임없는 도전을 받았다. 정조에게 통치의 정당성을 부여해준 근원이라 할 수 있는 할아버지 영조 역시 경종 독살설에 연루되어 무신란 등의 심각한 정치적 위기를 겪었다. 1755년(영조 31) 《천의소감(闡義昭鑑)》, 1777년(정조 1) 《명의록(明義錄)》, 1778년(정조 2) 《속명의록(續明義錄)》 등의 출간은 영·정조의 정치적 정당성과 왕위 계승의 정통성을 천명하는 조치의 일환이었다.[144] 따라서 김덕령, 이순신, 임경업 문집의 출간과 현창 사업은 '당사(黨

141) 동해에서 가자미가 나오기 때문에 조선의 별칭으로 쓰임.

142) '추연가슬(墜淵加膝)'의 줄임말로, 고우면 무릎에 앉히고 미우면 못에 떨어뜨린다는 뜻이다. 좋아하고 싫어하는 마음이 지나치게 변덕스러움을 뜻한다.

143) 《정조실록》 권26, 정조 12년 11월 16일(갑술).

144) 최성환, 2009, 〈정조대 초반의 당평 의리와 충역론(忠逆論)〉, 《태동고전연구》 25, 한림대학교 태동고전연구소 참조.

私)'를 억제하고 국왕에 대한 충성을 유도하려는 정조의 의도와 무관하다고 볼 수 없다.[145] 정조가 자신이 지은 〈현륭원지〉에 임오화변 당시 사도세자를 끝까지 호위하려고 애쓴 윤숙(尹塾), 임덕제(林德蹄), 임성(任珹), 권정침(權正忱), 이광현(李光鉉), 이이장(李彝章), 한광조(韓光肇), 조중회(趙重晦), 한익모(韓翼謩), 이익원(李翼元), 정순검(鄭純儉), 이태화(李泰和) 등의 행적을 상세히 부기한 것도 이와 유사한 효과를 노린 조치였을 것이다.[146]

정조는 문집을 간행한 인물 가운데 유독 임경업과 이순신을 명(命)과 실(實)이 크게 일치하는 무장으로 손꼽았다.[147] 가장 총애하는 신료였던 규장각 각신 윤행임으로 하여금 두 사람의 문집을 편집하게 하고, 또 손수 비문과 제문을 지어 두 문집의 권수에 싣게 한 것은 정조가 두 인물을 얼마나 우대했는지 상징적으로 보여주는 조치였다.[148] 이순신에 대한 정조의 대우는 좀 더 각별하였다. 1792년(정조 16) 대보단 망배례에 이순신과 임경업의 자손을 참여하게 하였고,[149] 다음 해에는 의정부 영의정으로 가증(加贈)하였다.[150] 1794년(정조 18)에는 손수 신도비명을 작성하였을 뿐 아니라 그 상단부에 '상충정무지비(尙忠旌武之碑)'라는 전자(篆字)를 새기게 하였다. 글자는 당의 명필이

145) 민장원, 2016, 앞의 논문, 7쪽 참조.

146) 《홍재전서》 권16, 지(誌) 〈현륭원지〉; 《정조실록》 권28, 정조 13년 10월 7일(기미).

147) 《홍재전서》 권184, 군서표기육(羣書標記六) 명찬이(命撰二) 〈이충무전서십사권(李忠武全書十四卷) 간본(刊本)〉, "自夫御極以來 表微而剔幽 光褒而寵贈者 蓋亦指不勝僂 而若論勳業忠節之照耀人耳目 得之無愧色 施之無溢辭 則忠武公李舜臣 忠愍公林慶業 其最著者也".

148) 《홍재전서》 권184, 군서표기육(羣書標記六) 명찬이(命撰二) 〈임충민공실기오권(林忠愍公實紀五卷) 간본(刊本)〉; 이태진, 2015, 〈정조대왕의 충무공 이순신 숭모〉, 《충무공 이순신과 한국해양》 2, 해군사관학교 해양연구소, 4쪽; 민장원, 2016, 앞의 논문, 24쪽.

149) 《정조실록》 권35, 정조 16년 7월 25일(임술).

150) 《정조실록》 권38, 정조 17년 7월 21일(임자).

자 충신인 안진경(顔眞卿)의 가묘비에서 집자하였다. 명의 유명한 무장이자 공신인 무령왕(武寧王) 서달(徐達)의 비수(碑首)를 전서(篆書)로 작성해준 고사를 본뜬 것이었다.[151] 다음해 5월에는 신도비의 인본(印本)을 신료들에게 나누어주고 사고(史庫), 관각(館閣), 태학(太學)에 비치할 정도로 특별한 애정을 보였다.[152] 무엇보다 같은 해 편찬 완료된 《이충무공전서》의 분량이 〈표 4〉에 기재된 다른 무장의 문집을 압도하였다. 뿐만 아니라 정조는 그 인쇄 비용을 내탕과 어영청에서 조달하도록 지시하였다.[153]

《이충무공전서》는 이순신의 유고와 일기, 후손이 편집한 가승(家乘),[154] 다른 공사 문헌에 실려 있는 관련 기록을 총망라하여 정리한 문집이다. 특히 일반 사대부들의 문집과 달리 책머리에 〈권수(卷首)〉라는 편목을 설정하고 역대 왕들이 하사한 윤음, 교서, 유서(諭書), 사제문(賜祭文) 등을 배치한 것이 특징이다. 그 구성과 내용을 살펴보면 〈표 5〉와 같다.

〈표 5〉《이충무공전서》의 구성과 내용[155]

구성	내용
권수	정조윤음(正祖綸音)(3편), 정조어제신도비명서(正祖御製神道碑銘序)
	교서(6편), 유서(諭書)(16편), 사제문(賜祭文)(12편)
	도설(圖說), 세보(世譜), 연표(年表)
권1	시(詩)(5편), 잡저(雜著)(10편)

151) 《홍재전서》 권184, 군서표기육(羣書標記六) 명찬이(命撰二) 〈이충무전서십사권(李忠武全書十四卷) 간본(刊本)〉, "甲寅 又倣武寧王徐達碑篆首之例 命有司斲石峙于墓道 篆其首曰尙忠旌武之碑 親綴銘并序一千一百八十九言 大書深刻 以代旂常之銘".

152) 《정조실록》 권42, 정조 19년 5월 11일(신유).

153) 《정조실록》 권42, 정조 19년 5월 11일(신유).

154) 이순신 후손이 작성한 가승이 《이충무공전서》에 활용되는 양상과 맥락에 대해서는 윤정, 2014, 앞의 논문 참조.

권2		장계 1(13편)
권3		장계 2(26편)
권4		장계 3(26편)
권5		난중일기 1(임진~계사)
권6		난중일기 2(갑오~을미)
권7		난중일기 3(병신)
권8		난중일기 4(정유~무술)
부록	권9	행록(行錄)(2편)
	권10	행장(行狀)(1편), 시장(諡狀)(1편), 비문(碑文)(7편)
	권11	기(記)(11편), 가승서(家乘序), 가승발(家乘拔), 장계초본발(狀啓草本拔), 사원록(祠院錄)
	권12	명사(名士)·대신(大臣)들이 남긴 이순신에 대한 추모의 글 또는 제문 등(36편)
	권13	기실(紀實) 상: 각종 사서(史書)에서 발췌한 이순신 관련 기록(15편)
	권14	기실(紀實) 하: 여러 문집에서 발췌한 이순신 관련 기록(15편)

앞에서 살펴본 것처럼 사후 200년 가까이 지나서야 간행된《이충무공전서》의 체재·분량·내용은 국왕 정조의 특별한 관심과 후의를 감안하지 않고는 설명되지 않는다. 정조는 왜 이렇게 이순신의 숭모와 현창에 전례 없는 노력을 기울였던 것일까? 지금부터는 정조대 이순신 현창 사업의 동기와 목적에 대하여 좀 더 상술해보겠다.

첫째, 여러 선행 연구에서 이미 밝혔듯이 영·정조대 이순신은 대명의리의 고수 또는 중화질서의 수호 면에서 그 공헌이 높게 평가되었다.[156] 정축년 인조의 출성 항복으로 만인의 시선 속에 대명의리를 명백하게 부정한 조선은 이후 그 정신적 내상을 치유하기 위해 많은 노

155) 정해은, 2004, 앞의 책, 451쪽; 민장원, 2016, 앞의 논문, 25쪽 참조.

156) 관련 연구사 정리는 민장원, 2016, 앞의 논문, 25쪽.

력을 기울였다.[157] 정조는 송시열과 이순신을 각각 문과 무의 측면에서 대명의리의 명분을 고수한 상징적 인물로 크게 현창하였다.[158] 북벌대의를 주장했다고 알려진 송시열은 다른 명분이 필요 없었고, 이순신의 경우 명 황제로부터 받았다고 전해진 도독인(都督印) 등의 하사품과 일본군의 명나라 도해(渡海)를 차단한 공로가 그 명분으로 부각되었다.[159] 일본군을 패주시킨 이순신의 공렬(功烈)이 정조에게는 임경업의 숭명배청 행위와 다를 바 없는 것으로 간주되었다.

둘째, 이순신은 군주에게 버림받아 벼슬에서 쫓겨나고 국문까지 받은 처지였지만 흔들림 없이 왜적 방어라는 자신의 임무를 완수하였다. 조선 후기의 국왕들은 그를 억울한 모함을 받았음에도 불구하고 사직을 보전할 만한 큰 공을 세운 무장으로 기억하고 포장하였다.[160] 영조의 뜻을 이은 정조 역시 이순신의 후손으로 무신란 때 순절한 이홍무와 이봉상을 높이 평가하였다.[161] 요컨대, 이순신은 대명의리에 이어 군신의리의 화신으로서 널리 포장될 자격을 충분히 갖추고 있었다. 정조는《이충무공전서》발간을 통하여 이순신의 언행을 널리 전파함으로써 후대의 귀감으로 삼고자 하였다.[162]

셋째, 이순신은 당대인에게 의리와 사공(事功)을 겸용한 보기 드문

---

157) 허태구, 2019,《병자호란과 예(禮) 그리고 중화(中華)》, 소명출판, 217~238쪽 참조.

158) 정두희, 2007, 〈이순신에 대한 기억의 역사와 역사화-400년간 이어진 이순신 담론의 계보화〉,《임진왜란 동아시아 삼국전쟁》, 휴머니스트, 202쪽; 민장원, 2016, 앞의 논문, 19·20쪽.

159)《정조실록》권35, 정조 16년 7월 25일(임술), "教曰 四昨祗拜皇壇 爲神皇忌辰也 …… 因此思之 以文正公宋時烈倡明大義 許其子孫 陪參于望拜之班 已爲成式 況忠武之受皇朝都督之誥印者乎 忠武後裔 依文正家例 使之參班".

160) 정두희, 2007, 앞의 논문, 199쪽.

161)《정조실록》권25, 정조 12년 3월 2일(갑자).

162)《승정원일기》, 정조 19년 12월 5일(임술), "傳于李肇源曰 昨有嶺宰辭陛者 新印忠武公全書 於其行齎往 俾藏統營忠烈祠 夜又明燭諦閱 感其人之忠孝 起曠感於百載 咨嗟嘘唏 坐度深更 不覺鷄旣鳴矣".

영웅으로서, 의리를 지키다가 현실에서 좌절한 인물이 아니었다. 아래 류성룡과 이익의 평가에서 보이듯이 그의 전공은 사직을 보존하고 국가를 재조(再造)한 것으로서 조선 후기 내내 높이 평가받았다.

> 대개 적은 본디 수군과 육군이 합세하여 서쪽으로 내려오고자 하였는데, 이 한 번의 싸움(=한산도대첩)으로 그들의 한 팔이 끊어져버린 것처럼 되고 말았다. 따라서 고니시 유키나가(小西行長)가 비록 평양을 빼앗았으나 그 형세가 외롭게 되어 감히 더 전진하지 못하였다. 이로 인해 나라에서는 전라도와 충청도 나아가 황해도와 평안도의 연해 지역 일대까지 보전함으로써 군량을 조달하고 명령을 전달할 수 있게 되었기 때문에 국가의 중흥을 달성할 수 있었였다.[163]

> 임진왜란에 있어, 재조의 공은 마땅히 석성을 첫째로 하고, 이순신을 다음으로 하고, 이여송을 그 다음으로 하고, 심유경(沈惟敬)을 또 그 다음으로 해야 하며, 그 나머지 조그만 승패는 족히 따질 것이 못 된다. 석성이 아니면 명군이 나오지 못했다. 처음부터 끝까지 우리나라 일을 힘써 주장한 것이 석성이다. 평양의 승첩은 단지 왜의 수군이 이순신에게 꺾인 바 되어, 수륙으로 장구(長驅)하는 세력을 잃어 머뭇거리고 나아가지 못하다가 대군을 만나서 물러난 것이다.[164]

이익은 문무겸전의 이상을 달성하기 위해서는 무성왕묘(武聖王廟)[165]

---

163) 류성룡(柳成龍), 《징비록(懲毖錄)》 권1.

164) 이익, 《성호사설》 권17, 인사문(人事門) 〈임진재조(壬辰再造)〉.

165) 정치가이자 군사 전략가인 강태공(姜太公) 여상(呂尙)의 사당. 그는 주나라 무왕을 도와 상나라를 멸망시켰다. 《무경칠서》 가운데 하나인 《육도》의 저자로 알려져 있다.

를 창건해야 한다고 주장하였다. 이때 그는 배향할 만한 조선의 무장으로 오직 김유신(金庾信), 강감찬(姜邯贊), 이순신을 꼽았다.[166] 정조대 군신은 그의 공로를 제갈량에 비견할 정도였는데,[167] 근대 역사학이 도입된 이후에도 이러한 평가는 부정되지 않았다. 주지하다시피 임진왜란 극복의 3요소로는 흔히 의병의 봉기, 명군의 파병과 더불어 이순신이 지휘한 조선 수군의 활약이 언급된다.

마지막으로, 정조가 그토록 추구하였던 문무겸전의 이상적 인물이 바로 이순신이었다. 그는《일득록》인물조에 노량해전의 장대함을 절찬(絶讚)하면서 조선 역사상 문무겸전의 인물로 이순신 단 한 명을 손꼽았다.

> 이충무공이 등자룡(鄧子龍)과 함께 석만자(石曼子)를 협공할 때 창해가 치솟아 오르고 풍운이 아연실색하였으니, 수전의 장대함이 자고로 이보다 큰 적이 없었다. 일찍이 그에 대한 기실문(紀實文)을 보았는데 초라하여 보잘것없었다. 그래서 내가 그의 (신도)비문을 지어 그의 공로를 기술하여 드러내고자 하였다. 대체로 우리나라의 인물 중에 문무를 겸비한 사람을 꼽는다면 충무공 한 사람만이 해당된다 하겠다.[168]

---

166) 이익,《성호사설》권8, 인사문(人事門)〈무성왕묘(武聖王廟)〉, "文武不可闕一 不然如鳥隨一翼 車脫一輪 國未有不亾者也 孔子垂文教 綱常以之不毁 太公傳兵法 禍亂得以戡之 苟使武略無備 雖有禮樂聲明之燦然 恐不可一朝居也…文武二教固宜並立 我邦則武教最疎 一有外侮降附乞哀爲檀公上策 如欲崇奬興起 必也先尊教之所自出 武成之廟 何可不擧 雖不能遍于諸州 宜先立於京師 以古名將及 我國姜邯贊李舜臣配食".

167)《이충무공전서》권수(卷首), 사제문(賜祭文)〈당저(當宁) 어제(御製) 고금도유사(古今島遺祠) 사제문(賜祭文)〉, "大亂之肇 人爲時出 晟尊唐社 葛復漢室 後千百載 合爲一人 以靖島氛 時在壬辰";《정조실록》권46, 정조 21년 윤6월 6일(갑진) "次對 右議政李秉模啓言 …… 如忠武公李舜臣 幾乎諸葛武侯後一人 當其潦倒之時 以先正李文成之賢 重之以同宗之親 兼之以本兵之權 求見而不可得觀 此一着 足以推後來樹立".

168)《홍재전서》권173,《일득록》13,〈인물〉3.

정조는 왜 그를 문무겸전의 상징적 인물로 지목하였던 것일까? 그 이유는 다음과 같다고 생각한다. 우선, 그의 비루하지 않았던 행적과 인품이다.[169] 그는 벼슬을 탐내어 고위 관료에게 줄을 대거나 청탁하지 않았고,[170] 상관의 명령이라도 부당하고 불의한 것이면 사리를 따지며 이행하지 않았다.[171] 그리고 정치적으로 불이익을 당할 것을 뻔히 알면서도 자신의 도리를 져버리지 않았다.[172] 이러한 그의 태도는 '무장들은 용력(勇力)이 세거나 무공만 높을 뿐 염치없는 행위를 마다하지 않는다.'는 선입견을 깨기에 부족함이 없었다. 다만 정치적 필요에 따라 관행적으로 주는 선물인 부채 등을 중앙의 고관에게 상납하는 융통성을 보이기도 하였다.[173]

더욱이 이순신은 무과에 급제하여 벼슬길에 나아간 무반이었지만 유장(儒將)의 이미지가 강했다. 유장은 원래 문관이지만 무재(武才)를 지닌 자를 가리키는 말이었으나, 이순신은 반대로 무관임에도 불구하고 문관적 소양을 가진 인물로 알려져 있었다. 이순신을 전라좌수사에 천거한 류성룡은 그의 인상을 조용하지만 기개가 곧고 굳은 선

---

169) 이하 언급한 이순신의 행적은 주로《이충무공전서》에 실린 최유해(崔有海, 1588~1641)의 〈행장〉과 이식(李植, 1584~1647)의 〈시장〉에 의거하여 파악하였다. 기록의 성격상 약간의 과장이 섞여 있지만 기본적 사실 관계에는 큰 오류가 없다고 본다.

170) 병조판서 김귀영(金貴榮)의 서녀를 첩으로 주겠다는 제안을 거절한 일, 같은 본관인 이조판서 이이(李珥)의 만나보자는 청을 거절한 일 등.

171) 훈련원 봉사(奉事)로 재직할 때 병조정랑 서익(徐益)의 인사 청탁을 거절한 일. 발포만호(鉢浦萬戶)로 재직할 때 거문고 제작을 위해 만호영 객사에 있는 오동나무를 베어오라는 전라좌수사 성박(成鎛)의 명령을 거절한 일, 훈련원에 다시 돌아와 근무할 때 자신이 메고 있던 전통(箭筒)을 달라는 정승 유전(柳琠)의 청을 거절한 일 등.

172) 정여립(鄭汝立)의 옥사에 연루된 도사(都事) 조대중(曹大中)과 주고받은 편지를 증거물에서 빼주겠다는 금오랑(金吾郎)의 제안을 거절한 일, 정여립의 옥사에 연루된 스승 정언신(鄭彦信)의 옥을 찾아가 안부를 전한 일 등.

173) 이익,《성호사설》권25, 경사문(經史門) 〈두예이순신(杜預李舜臣)〉, "杜預在鎭 數餉遺洛中貴要 人問其故 預曰 但恐為害 非求益也 又如我邦李忠武舜臣當壬辰之亂 統制水軍 亦以間隙鳩工造扇箑之類 遍遺卿宰 卒成中興之勳 此可以淚千古之志士矣".

비로 묘사하였다.

> 순신의 사람 된 바는 말과 웃음이 적고 용모가 단아하여 몸을 닦고 언행을 삼가는 선비와 같았다. 그러나 그 속에는 담기(膽氣)가 있어 자기 몸을 버리고 순국하였으니 이것은 평소에 축척한 바이다.[174]

류성룡과 관련된 또 다른 기록에서도 이순신은 외유내강의 전형으로 묘사된다.[175] 진위 여부를 알기 어렵지만 당대에 형성된 이순신의 이미지는 충분히 미루어 짐작할 수 있다. 정조가 신료들과의 대화 중에 "이순신은 무인이지만 또한 선정(先正)으로 일컬어졌던 것을 보면, 선정을 꼭 유현(儒賢)에게만 사용하지 않는다는 것이 분명하다."고 언급한 내용을 보면,[176] 이순신은 유장을 넘어 문사로서의 인상마저 엿보인다.

원래 문반 가문에서 태어난 그는 글쓰기에 능해 장계 초안을 직접 작성할 수 있었다. 1589년(선조 22) 정읍현감 재임 시에는 궐석이 된 태인현(泰仁縣)을 동시에 다스리면서 미결 서류를 순식간에 처리하여 지역민의 큰 호응을 얻기도 하였다.[177] 행정가로서의 판단력 및 문서 처리 능력도 우수했다는 것을 알려주는 한 사례이다. 성대중이 기록

---

174) 류성룡, 《징비록》 권2, "舜臣爲人 寡言笑 容貌雅飭 如修謹之士 而中有膽氣 亡身殉國 乃其素所蓄積也".

175) 성대중(成大中), 《청성잡기(靑城雜記)》 권5, 〈성언(醒言)〉, "柳西厓成龍 以玉堂歸覲 涉漢江 江漲涉繁 爭舟頗擾 有便衣客 貌似武人 獨牽馬上舟 醉者踵升 怒其先也 醜辱之甚肆 舟中皆忿 至欲代之鬪 客則低首歛策 竟涉若無聞也 西厓意亦孱之 及舟泊 客鞭馬先下 加束其鞅 醉者不輟詈而繼下 乃貴家隷也 客左執馬轡 右攫醉隷 捷如猛虎之搏兔 拔劍斬之 擲其首於江 而面不改色 上馬徑去 倏忽不見 渡口見者 並大驚失魄 西涯乃獨奇 歎曰 此大將材也 常內記之 後察之就注之列 乃忠武公也 西厓之識公 實始於此 不獨以栗谷薦也".

176) 《정조실록》 권21, 정조 10년 3월 20일(갑자), "上曰 …… 李舜臣 武人也 而亦以先正稱之 則先正之不必用於儒賢也 明矣".

한 다음과 같은 일화는 그가 목민관으로서의 대민 소통 능력과 함께 군 지휘관으로서의 지략·실천력·용인술을 겸비한 인물이라는 것을 잘 보여준다.[178] 아울러 말미에 보이는 송시열의 평가 역시 유장을 연상케 하는 이순신의 이미지 또는 문무겸전의 소양을 가리키는 것임에 틀림없다.

> 충무공 이순신이 처음 호남 좌수사에 제수되었을 때 왜적이 침입한다는 경보가 다급했다. 왜적을 막는 것은 바다에 달려 있었으나 공은 바다를 방비하는 요해처를 알지 못했다. 그래서 날마다 포구의 남녀 백성들을 좌수영 뜰에 모아놓고 저녁부터 새벽까지 짚신도 삼고 길쌈도 하는 등 하고 싶은 대로 하게 하면서 밤만 되면 술과 음식으로 대접하였다. 공은 평복 차림으로 그들과 격의 없이 즐기면서 대화를 유도하였다. 포구의 백성들이 처음에는 매우 두려워했으나 시간이 지날수록 친숙해져 함께 웃으면서 농담까지 하게 되었는데, 그들의 대화 내용은 모두 고기 잡고 조개 캐면서 지나다닌 곳에 관한 것들이었다.
> '어느 항구는 물이 소용돌이쳐서 들어가면 반드시 배가 뒤집힌다', '어느 여울은 암초가 숨어 있어 그쪽으로 가면 반드시 배가 부서진다.'고 말하면 공이 일일이 기억했다가 다음날 아침 몸소 나가 살폈으며, 거리가 먼 곳은 휘하 장수를 보내 살펴보게 하였는데 과연 그러하였다. 급기야 왜군과 전투를 하게 되어서는 번번이 배를 끌고 후퇴하여 적들을 험지로 유인해 들였는데, 그때마다 왜선이 여지없이 부서져 힘들여 싸우

177) 이민웅, 2008, 〈충무공 이순신의 성장 배경과 문무겸전〉, 《이순신연구논총》 10, 순천향대학교 이순신연구소, 12~18쪽 참조.

178) 부하 장수 및 하급 군사들과 적극 소통하는 이순신의 리더십에 대해서는 노영구, 2009, 〈이순신의 리더십에 나타난 소통의 능력〉, 《역사비평》 89, 역사비평사 참조.

지 않고도 승리하였다. 좌의정 송시열이 예전에 자신의 손님에게 이 이야기를 해주면서 "장수만 그래야 하는 것이 아니라 재상 역시 그처럼 해야 한다(非惟將帥然也 爲相亦當如是)."고 말하였다. 그러나 충무공이 물길에 익숙했던 것은 포구의 백성에게 들었기 때문만은 아니다. 여러 차례 해진(海鎭)의 장수를 지낸 어영담(魚泳潭)이 물길의 요해처를 잘 알았기 때문에 공을 도운 것이 많았으니, 견내량해전(=한산도대첩)과 명량해전은 오로지 지리를 이용해 승리를 거둔 경우이다.[179]

이익 역시 군수물자를 스스로 조달해야만 했던 관리자로서 이순신이 갖추고 있었던 능력을 높이 평가한 바 있다.[180] 이순신이 임진왜란의 오랜 강화 협상 기간 동안 전선 건조, 병력 충원, 군량 확보에 열중하여 큰 성과를 거둔 것은 유명한 사실이다.[181] 일반 병사라면 각개 전투에서 맡은 바 임무를 충실히 수행하기만 해도 충분하다. 특별한 장기를 하나라도 지닌 스페셜리스트(specialist)라면 더욱 좋다. 그러나 고위급 군사 지휘관은 다수의 휘하 병력과 함께 장기간의 전쟁을 지휘하면서 가용한 자원을 총동원하여 최종 승리라는 목표를 달성해야 하기 때문에, 군사적 능력뿐만 아니라 정치, 경제, 외교, 심리 등 다방면에 통합된 지식을 갖추고 있어야만 한다.[182] 이러한 속성을 유교 전통에서는 문무겸전이라 호명했던 것이다.

---

179) 성대중, 《청성잡기》 권5, 〈성언〉.

180) 이익, 《성호사설》 권14, 인사문(人事門) 〈설경영(設京營)〉, "又置統制使以李舜臣兼統三道水軍 舜臣以為陸民困於軍興 今但付一面海浦 則粮械自足 至是煮海販塩積穀鉅萬 募民完聚為一鉅鎮".

181) 이민웅, 2004, 《임진왜란 해전사-7년 전쟁, 바다에서 거둔 승리의 기록》, 청어람미디어, 133~163쪽 참조.

182) 제레미 블랙 엮음, 박수철 역, 2009, 《역사를 바꾼 위대한 장군들》, 21세기북스, 8~11쪽 참조.

흥미롭게도 군사 지휘관의 정점에 있는 장군을 영어로 '제너럴(General)'이라 명명한다. 전쟁을 전체 국면에서 바라보며 관리·지휘하는 자라는 의미이다. 반면 우연일지는 모르나 '스페셜리스트(specialist)'라 호명되는 미군 병사의 군대 내 계급은 병장 바로 밑인 상병에 불과하다. 이상의 사실은 최고 지휘관에게 요구되는 필수적 소양이 단지 체력적 우위나 군사 기술의 탁월함이라기보다 대규모 조직을 관리한 뒤 적절한 전략·전술을 채택하여 승리를 이끌어내는 능력이라는 점을 보여준다. 이와 같은 소양과 자질은 문·무가 편중되어서는 달성할 수 없다. 그러나 문·무를 겸전하는 것 혹은 장군(General)으로서 균형적이고 통합적인 능력을 겸비하는 것은 예나 지금이나 무척 어려운 일이다. 요컨대 이순신은 문무겸전의 대표적 성공 사례로 널리 현창되기에 충분한 자격을 갖추고 있었다고 평가할 만하다.

4.

정조의 활쏘기와 상무 정책

활쏘기는 유교 전통에서 오래전부터 문과 무 또는 예와 무의 경계에 있는 활동으로 중시되어왔다. 그 기원은 문·무의 직분이 미분화된 서주시대 지배층이 예(禮)·악(樂)·사(射)·어(御)·서(書)·수(數)의 육예(六藝)에 통달한 인물을 이상적 인재로 여기는 전통에서 비롯된 것이다. 상대적으로 무보다 문의 소양을 중시한 유가였지만, 준비 단계에서 고도의 정신 집중을 요하는 활쏘기는 도덕적 자아 수양의 한 수단으로 여전히 중시되었으며, 군자의 높은 덕을 상징하는 행위로 이해되었다.

> 이런 까닭으로 옛날에 천자는 활쏘기를 가지고 제후·경·대부·사를 뽑았다. 활 쏘는 것은 남자의 일인데 예·악으로써 이것을 장식하였다. 그러므로 그것을 행하여 예악을 완성하니, 자주하여 덕행을 세울 수 있는 것으로 활쏘기만 한 것이 없다. 따라서 성왕(聖王)은 (활쏘기에) 힘을 다했다.[183]

군자는 다투는 일이 없으나, 활쏘기만은 반드시 다툰다. 읍(揖)하고 사양하면서 당(堂)에 올라가고 내려와 벌주를 마시니, 그 다툼이 군자답도다. …… 활쏘기에서 굳이 과녁을 뚫는 데 주력하지 않는 것은 (사람마다) 체력이 같지 않기 때문이다. 이것이야말로 옛날의 활 쏘는 도이다.[184)]

인(仁)이라는 것은 활을 쏘는 것과 같다. 활을 쏘는 자는 몸과 마음을 똑바르게 한 후에 화살을 발사하여, 설사 과녁에 맞히지 못하더라도 자기를 이긴 자를 원망하지 않고 적중시키지 못한 원인을 자기에게서 찾을 뿐이다.[185)]

주대 이후 활쏘기는 군신 상하 간의 질서와 화합을 도모하는 의례로 정립되어 《주례》·《의례(儀禮)》·《예기(禮記)》의 삼례(三禮)와 《통전(通典)》을 비롯한 각종 사서 및 예서에 수록되었다.[186)] 유교적 이상을 추구한 조선도 대사례(大射禮)를 비롯한 각종 사례를 《국조오례의》 등의 예서에 수록하고 이를 실천하려고 애썼다. 특히 1743년(영조 19) 대사례의 시행과 《대사례의궤(大射禮儀軌)》의 편찬은 이와 연관된 활동으로 많은 주목을 받았다.[187)]

정조가 신궁에 가까운 활쏘기 능력을 지녔다는 이야기는 널리 알려져 있다. 선행 연구에 의하면 정조의 활쏘기 기록은 1787년부터

183) 《예기》, 〈사의(射儀)〉.

184) 《논어》, 〈팔일(八佾)〉.

185) 《맹자》, 〈공손추〉 상.

186) 강신엽, 2001, 〈조선시대 대사례의 시행과 그 운영-《대사례의궤(大射禮儀軌)》를 중심으로〉, 《조선시대사학보》 16, 조선시대사학회, 1~3쪽 참조.

187) 강신엽, 2001, 앞의 논문; 신병주, 2002, 〈영조대 대사례의 실시와 《대사례의궤》〉, 《한국학보》 106, 일지사; 심승구, 2009, 〈조선시대 대사례의 설행과 정치·사회적 의미-1743년(영조 19) 대사례를 중심으로〉, 《한국학논총》 32, 국민대학교 한국학연구소 등.

1798년까지 1788년과 1794년을 제외한 총 10개 년의 것이 확인되는데, 문·무 근신들과 함께 총 262회의 활쏘기를 거행하였다고 한다.[188] 그는 총 1,152순(巡)에 5,760시(矢)의 화살을 발사하여 3,966시를 적중시킴으로써 평균 69퍼센트의 적중률을 보였다. 특히 50시를 연속 발사하는 10순 활쏘기를 할 때 1790년 1회, 1792년 14회, 1793년 2회의 몰기(沒技)를 기록하였다. 몰기란 과녁에 화살을 모두 명중시키고 마지막 남은 하나의 화살을 일부러 명중시키지 않는 행위를 말하는데, 1792년(정조 16) 10월 30일부터 12월 27일까지 2개월 동안 집중적으로 나타났다. 다음 기록은 정점에 달한 정조의 활쏘기 기량을 보여주는 대표적 사례이다.

> 춘당대(春塘臺)에서 활쏘기를 하여 10순에 49발을 맞혔다. 또 작은 과녁은 1순 전부를 모두 맞히고 각신들에게 고풍(古風)을 내렸다. 그리고 뒤이어 여러 신료들과 연구시(聯句詩)를 지었다.[189]

> 영화당(映花堂)에 나아가 초계문신에게는 친시(親試)와 과시(課試)를, 선전관에게는 강과 활쏘기를 시험 보게 하였다. 상이 활을 쏘아 연거푸 명중시키고는 여러 신료들을 돌아보며 "내가 요즈음 활쏘기에서 49발에 그치고 마는 것은 모조리 다 명중시키지 않기 위함이다."라고 말하였다.[190]

> 춘당대에서 활쏘기를 하여 20순에 98발을 맞혔다.[191]

---

188) 이하 서술한 정조의 활쏘기 기록은 장을연, 2017, 〈정조 활쏘기와 고풍〉, 《규장각》 51, 서울대학교 규장각한국학연구원, 305~308쪽을 참조하여 정리하였다.

189) 《정조실록》 권36, 정조 16년 10월 30일(을미).

190) 《정조실록》 권36, 정조 16년 11월 26일(신유).

정조의 활쏘기 관련 활동은 주로 상무 정신에 입각한 문무의 겸비, 실전 대비를 위한 무예 연마, 문신 압박의 의도라는 관점에서 설명되어왔다.[192] 활쏘기가 능숙하지 않은 문신 정약용이 훈련도감의 본영인 북영에 끌려가 실력이 향상될 때까지 연습한 사례도 유명하다.[193] 그러나 유교 전통 내에서 활쏘기라는 행위가 예와 무 또는 문과 무의 경계에 있었다는 점, 그리고 이것이 사례(射禮)라는 형식으로 수행되었다는 점 역시 고려해야 한다. 단지 상무 정신의 함양이나 군사 기예의 습득이란 측면에서만 정조의 활쏘기를 고찰한다면, 다음과 같은 점을 설명하기 어렵다.

우선 군사력 강화가 목적이었다면 활쏘기보다 조총 사격이나 기마(騎馬)·기사(騎射)가 더 권장되었어야 했다. 임진왜란 이후 화약 병기의 보급과 활용은 거스를 수 없는 대세가 되었지만, 고급 무관의 소양으로 조총 사격이나 화약 병기에 대한 지식은 권장되지 않았다. 《신전자초방(新傳煮硝方)》과 같은 관련 서적이 1786년(정조 20) 우의정 윤시동(尹蓍東)의 건의로 중간되기는 하였지만, 《병학통》이나 《무경칠서》와 같이 국왕이 직접 열람한 흔적은 보이지 않는다. 정조가 직접 조총을 방포한다거나 화약 병기를 연구한 흔적도 보이지 않으며, 전투 기술의 향상을 위해 기마·기사를 연마한 사례도 없다. 활쏘기, 기마, 기사, 조총 방포, 무예 등은 분명 무와 관련된 활동이었지만, 위상의 차이가 분명 있었으며 시행하는 주체는 신분이나 군 계급에 따라 구별되었다.[194] 하급 무관마저도 마상재를 기피하여 정조의 격노를 초래한 다음 사례는 이와 같은 분위기를 반영하는 것이다.

---

191) 《정조실록》 권36, 정조 16년 12월 27일(신묘).

192) 장을연, 2017, 앞의 논문, 310~302쪽; 최형국, 2012, 앞의 논문, 116·117쪽.

193) 정약용, 《다산시문집》 권14, 기(記) 〈북영벌사기(北營罰射記)〉.

춘당대에 나아가서 초계문신에게 친시를 행하고, 겸하여 내시사(內試射)를 행하였다. 이날 별군직(別軍職)에게 자원에 따라 마상재를 시험 보이도록 명하였으나 모두 회피하였다. 신응주(申應周) 등을 잡아들이도록 명하고 "너희들은 모두 활 쏘고 말 타는 재주 때문에 지금 근밀(近密)한 직임에 있는데, 이처럼 원(苑)에 나와 시험 보이는 날을 맞아서 서로 미루고 핑계대면서 어명에 응할 생각을 하지 않고 도리어 말을 달리고 칼 쓰는 일을 수치스럽게 보고 있다. 오늘날 법 기강이 아무리 땅을 쓴 듯이 없어졌다고 하더라도 너희들이 어찌 감히 이럴 수 있단 말인가?"라고 하교하였다.[195]

아울러 정조의 활쏘기에는 많은 문·무 신료들이 함께 참여하였다는 점을 상기해야 한다. 이것은 활쏘기, 즉 사례가 무신뿐만 아니라 문신들의 소양으로 권장되었음을 의미한다. 이 경우 활쏘기는 전투 기술보다 도덕적 자아 수양의 한 방편이자 표출로 인식되었다.[196] 정조가 정약용에게 벌사(罰射)를 명한 이유가 '문무를 겸한 인재가 아니었기 때문'이라는 점도 주목해야 한다.[197] 이상의 점들을 고려하면서

194) 김우철, 2000,《조선 후기 지방 군제사》, 경인문화사, 65·66쪽; 정해은, 2007, 〈18세기 무예 보급에 대한 새로운 검토-《어영청중순등록(御營廳中旬謄錄)》을 중심으로〉,《이순신연구논총》9, 순천향대학교 이순신연구소 참조.

195)《정조실록》권18, 정조 8년 9월 23일(을해).

196)《성종실록》권91, 성종 9년 4월 17일(무신), "傳于承政院曰 予欲觀宰相射 其令議啓 都承旨任士洪啓曰 射者觀德 非尙貫革 升降揖讓 禮寓其中 雖廟堂老臣 稍有射藝者 許令入參 縱不能射 竝皆入侍 或觀射 或論道 無所不可";《홍재전서》권176,《일득록》16 〈훈어(訓語)〉 3, "御後苑觀射 以柳葉箭貫革 猶嫌其大 乃小其的 曰掌革 其小如掌也 曰片布 曰片革布帿 貫革之絶小者也 曰的 卽鐵箭防牌也 又有小於此者 曰棍 曰摺扇 曰團扇 每射發無不中 中必洞貫 敎曰 射之妙以神會之 故的逾小而神逾專 始知一蝨車輪 儘是三昧法".

197) 정약용,《다산시문집》권14, 기(記) 〈북영벌사기(北營罰射記)〉, "上曰 與之酒 賞也 能藻繪雕蟲而不能射者 非文武之材 宜拘之北營 日射二十巡【百矢也】凡一巡獲一矢無遺 然後釋之".

정조의 활쏘기를 정치적·의례적 측면에서 좀 더 살펴보면, 다음과 같은 성격이 드러난다.

첫째, 정조의 활쏘기 역시 조종의 업적을 계승하는 계지술사의 측면이 강했다. 1534년(중종 29) 마지막으로 실시된 대사례를 부활시킨 조부 영조와 신궁으로 명성을 떨쳤던 태조 이성계의 행적은 정조에게 좋은 모범으로 인식되었다.[198] 그는 활쏘기를 가업으로 인식하였기 때문에 젊었을 때부터 열심히 연마하였다. 실제 활쏘기 자체가 그의 적성과 기호에 어긋나지 않았던 것으로 보이며,[199] 이러한 행위는 사어(射御)에 능숙했다고 알려진 사도세자의 행적을 숭모하는 행위와도 연관이 있었을 것이다.[200] 그는 자신이 사례를 거행할 때 대구(帶鉤), 자립(紫笠), 금대(錦帶), 협수(夾袖), 패도(佩刀) 등 선대왕들이 쓰던 유품을 의도적으로 착용함으로써 추원보본(追遠報本)의 의미를 드러내고자 하였다고 고백하였다.

내가 입은 복식은 모두 선왕들께서 입으셨던 옛 의복들이다. 대구는 효

---

198)《정조실록》 권14, 정조 6년 11월 27일(경신), "尊英宗爲世室 下綸音 諭入庭宗親文武百官曰…修我五禮 明我六典 大射于頖 親耕于耤 …… 此寧考之敦禮也";《정조실록》 권36, 정조 16년 10월 30일(을미), "教曰 粤我聖祖 天縱聖武 射法通神 芟刈僭亂 百戰而成大業 長弓大羽 尙在於豐沛舊宮 凡我臣庶 敬之若漢家之斬蛇劍焉 猗歟盛哉 自是聖繼神承 重熙累洽 文治之休明 比隆三代 而未嘗不以射藝爲重 其炳烺於國史野乘者姑無論 卽宮中之所傳誦 予小子之所覩記 射法之妙 有非凡人所可仰測 然則射者 實我朝家法也 予性喜射 且念此亦仰述之一端 少時射".《용비어천가(龍飛御天歌)》에 묘사된 이성계의 활쏘기와 이와 연관된 서사 전략에 대해서는 정다함, 2015, 〈《용비어천가》에 나타난 역성혁명의 구체적 서사와 그 함의〉,《조선시대사학보》 72, 조선시대사학회, 28~30쪽 참조.

199)《정조실록》 권9, 정조 4년 5월 22일(경자), "校理姜沈上疏曰 殿下頻於後苑 親較射藝 夫射者 君子所以觀德 詰戎講武 亦爲王政之大者 或於澤宮禁苑 古例式倣 與卿大夫 進退折旋於熊候貍首之間 則一堂君臣 咸囿風雲之度 百年升平 恒存陰雨之戒 而今則不然 無論寒燠 不避風霧 頻勞玉趾 親御矍圃".

200)《정조실록》 권36, 정조 16년 10월 30일(을미), "御製誌文曰…按宮中記聞曰 小朝自幼時 志度已英爽 遊嬉必陳兵威 …… 又善射御 執矢發鵠 發必中心 臨轡飛鞚 悍馭亦馴".

묘(孝廟, 효종)께서 쓰셨던 것이고, 자립은 현묘(顯廟, 현종)께서 쓰셨던 것이고, 금대는 숙묘(肅廟, 숙종)께서 쓰셨던 것이고, 협수는 선조(先朝, 영조)께서 끼셨던 것이거니와, 지금 이 패도도 아버님 경모궁(사도세자)께서 일찍이 착용하셨던 장신구이다. 본래의 체취가 아직 가시지 않았으며 쓰시던 손때가 그대로 남아 있으니 전가의 보물이 어찌 적도(赤刀)나 천구(天球)[201]뿐이겠는가? 내가 가끔 이것들을 착용하는 것은 추모의 마음을 담으려는 것이다.[202]

둘째, 정조는 사례의 정비를 통해 고례·고제의 회복을 추구하였다. 그는 주대와 달리 대사(大射)와 연사(燕射)가 구분되지 않고 시행되는 조선의 현실에 의문을 제기하고, 연사례(燕射禮) 의주(儀註)의 마련과 보완을 지시하였던 것이다.

성주(成周) 때의 제도에 천자·제후의 활쏘기가 세 가지가 있었다. 택궁(澤宮, 성균관)에서의 활쏘기를 대사라 하고, 교외에서의 활쏘기를 빈사(賓射)라 하고, 연침(燕寢, 궁궐의 전각)에서의 활쏘기를 연사라고 했는데, 이 세 가지의 활쏘기는 모두 덕행을 관찰하고 예양(禮讓)을 익히기 위한 것이었다. 우리 국조에서는 택궁과 연침의 것을 모두 대사라고 하였

201) 모두 주나라의 보물이다.《서경》〈고명(顧命)〉 편에 "옥을 오중(五重)으로 하며 보물을 진열하니, 적도와 대훈과 홍벽과 완염은 서서에 있고, 대옥과 이옥과 천구와 하도는 동서에 있다〔越玉五重 陳寶赤刀大訓弘璧琬琰在西序 大玉夷玉天球河圖在東序〕."라는 말에서 나온 것이다. 적도는 주나라 무왕이 주(紂)를 정벌할 때 사용했다는 적색으로 장식한 보도(寶刀)이다. 천구는 옥으로 만든 진귀한 구슬이다.

202)《홍재전서》 권175,《일득록》 15 〈훈어〉 2, "嘗御春塘臺 與近臣行燕射禮 敎曰 今予服飾 皆列朝舊御之物也 帶鉤孝廟所御也 紫笠顯廟所御也 錦帶肅祖所御也 夾袖先朝所御也 今此佩刀 又是景慕宮所嘗服用之具也 天香不沫 御澤猶存 傳世寶藏 不啻如赤刀天球 而予時或服襲 蓋寓羹墻之思也【直提學臣金載瓚己酉錄】".

고, 또한 그 의문(儀文)에 있어서도 대부분 후세의 것을 따라한 것이 많아 모두 성주 때의 제도에 딱 맞는 것이 아니었기 때문에, 내가 몇 해 전에 각신에게 명하여《의례》및《대례(戴禮)》를 널리 고찰해보고 짐작해서 가감하여 한 번 강행(講行)하게 했다.[203]

정조의 명으로 1779년(정조 3) 9월 규장각에서 연사례 습의(習儀)가 거행되었고 불운정(拂雲亭)에서 본 의식이 거행되었다.[204] 1783년(정조 7) 12월에는 춘당대에서 다시 거행되었는데, 본 의식인지 습의인지는 불확실하다.[205] 이 결과 주대 제도를 참고한 연사례 의주와 음악이 조선의 실정에 맞게 조정되어 마련되었다. 이와 같이 연사례에 관련된 예와 악이 같이 정비됨으로써, 여기에 참여한 자들은 예와 악을 같이 익히게 되었다.[206] 사례의 시행은 당대인에게 주대라는 이상 사회의 재현을 상징하였다.[207]

이러한 사례나 활쏘기의 거행은 상징적으로나 실질적으로 참여한 군신 간의 질서를 확인하고 유대를 도모하도록 기획되었다. 사례의 위차(位次)·음악·과녁·거리·도구·절차는 군신 간의 위계, 즉 군신지

203)《정조실록》권16, 정조 7년 12월 10일(정묘).

204) 정조대 연사례 시행에 대해서는 송현이, 2018,〈정조대 연사례(燕射禮) 연구〉,《국악원논문집》38, 국립국악원을 참조하였다.

205) 송현이, 2018, 앞의 논문, 82쪽.

206) 정조는 "興於詩 立於禮 成於樂"이라는《논어》〈태백(泰伯)〉편의 유명한 구절과 같이 시(詩), 예(禮), 악(樂)을 교화 또는 예치의 수단으로 중시하였다.《시악화성(詩樂和聲)》과《악통(樂通)》은 정조대에 편찬된 유명한 음악 이론서이다. 악에 대한 정조의 인식과 성과는 송지원, 2007,《정조의 음악 정책》, 태학사 참조.

207)《정조실록》권53, 정조 24년 2월 22일(을사), "持平李敬臣上疏曰 …… 謹按儀禮中 燕禮及大射禮 乃三代人君與群臣相與揖讓者也 朱子曰 君臣之間 一於嚴敬 則情或不通 而無以盡忠告之益 故因其飮食聚會 而制爲燕饗之禮 以通上下之情 而致殷勤之厚也 旨哉言乎 其有得於古聖王制禮之意者盡矣 乞以此二禮 必先行之於上 以爲吾民視準則之地焉".

의(君臣之義)를 상징하였다.[208] 여기에 수반된 포상과 벌주 등의 의식은 군신 간의 화목과 유대를 증진시키는 장치로 기능하였다.[209] 사례가 아닌 활쏘기에도 고풍(古風)이라는 하사품이 지급되었다.[210] 그 종류에는 가자(加資)나 외관직(外官職), 궁(弓)·시(矢)·시통(矢筒)·은입사마안(銀入絲馬鞍)·군복 등의 무구부터 선자(扇子)·선향(扇香)·향초(香草)·연죽(烟竹)·은(銀) 등의 사치성 기호품, 《팔자백선(八子百選)》·청장력(靑粧曆)·중력(中曆) 등의 서적류, 삭서지(朔書紙)·자문지(咨文紙)·상지(狀紙) 등의 종이류, 인삼·숙지황(熟地黃) 등의 약제류, 주(紬)·향사(鄕絲)·견(絹) 등 비단류, 총모자(驄帽子)·능밀(綾蜜)·소목(燒木) 등 의식주와 관련된 생필품에 이르기까지 실로 다양하였다.[211] 이러한 품목의 하사가 군신 간의 유대 그리고 신료들의 충성심 및 사기 진작을 도모한 행위임은 두말할 필요가 없다.

마지막으로 문·무 신료가 함께 참여하는 활쏘기와 사례는 문무겸전의 한 방편이자 문무합일의 도를 상징하였다.[212] 이것은 저하된 무의 위상과 중요성을 문신들에게 상기시키고 무신들을 격려하기 위한

---

208) 《예기》, 〈사의〉, "古者諸侯之射也 必先行燕禮 卿大夫士之射也 必先行鄕飮酒之禮 故燕禮者 所以明君臣之義也 鄕飮酒之禮者 所以明長幼之序也".

209) 반고(班古), 《백호통의(白虎通義)》 13편 〈향사(鄕射)〉; 강신엽, 2001, 앞의 논문, 6~20쪽.

210) 장을연, 2017, 앞의 논문, 309쪽. 이 연구에 따르면 고풍은 당대에 다음 세 가지의 의미로 사용되었다고 한다. 첫째, 왕이 활을 쏘아 적중하면 곁에 있던 신하들이 축하하는 뜻으로 사은(賜恩)을 요청하는 풍습, 즉 사풍(射風)을 의미하였다. 둘째, 이 사풍에 따라 왕이 내려주는 하사품을 의미한다. 셋째, 어사기(御射記)나 하사품의 물목을 기록한 문서 자체를 지칭한다. 이것을 '고풍지(古風紙)'라고도 한다.

211) 장을연, 2017, 앞의 논문, 313쪽.

212) 《성종실록》 권83, 성종 8년 8월 6일(경자), "南原君梁誠之獻親祀文廟頌幷序曰…於是親祀先聖于文廟 文廟禮樂敎化之所自出也 又親行大射禮 卽在泮獻馘 以文武爲一道也 行會禮宴 卽在泮飮酒 以君臣爲一體也 殿下此擧 禮樂文武君臣上下之道 無不備具 高麗五百年史策所未嘗見也"; 《정조실록》 권11, 정조 5년 2월 18일(신유), "定親臨武臣講試儀節 敎曰 文講 武講 文製 武射 正如車輪 鳥翼 不可偏廢".

정형화된 의식이었다. 정약용이 북영 벌사를 마치고 남긴 소회는 이러한 맥락을 잘 보여준다.

> 삼가 생각하건대, 옛날에는 육예가 갖추어지지 않으면 유자라고 이름붙일 수 없었기 때문에 연회 때는 반드시 활쏘기를 하였으니, 참련(參連)과 백시(白矢) 같은 것[213]도 그들이 대부분 익혔던 것이다. 후세에는 문·무의 도가 나뉘어졌으며, 우리나라 풍속 또한 문을 귀하게 여기고 무를 천하게 여기기 때문에 어려서부터 지필을 익혀 먹을 다루고 편지글이나 쓰는 말기(末技)에서 벗어나지 못하며 평생 동안 활을 잡아보지도 못하고 늙는 자가 있다. 지금 우리 몇 사람들은 다행히 성인(聖人)의 세상에 났으니 그것만으로도 다행한 일인데, 성인의 문하에서 노닐며 궁시에 종사하게 되어 거칠게나마 활의 좌우와 당기고 놓음을 구별할 줄 알게 되었으니, 이른바 천고에 한 번 만나는 행운이 아닌가? 그런데 그 활쏘기 연습은 열흘에 지나지 않았다. 사람들이 360일 가운데 36분의 1을 할애하여 활 쏘는 기예를 스스로 익히지 못하고 임금의 가르침을 기다린 뒤에야 비로소 힘써서 하였으니, 또한 우리의 죄인 것이다.[214]

정조는 활쏘기 외에도 무의 위상 제고와 무인들의 사기 진작을 위해 다양한 상무 정책을 시행하였다. 연초에는 대궐 안의 군병을 대상으로 춘당대에서 호궤(犒饋)를 정기적으로 실시하였다.[215] 모화관(慕華

213) 참련(參連)과 백시(白矢)는 오사(五射) 중 하나이다. 전자는 앞에 화살 하나를 쏘고 뒤에 계속해서 화살 셋을 쏘는 것이고, 후자는 화살이 과녁에 꽂혔을 때 그 화살촉이 얼마나 관통했나를 보던 것이다(한국고전종합DB 각주정보).

214) 정약용, 《다산시문집》 권14, 기(記) 〈북영벌사기〉.

215) 《정조실록》 권5, 정조 2년 1월 2일(계해); 《정조실록》 권9, 정조 4년 1월 2일(신사); 《정조실록》 권48, 정조 22년 1월 7일(임신) 등.

館)과 춘당대에서 관무재(觀武才)도 시행하였다.[216] 특히 겨울철이 되면 무반 요직에 있는 신료들을 문반의 근신들과 함께 불러 모았다. 이들과 함께 시강(施講)·시사(侍射)한 다음 꿩고기를 불에 구어 술과 함께 나누어 먹으며 군신이 전장에서 생사고락을 같이한다는 뜻을 밝혔다.[217] 대규모 군사 훈련에 해당하는 대열(大閱)은 한 번밖에 열리지 않았지만,[218] 소규모 군사 훈련에 해당하는 습진과 열무는 빈번하게 개최하였다.[219] 정조는 이례적으로 300여 척의 공·사 선박을 한강에 집결시켜 수군 훈련을 개최하고 직접 참석하기도 하였다.[220] 이상의 경우에는 대개 군병을 격려하기 위한 호궤나 관무재시(觀武才試) 등이 함께 시행되었다. 문·무 신료와 각 군영의 장관(將官)·금군을 대상으로 한 시사도 권무(勸武)의 의미로 정례화되어, 그 성적에 따라 상벌이 시행되었다.[221]

조선 전기에는 사냥을 겸한 군사 훈련의 일환으로 강무·타위(打圍)·답렵(踏獵) 등이 성행하였으나, 유희적 성격의 행사이자 민폐를 끼친다는 이유로 임란 이후에는 거의 시행되지 않았다.[222] 대신 등장

---

216) 《정조실록》 권6, 정조 2년 9월 11일(정유); 《정조실록》 권28, 정조 13년 11월 5일(정해) 등.

217) 홍형순, 2015, 〈정조의 궁원(宮苑) 유락(遊樂)〉, 《한국전통조경학회지》 33-4, 한국전통조경학회, 16~18쪽; 김준혁, 2017, 〈정조의 창덕궁 내원(內苑) 군신동행과 연회 정치〉, 《한국동양정치사상사연구》 16-2, 한국동양정치사상사학회, 129·130쪽. 홍형순은 이러한 형식의 호궤연(犒饋宴)을 특별히 '설중용호회(雪中龍虎會)'라 명명하였다. 장용영 내영과 외영의 별칭을 각각 용대장(龍大將)과 호대장(虎大將)이라 한 데에서 유래한 것이라 한다.

218) 《정조실록》 권6, 정조 2년 9월 6일(무자).

219) 김문식, 1997, 〈18세기 후반 정조 능행의 의의〉, 《한국학보》 88, 일지사, 59~61쪽.

220) 《정조실록》 권42, 정조 19년 3월 17일(무진); 《정조실록》 권42, 정조 19년 3월 18일(기사).

221) 김백철, 2010, 〈조선 후기 정조대 《대전통편(大典通編)》 〈병전(兵典)〉 편찬의 성격〉, 《군사》 76, 국방부 군사편찬연구소, 106~109쪽 참조.

222) 심승구, 2007, 〈조선시대 사냥의 추이와 특성-강무(講武)와 착호(捉虎)를 중심으로〉, 《역사민속학》 24, 한국역사민속학회, 171~178쪽 참조.

한 것이 국왕의 능행을 겸한 군사 훈련이었다. 정조는 총 66회의 능행을 통해 왕권의 과시와 강화, 사·민의 통합, 수도권 성장의 보호와 촉진이라는 다양한 목적을 추구하였다.[223] 이 와중에 다양한 형태와 규모의 군사 훈련〔성조(城操), 야조(夜操), 수조(水操), 활쏘기, 매화포(埋火砲) 방포〕을 실시함으로써 무비를 점검하는 한편 상무 정신도 고취하였던 것이다.[224] 능행의 형식 측면에서 보더라도, 정조는 궁궐을 나아가 능·원·묘의 입구에 이를 때까지는 융복을 갖춰 입고 말을 타고 이동하였다.[225] 군사 훈련의 일환으로 능행을 활용하는 것은 효종 이래의 관행을 계승한 것이기도 하였다.[226] 영조와 정조는 도성 밖을 나가는 거둥 전후 관왕묘(關王廟)에 들러 배례를 거행함으로써 정충(精忠)과 상무의 정신을 드러내었다.[227]

이상에서 검토한 정조의 상무 정책 관련 활동을 청의 강희제와 비교해보면 그 차이를 쉽게 알 수 있다.[228] 반농·반목의 만주족 전통에서 성장한 강희제의 군사 지식은 정조보다 훨씬 더 구체적이었다. 기사에 능숙하였고 총포를 쏘는 것도 꺼리지 않았으며, 작전은 물론 행군·보급·통신·기상 관측에 대한 지식도 수준급이었다. 무엇보다 그

---

223) 김문식, 1997, 앞의 논문 참조.

224) 《정조실록》 권8, 정조 3년 8월 5일(병진), "展謁寧陵 英陵次驪州 …… 初更 更御淸心樓 命宣傳官 放信砲 點各營旗 又命京畿觀察使鄭昌聖 整待大小船 有頃 各營大將 率旗鼓及馬步軍兵 陣于岸上 昌聖與牧使朴師崙 整船數百艘 樓前擧起火 各營船一齊應之 奏鼓樂 本州老少男女 環江觀者 以萬數"; 《정조실록》 권42, 정조 19년 윤2월 12일(갑오), "上陪惠慶宮 詣顯隆園 行展拜禮 還御華城西將臺 閱城操夜操"; 《정조실록》 권42, 정조 19년 윤2월 14일(병신), "御射于得中亭 觀埋火砲" 등.

225) 《정조실록》 권7, 정조 3년 2월 10일(을축).

226) 김지영, 2017, 《길 위의 조정-조선시대 국왕 행차와 정치적 문화》, 민속원, 345~354쪽 등.

227) 김지영, 2016, 〈조선 후기 관왕묘 향유의 두 양상〉, 《규장각》 49, 서울대학교 규장각한국학연구원, 515~522쪽.

228) 이하 서술한 강희제의 군사 지식과 활동 및 그 내면에 대해서는 조너선 스펜스, 이준갑 역, 2001, 〈사냥과 원정〉, 《강희제》, 이산을 참조하였다.

는 준가르부의 수장 갈단을 격파하기 위한 원정길에 올라 굶주림에 시달리며 사막을 행군할 정도의 실전형 군주였다. 정지된 과녁을 겨냥한 정조의 활쏘기와 달리 강희제의 활은 살아 움직이는 맹수의 몸통에 꽂히곤 하였다. 여기에서 희열을 느끼는 강희제의 심성은 만물을 낳아 기르는 천지(天地)의 인(仁)을 본받고자 했던 군사(君師) 정조의 마음가짐과는 확실히 달랐을 것이다. 요컨대 정조의 상무 정책 관련 활동은 철저히 유교적 전통 내에서 군주에게 규범적으로 요청되는 의식을 모범적으로 행한 것이었다.

맺음말

예와 통으로 문무일체의 이상을 추구한 국왕, 정조

이 책은 정조대(재위 1776~1800)의 군사적 기획과 성취를 당대 사회의 제반 환경 속에서 종합적으로 재검토하고자 하는 시도로 집필되었다. 제목에서도 짐작할 수 있듯이, 정조대를 중심으로 조선의 주요 군사적 이슈(대외 관계, 대외 인식, 군제 개편, 병서 편찬, 화성 축성 등)와 관련된 당대의 성과와 한계를 균형 잡힌 시각으로 살펴보고자 하였다. 아울러 이를 둘러싼 정조의 외교 노선과 문·무 인식을 고찰해보고 그 함의를 파악하여, 서구 근대 군사사의 기준에서 평가받고 조망되었던 정조대 군사 분야의 성취와 변화를 당대 사회의 맥락에서 설명하고자 하였다. 이상의 연구 결과를 정리하면 다음과 같다.

1부는 정조대 대청·대일 외교의 실상, 정조의 외교 노선과 자세, 이와 연관된 대명의리 및 대보단 제례의 시행 등에 대하여 서술하였다.

정조대 청은 강희·옹정·건륭으로 이어지는 강건성세(康乾盛世)의 절정을 달리던 시기였다. 조선 역시 영·정조로 이어지는 탕평의 시대이자 문화의 융성기였다. 이러한 시대적 배경 아래 정조대 조선은 청과 총 49회의 사행을 주고받았다.

정조대 조·청 관계는 특별한 갈등이나 현안 없이 안정적 관계를 유지하였다. 청은 수많은 조공국 가운데 조선에 가장 많은 사행을 허가하였다. 삼번의 난과 타이완 정씨 세력 소탕 이후 청의 중원 지배가 공고해지자, 조선과 청의 긴장은 눈에 띄게 감소하였다. 아울러 청은 조선을 공순하면서도 가장 모범적이고 문화 수준이 높은 나라로 인식하기 시작하였다. 정조대 북경에 간 조선 사신들은 청의 우대를 온몸으로 느꼈고, 정조 자신도 같은 판단이었다. 정조는 이례적으로 건륭제의 성절 축하 사행을 세 차례나 파견함으로써 청과 우호관계를 다졌다. 건륭제 역시 정조의 성의에 상응하는 파격적인 우대를 지속적으로 베풀었다. 이러한 우대는 청의 외번 정책이라는 큰 틀 안에서 이루어진 것이기도 하였다.

조선에 온 청 사신도 이전과 달리 우호적인 분위기 속에서 극진한 대접을 받았으며, 명 사신처럼 시문을 수창하기도 하였다. 이 바탕에는 양국이 공유한 동문동궤(同文同軌)의 문명 의식이 깔려 있었다. 청에 대한 유화책은 안민과 보국을 위해서 관철된 것이었다. 동시에 정조는 후대를 받은 이상 신의와 공경으로써 청과의 관계를 유지해야 한다고 생각하고 이를 철저하게 실천하였다. 그는 대청 외교의 현장에서 실용적·호의적 태도로 일관하였는데, 선대왕인 숙종과 영조도 비슷한 경향을 보인 바 있다.

대일 외교의 경우 역지통신에 대한 사전 교섭만 오갔을 뿐 별다른 현안이나 교섭 자체가 없었다. 따라서 당시 국왕을 포함한 조야의 사대부들은 일본에 대한 급박한 위기감을 느끼지 않았다. 정조가 대일 외교에서 강조한 것은 전례(前例) 또는 전례(前禮)를 함부로 어기지 않는 성신(誠信)이었다. 그러나 양국이 심각한 경제난에 봉착함에 따라, 교착된 역지통신의 교섭의 출구가 조금씩 열리게 되었다.

정조는 영조 못지않게 대보단 제향에 열심히 참여하였다. 이 밖에도 영조대에 시행되었던 대명의리와 관련된 조치들을 확대하거나 발전시켰다. 황조인 후손을 기용하라는 전교를 거듭 내렸으며, 한인아병으로 고생하고 있던 명의 유민을 '한려(漢旅)'라는 명칭으로 새롭게 편제하여 우대하였다. 황조인 자손을 비롯하여 임진왜란·심하전투·정묘호란·병자호란 때 충성과 절개를 지킨 사람들에 대한 현창과 포장도 적극 시행하였다. 명의 유민과 마찬가지로, 이들의 후손도 대보단 의례에 참여시켰다. 정조는《존주휘편》처럼 대명의리의 고양과 관련된 편찬·간행 사업도 많이 시행하였다.

이처럼 정조의 대명의리 선양은 매우 다양하게 정열적으로 시행되었다. 대명의리의 고수는 당대 조선의 군신이 공유하는 가치였으나 '그것을 누가·어떻게 실천할 것인가'라는 명확한 기준은 존재하지 않았다. 따라서 그 실천과 선택도 각자의 처지와 입장에 따라 달리 나타났다. 영조가 정력을 기울인 대명의리 관련 사업을 정조가 계지술사의 차원에서 그대로 이어받은 것은, 이러한 활동이 자신의 취약한 정치적 입지를 강화하는 데 도움이 되었기 때문이기도 하다.

국망 직전 대명의리를 부정할 수밖에 없었던 조선의 군신은, 이제 다양한 모색과 실천을 통해 화이(華夷)가 제자리로 돌아오는 그날을 기다려야 했다. 그 탈출구 가운데 하나는 사(史)였고, 다른 하나는 예(禮)였다. 이상과 어긋난 현실의 도덕적·종합적 평가를 역사라는 심판자를 통하여 시행하려는 경향은 동아시아 역사 서술의 오랜 전통이었다. 따라서 당대 조선인들은 의리를 부정하고 명분을 불일치시켜야 하는 부득이하고 부조리한 상황에 처했을 때, 결과에 아무런 영향을 미치지 않는 언행을 역사를 위해 남길 때가 적지 않았다. 정조 역시 대명의리의 실천과 관련된 조치를 취하면서, 이와 비슷한 레토

릭을 여러 차례 남긴 바 있다. 이와 같은 당대인의 태도나 화법은 병자호란의 패전 및 중화의식과 관련된 그들의 강렬한 역사의식을 보여준다. 동시에 이것이 삼전도 항례의 정신적 상처를 치유하고 대명의리를 실천하는 그들 나름의 방식이었음을 명확하게 보여준다.

대명의리를 고수하기 위해 조선이 선택한 또 하나의 방안은 예(禮)였다. 조선은 대청 외교의 우호적 현실과는 별도로 대명의리와 관련된 의례를 시행함으로써, 삼전도의 항례와 대청 사대가 부득이한 것이었으며 아직도 국왕과 조정은 대명의리를 소중히 여기고 있다는 메시지를 던지고자 하였다. 이러한 점을 고려해본다면, 절대적 열세 속에서 이루어진 남한산성 농성과 척화론자의 무모한 저항은 역설적이게도 대명 사대를 포기한 것에 대하여 그들의 표현 그대로 천하와 후세에 할 말이 있게 만들었다고 평가할 만하다.

정축년 이후의 국왕들은 1637년 조선을 대표하여 항복한 인조의 자손이었기 때문에, 예와 사의 차원에서 더욱 대명의리를 실천해야만 하는 위치에 있었다. 한편 정조는 청 황제의 외교 파트너이기도 하였다. 국정 운영과 대청 외교의 최종 결정권자인 정조의 대명의리 실천은 조정 신료들이나 출사하지 않은 선비들에 비해 제약이 많았다. 국왕 정조의 입장에서 보자면, 안민과 보국을 위한 대청 외교와 중화적 가치와 문명 수호를 위한 대명의리는 차원이 다른 문제였기 때문에 충분히 분리하여 대응할 수 있는 사안이었다.

주적으로 설정된 청과 일본의 관계가 비교적 안정적으로 유지되었기 때문에, 정조를 포함한 신료들은 안보와 국방에 대한 절박한 위기감이나 군비 강화의 시급한 필요성을 느끼지 않았다. 따라서 속오군과 수군에 대한 정조의 인식과 대책도 전대를 답습하는 것에서 크게 벗어나지 않았다. 결론적으로 말해, 정조에게 군비 강화의 절박한 사정은 존재하지 않았다.

2부에서는 정조대 이루어진 각종 군사 분야의 기획과 성과를 살펴본 뒤 이에 대한 균형 잡힌 평가를 시도함으로써, 세도정치기 군사사와의 연속적 시야를 확보하려고 하였다.

장용영은 정조가 즉위 초 자신의 호위와 군사적 기반을 강화하기 위해 설치한 작은 조직으로 출발하여, 이후 도성과 화성에 내·외영을 둔 거대한 군영으로 성장하였다. 장용영 외영과 화성 방어 체제는 흔히 수원 중심 환상협수(環狀協守) 체계의 완성이자, 나아가 4개의 유수부를 고리 모양으로 연결하는 수도 방어 체제의 확대 개편으로 평가받는다.

조선 후기 오군영 체제는 국초의 오위제를 대체하며 성립하였으나 제도적 모순 또한 적지 않았다. 임진왜란 이후 그때그때의 필요에 따라 성립된 오군영은 한 국가의 군제로 보기에는 체제와 조직 면에서 서로 이질적이었다. 궁궐과 도성 주변의 방어라는 측면에서 보면 그 임무가 중첩된 반면, 국가 방어라는 시각에서 보면 오군영 전체를 유기적으로 통합·지휘하는 체계가 부실하였다. 각 군영의 대장은 명령 체계가 명확하지 않은 채로 난립하였고, 군영의 인사권은 국왕 직속의 병조보다 각 붕당의 입김에 좌우되었다.

임진왜란 이후의 군제가 병농이 분리된 정병주의(精兵主義)를 지향하면서 발생한 또 다른 문제는 재정 압박과 양역 폐단의 심화였다. 독자의 조직 편제와 재정을 운영한 각 군영은 국가 재정의 결핍과 양정(良丁)의 피역·유망을 초래하였다. 이것은 또한 조선 전기 이래 가속화된 군역 부담자의 수포군화(收布軍化) 현상을 촉진하였다. 정조도 오군영제로 인한 사회경제적 폐단을 심각하게 인식하였다. 따라서 그는 수어청과 총융청을 통합하여 군제를 간소화하고 양 군영에 소모되는 비용을 줄이고자 하였다. 그러나 통치 기반이 미약했던 정조는 신료들의 반발로 수·총 양영의 통합을 연기할 수밖에 없었다. 이 과업은 후일 그가 장용영 외영을 설치한 이후 정국 주도권을 장악하게 되는 1795년(정조 19) 8월에 이르러서야 수어청의 폐지라는 형태로 달성되었다.

호란 이후 조선에서는 《기효신서》나 《병학지남》 등을 토대로 한 포수 위주의 방어 전술에 대한 회의와 반성이 일어났다. 그리하여 기병 중심의 병법 전술이 수록된 조선 초기 병서인 《진법》에 대한 관심이 점차 높아졌다. 특히 무신란 발생 이후 도성 수비 체제의 강화가 시도되면서 군권이 다기(多技)한 오군영을 일원적으로 통제하는 데 참고할 자료로 이 책이 주목받았다. 이러한 분위기 속에서 1742년(영조 18) 《진법》이 중간되어 《병장도설》이란 제목으로 배포되었다. 그러나 당시 오군영은 이미 국초에 설치된 오위의 편제와 차이가 커서 《병장도설》을 적용하기 어려웠기 때문에 새로운 병서의 편찬이 요구되었다. 그리하여 1749년(영조 25) 《속병장도설》이 간행되었다. '속(續)'은 세조의 뜻을 계승했다는 의미로, 《속오례의》와 《속대전》의 전례를 따르는 것이었다. 이로써 영조는 대열(大閱)을 거행할 때 오군영을 일원적으로 지휘하는 체제를 얻게 되었다고 한다. 이와 같이 영조대 《병장도설》, 《속병장도설》의 편찬은 기병 전술에 대한 관심, 그리고 왕권 강화와 연관되어 흔히 설명된다.

필자가 주목한 지점은 영·정조대 병서 편찬과 오위제 복구론의 연관성이다. 당대 식자층은 오위제 복구를 기병 전술의 복구뿐만 아니라 병농일치의 군제와도 연관하여 이해하였다. 이러한 현상은 그들이 오군영제 성립에서 파생한 여러 민생과 재정의 폐단을 극복할 대안으로 오위제를 상정했기 때문이다. 영조가 다소 억지스럽게 《속병장도설》에 수록된 오군영의 제도를 오위의 제도라 강변한 데에는 바로 이러한 맥락이 내재해 있었다. 그리고 《속병장도설》이 대열을 위한 목적으로 간행되었다는 점도 중요하다. 대열은 국왕이 직접 참관하는 대규모 열병 의례였다. 강무와 함께 군사 조련의 기능도 수행하였지만, 의례로 정비된 이후의 대열은 무와 관련된 국왕권을 상징하는 의식으로서 더 크게 기여하였다. 이상의 점들을 고려한다면 정조의 오군영 개혁 시도는 병서 편찬을 매개로 한 군례(軍禮)의 개선 또는 고제의 회복이라는 의미로도 독해된다. 따라서 당대의 맥락에서 본다면 오군영의 폐단 제거, 오위제 복구, 군제 개편, 군례 개선, 병서 편찬은 동일한 목적 하에 시행된 다른 방식의 표현이었다고 할 수 있다.

오군영의 폐단을 개선하기 위한 국왕의 노력은 1785년(정조 9) 7월 《병학통》의 간행으로 그 결실을 맺는다. 이 책은 훈련도감, 금위영, 어영청, 용호영의 훈련 절차를 종합하여 정리한 것이다. 정조에 의하면 오군영의 난립과 척계광 진법의 준행은 동일한 현상의 양면이었다. 세조가 제정한 국초 오위진법으로의 복귀를 지향함으로써 이러한 문제를 극복할 수 있는데, 자신은 세조와 영조의 뜻을 계승하여 이 책을 편찬하였다는 것이다. 이 책은 '통(通)'이라는 표현에 보이듯이 문종·세조대 《진법》, 영조대 《속병장도설》을 집대성한 것이었다. 정조는 곧이어 《병학통》을 각 영의 습진 및 남한산성의 성조(城操)와 통제영의 수조(水操)에 준용하라는 지시를 내린다. 아울러 병서를 편찬하는 과정에서 접한 진법을 실제 자신의 군사로 하여금 자주 연습하게 하였다. 정조의 입장에서 보면 (오위)진법의 시연은 단순한 군사 훈련이라기보다 선왕의 고제, 즉 고례를 재현한다는 의미가 있었다.

28개월 만에 종료된 화성 건설은 정조시대의 역량을 총 집결한 당대 최고의 프로젝트였다. 화성은 조선 후기 건축 및 군사 기술의 정수를 결집하여 건설한 가장 선진적인 성곽 도시였다. 정조는 화성 건설을 통하여 사도세자의 추숭, 왕권 강화, 상공업 및 농업 진흥, 새로운 무력 기반 확보, 병농일치의 둔전 시행 등을 지향하였다. 그러나 당대 기록을 보면, 전례 없는 규모의 화성 성역을 추진하며 군사력과 경제력을 집중시킨 정조에 대한 비난과 불만도 적지 않게 확인된다. 장용영이 확대되고 화성 방어 체제가 강화됨에 따라 재원과 물력이 신설 군영에 집중적으로 투입되었다. 그러나 이 과정에서 장용영은 기존 군영과 다를 바 없는 많은 문제를 발생시켰다. 장용영 설치와 화성유수부 운영에 대한 정조의 강력한 지지는 실행 단계에서 왜곡되어 각종 폐단을 초래하였다. 그럼에도 불구하고 관련 정책이 국왕의 사친인 사도세자의 숭모를 명분으로 추진되었기 때문에 신하들은 공개적으로 이를 비판하지 못했다. 불만의 소지는 많았지만 수면 위로 격렬히 표출되지 않은 채 조용히 쌓여갔던 것이다.

현륭원이 있는 화성유수부의 방어 체제가 장용영 외영의 설치로 강화된 반면, 기존 군영의 병력과 재원은 감축되어 장용영에 집중 투입되었다. 도성의 허술한 방어 시설 역시 보수되지 않았다. 많은 재원이 장용영과 화성에 집중되는 상황 속에서 감사·병사·수사가 관할하는 지방 관방에 대한 정비는 통상적 수준을 벗어나지 못했다.

따라서 장용영 설립 등을 통해 군제 개혁을 추진하였던 정조의 지향과 목적을 군비 강화라는 통설적 시각에서 벗어나 달리 해석해볼 필요가 있다. 첫째, 장용영 설치 목적 중 하나는 군영이라는 재정 기구의 설립을 통하여 현륭원 조성과 화성 축조에 투입되는 대규모 자금을 융통하려는 것이었다. 둘째, 장용영 외영의 화성유수부 설치는 정조가 즉위 초부터 고민한 군영제 개혁의 모범 답안으로 제출된 것이었다. 그에게 장용영 외영의 둔전은 바로 오위제 복구론에서 지향하는 병농일치의 이상이 실현되는 곳이자 군주로서 자신의 선정과 덕화를 만천하에 입증하는 공간이었다. 군주의 권위를 상징하는 장엄한 성곽 안에서 백성이 정전과 균역의 태평성대를 누리는 것이 정조가 화성 축성에서 도달하고자 한 또 하나의 목적지였다. 이와 같이 화성 축성은 군사적 의미 못지않게 정조 통치의 상징적 공간 창출이라는 의미를 갖고 있었다.

3부에서는 정조의 문·무 인식과 그에 대한 대책을 다양한 주제로 고찰하였다. 관련하여, 조선 건국 이래 문·무 위상의 불균형과 이것이 초래한 문제점, 병학 사상에 반영된 정조의 문무겸전론도 함께 살펴보았다.

문·무에 대한 정조의 인식은 〈문무(文武)〉라 명명하여 내린 책문을 보면 그 단초가 보인다. 정조가 책문에서 제시한 조선의 현실은 문의 경우 동주(東周, 동쪽의 주나라)에 어울릴 정도로 융성하였으나, 무의 경우는 북로남왜의 안보적 위협이 재발할 경우 대처하기 어려운 지경이었다. 무가 정상적인 상태에 있지 않으면 무를 포함한 포괄적 의미의 문 역시 쇠퇴한다는 것이 정조의 기본 생각이었다. 그러나 당대 조선은 전쟁이 없는 세월이 오래 지속되어 문·무의 균형이 깨진 지 오래였다. 문이 융성한 결과 무가 해이해졌고 무인의 자긍심은 땅에 떨어졌다. 거칠고 교양 없는 사람으로 대표되는 무인의 일반적 이미지는 문무병용의 이상 국가를 지향하는 정조가 극복해야만 하는 현실이었다. 그러나 이러한 현상은 오랜 역사적 연원을 갖는 구조적 문제이기도 하였다. 책문 말미에 제시한 것처럼 정조가 생각하는 문무병용의 지표이자 해결책은 다름 아닌 문·무를 겸전한 인재를 얻는 것이었다.

중국 고대국가, 즉 은·주의 성립 이래 문·무는 오랜 동안 합일된 상태였다. 문과 무는 국가 존립과 통치에 있어서 불가결의 요소였으므로 지배층이 반드시 겸비해야 할 덕목이었다. 따라서 교육의 목표도 문·무를 겸비한 통유(通儒)를 양성하는 것이었다. 춘추전국시대 이후 상비군제가 완비되자 무사의 전문성이 강조되었다. 전문적 무관과 직업 병사의 증대는 문·무의 분화를 초래하였다. 유가 사상가들은 문에 기반한 인정과 왕도를 혼란을 종식하기 위한 해법으로 제시하였지만, 무의 가치를 부정한 것은 아니었다.

진의 몰락 이후 법가적 통치의 실효성이 의심받고 한대 이후 유가가 정치사상계의 헤게모니를 쥐게 되면서, 문은 무에 대해 확고한 우위를 점하게 되었다. 당대 번진과 절도사의 할거는 역사의 반작용을 불러와 송대 이후 황제를 중심으로 한 문관 중심의 관료제가 성립하였다. 송대에 본격적으로 실시된 과거제는 황제독재체제와 문관 우위의 관료제를 더욱 공고히 하였다. 송대 성리학의 무에 대한 인식 역시 문을 우위에 둔 문무합일 또는 문무병용이라는 종래의 구도에서 벗어나지 않았다.

정도전을 비롯한 조선 초의 관료들은 문무병용, 문무불가편폐(文武不可偏廢), 문무일체지도(文武一體之道)의 이상을 언급하였지만, 실제 조선은 문무병용의 이념보다 문치주의를 지향하였고, 송대와 같은 문관 우위의 관료 체제로 정비되었다. 조선 초의 태조·태종과 신진 사대부는 사병제를 혁파하여 장군과 휘하 병력의 끈끈한 유대관계를 단절시키고자 노력하였다. 사병을 혁파한 조선은 이어서 확실한 문관 우위의 정치 체제 수립에 주력하였다. 이 노력은 문·무관을 차별하는 여러 제도적 장치로 구현되었다.

국초 문치주의의 지향은 무관 선발 시 문무겸전의 자질을 중시하는 풍조로 나타났지만, 큰 효과를 거두지는 못하였다. 무과 응시자에게 요구되는 강경(講經)은 여러 현실적 제약으로 형식화되거나 높은 수준을 유지하지 못하였고, 출사 경로로서 무과가 지닌 위상은 문과에 비해 높지 않았다. 양란 이후 빈번하게 실시된 광취무과는 무과 합격자의 신분 저하와 무관의 위상 저하에 결정적인 영향을 미쳤다. 무·무관·무과의 저하된 위상은 조선 후기의 다양한 자료를 통해 확인된다. 이러한 문·무의 심각한 불균형은 조선의 국방력 약화를 초래하는 한 요인이 되었다.

국왕 정조가 무와 관련하여 진정 고민한 문제는 군사력의 강화보다 건국 이래 문치주의의 지향 속에서 지나치게 저하된 무·무관·무인의 위상과 자부심을 높임으로써 무 본연의 기능과 의미를 회복하는 것이었다. 바로 이것이 군사(君師)를 자임한 정조라면 마땅히 지향해야 할 이상이자 목표였다. 정조는 무관·무인의 저하된 위상과 사기를 높이기 위해 다양한 노력을 기울였다. 서북 지역민의 등용을 목표로 다양한 무과·무재(武才)를 실시하였고, 문·무관이 길에서 만났을 때 관품이 낮은 문관이 관품이 높은 무관을 능욕하는 폐풍을 없애고자 노력하였다. 순장(巡將)의 임명도 전례대로 문·무의 균형을 맞추어 시행하였다. 그러나 국왕 정조의 이상과 같은 조치가 문·무의 근본적 위상 변화를 추구한 것은 아니었다. 무엇보다 문·무의 위상 변화를 통해 군사력의 비약적 증대를 도모할 만한 국내외적 유인이 없었으며, 그것을 시도한 정황도 보이지 않는다.

정조의 병서 편찬과 이와 연관된 병학에 대한 관심도 문무병용 또는 문무겸전이라는 관점에서 재독해할 수 있다. 지금까지 정조의 병서 편찬은 주로 군제 개혁, 왕권 강화, 병법 발달이라는 관점에서 조망되어 왔다. 이러한 그의 행위는 숭문호학, 정학 수호, 문예군주의 이미지와는 이질적이거나 다소 대립적인 것으로 보이기도 한다. 그러나 국초 이래 이루어진 문무병용·문무일체·문무겸전 등의 논의와 그 맥락을 염두에 두면, 정조가 시행한 문·무 양 측면과 관련된 행위를 일관된 틀에서 이해할 수 있게 된다.

정조가 추진한 다양한 사업은 영조를 비롯한 선대의 유지를 계승한다는 계지술사의 차원에서 이루어진 것이었다. 정조의 편찬 사업 역시 영조대의 성과를 계승 또는 보충한 것이었다. 그 예로는《명의록》·《속명의록》,《무원록》·《증수무원록》,《동국문헌비고》·《증정동국문헌비고》,《속대전》·《대전통편》 등이 언급된다. 따라서 정조의 병서 편찬 사업 역시 전술 변화의 측면뿐만 아니라 계지술사의 맥락과 연결하여 이해해볼 수 있다.《무예신보》를 편찬한 사도세자의 유지를 계승하여《무예도보통지》를 편찬한 것은 그 대표적 사례이다.

영조대 서적 편찬이 대체로 조선 전기적 질서를 기준으로 하여 이를 보완한 것이라면, 정조대 전반기의 서적 편찬은 영조대까지 축적된 조선의 제반 요소를 분야별로 각각 통일된 하나의 체계 속에서 정리한 것이었다.《무예도보통지》의 편찬(用, 末)은《병학통》의 편찬(體, 本)과 함께 체·용과 본·말의 상호보완적 관점에서 파악되기도 한다. 정조대《병학통》과《무예도보통지》의 편찬에는 군사 훈련이나 무예에 대해 조선의 표준 모델을 만들어 질서 있고 체계화된 군대를 육성하고자 한 정조의 의지가 반영되어 있었다. 정조는 '예가 천지만물을 조화롭게 운행하는 질서인 것처럼, 강군을 만들기 위해서는 군대의 질서가 중요하다고 생각'하여 이 두 가지 병서를 편찬하였다. 이상과 같이 영조는 '속(續)의 군주'로서, 정조는 '통(通)의 군주'로서의 정체성을 갖고 자신의 시대적 소명을 완수하고자 하였다.

아울러 오위제 복구론이 병농일치의 주대 고제를 지향하는 당대인의 심성과 연관되어 있다는 사실을 주목해야 한다. 이를 염두에 둔다면 영·정조대 병서 간행은 실제 국초의 오위제 회귀를 목적으로 한 조치라기보다 주대 고제, 즉 고례의 지향을 드러내고자 한 상징적 조치의 일환이었다는 해석도 가능하다. 결론적으로 영조대《속병장도설》·《속대전》·《속오례의》의 편찬과 정조대《병학통》·《무예도보통지》·《대전통편》·《국조오례통편》·《춘관통고》의 편찬은, 고제 또는 고례를 지향한 영·정조의 지향이 반영된 각각(문, 무, 예, 법)의 결과물이라 규정할 수 있다.[1] 정조의 병서 편찬 행위는 문무병용의 이상을 실현하려는 의지와 함께 결코 사공(事功)을 등한시할 수 없었던 군주로서 자신의 입장을 반영한 조치이기도 하였다.

정조는 병학과 군대 운용의 본질에 대해서도 상당한 식견이 있었다. 병서 편찬 사업 시 기존 병서의 주해를 직접 꼼꼼하게 검토하면서 자신의 의견을 적극 개진하였다. 그는 병서의 효용을 훈련의 측면에서 통일과 질서에 있다고 보았지만, 병서가 이론으로서 갖는 한계 또한 잘 알고 있었다. 장수에 대한 국왕의 지휘권과 참전한 장수의 재량권이 조화를 이루어야 한다는 사실 역시 잊지 않았다.

정조는 이순신 장군의 유고와 일기, 후손이 편집한 가승, 기타 공·사 문헌에 실려 있는 관련 기록을 총망라하여 정리한 뒤《이충무공전서》를 출간하였다. 그는《전서》의 편목 설정, 편집, 인쇄, 보관에 이르기까지 각별한 관심과 애정을 쏟았다. 14권 8책의《전서》는 정조대 편찬된 다른 어떤 무장의 문집이나 실기도 미치지 못하는 방대한 분량이었다. 국왕 정조가 이순신 사후 200년이 다 되어 가는 시점에서 그의《전서》출간에 힘쓴 이유와 목적은 다음과 같다고 생각한다.

---

1) 여기에서의 문(文)은 무(武), 예(禮), 법(法)을 포괄하는 광의의 개념이기도 하고, 국왕의 문헌 편찬을 가리키는 협의의 개념이기도 하다.

첫째, 영·정조대 이순신은 중화질서의 수호자로서 높이 평가받았다. 정조는 송시열을 문, 이순신을 무의 측면에서 대명의리 수호에 기여한 인물로 인식하였다. 이순신의 전공은 조선의 방어뿐만 아니라 명으로 진공하려는 일본군을 격퇴하였다는 점에서 높이 평가받았다. 둘째, 이순신은 억울한 모함을 받아 추국까지 받은 처지였지만 선조에 대한 충절을 끝까지 버리지 않았다. 더구나 다시 기용되어 국가 중흥에 큰 공을 세우고 전사한 인물이었다. 정조 역시 영조의 뜻을 이어 무신란 때 순절한 이순신의 후손인 이봉상과 이홍무를 선양하였다. 이순신은 대명의리뿐만 아니라 군신의리의 화신으로서 현창될 만한 자격을 충분히 갖추고 있었다. 셋째, 이순신은 의리와 사공을 겸비한 보기 드문 영웅이었다. 류성룡과 이익은 국가 중흥에 큰 공을 세운 그를 높이 평가하였다. 넷째, 이순신은 정조가 그토록 강조하였던 문무겸전의 표상이었다. 정조는 조선 역사상 문무겸전의 인물로 이순신, 단 한 명을 지목하였다. 그의 비루하지 않고 염치 있는 언행은 당대인이 공유한 무장의 부정적 이미지를 깨는 데 부족함이 없었다. 더욱이 그의 외유내강적 풍모, 신속한 문서 처리 능력, 대민 소통 능력, 지략과 용인술, 군수품 조달 능력 등은 이상적 유장(儒將)의 이미지와도 딱 어울렸다. 요컨대 이순신은 문무겸전의 대표적 인물로서 정조에 의해 널리 현창될 만한 충분한 자격을 갖추고 있었다.

정조에 의해 활발히 시행된 활쏘기와 사례는 군사 기술의 습득 외에 다음과 같은 목적과 성격을 갖고 있었다. 첫째, 그의 활쏘기는 태조 이성계와 영조를 비롯한 선대의 행적을 충실히 잇는다는 계지술사의 성격이 강했다. 정조는 사례를 거행할 때 선왕의 유품을 착용함으로써 계지술사와 추원보본의 의미를 함께 드러내고자 하였다. 둘째, 정조는 연사례 정비를 통하여 고례·고제의 회복을 추구하고자 하였다. 그는 대사와 연사가 주대와 다르게 동일한 절차로 시행되는 것에 문제를 제기하고 예법에 맞는 연사례 의주의 작성을 지시하였다. 연사례의 시행은 주대라는 이상 사회의 재현을 의미하였다. 아울러, 사례나 활쏘기의 위차·음악·과녁·거리·도구·절차는 군신 간의 위계를 상징하였다. 의식 후 행해지는 포상과 벌주 등은 군신 간의 화목과 유대를 증진시키는 장치로 기능하였다. 셋째, 문·무 신료가 함께 참여하는 활쏘기와 사례는 문무겸전 및 문무합일을 상징하였다. 이것은 저하된 무의 위상과 중요성을 문신들에게 상기시키고 무신들을 격려하기 위한 의례적 행위로 기능하였다.

정조는 무의 위상을 유지하고 무인들의 사기를 진작시키기 위해 다양한 상무 정책을 시행하였다. 도성 밖으로 거둥하는 능행 시에 다양한 형태와 규모의 군사 훈련(성조, 야조, 수조, 활쏘기, 매화포 방포)을 실시하는 한편 관왕묘 배례 등의 의례를 행함으로써, 무비(武備)의 점검과 함께 권무(勸武)의 정신을 고취하고자 하였다. 다만 정조의 상무 정책과 관련된 활동을 만주족 전통에서 성장한 강희제의 그것과 비교해보면 무시할 수 없는 차이가 드러난다. 준가르부 원정을 감행한 강희제의 군사 지식과 활동은 정조에 비해 훨씬 구체적이고 실전에 준하는 것이었다. 이와 같은 점을 고려해볼 때 정조의 상무 정책 및 관련 활동은 철저히 유교적 전통의 자장 내에서 기획되고 실천된 것이었다.

끝으로 이 책의 주제와 연관하여 좀 더 모색되어야 할 과제나 앞으로의 연구 전망을 제시하며 글을 매듭짓고자 한다.

첫 번째 과제는 대명의리의 고양과 대청 외교의 공존이라는 모순적 현상에 대한 해석이다. 정조대 대명의리의 실천은 대청 외교의 현장과 분리된 것이었다. 정조는 대명의리와 관련된 의례와 사업을 철저하고 집요하게 시행하였지만, 그러한 태도가 청과의 외교 교섭에는 영향을 미치지 않았다. 당대인의 대명 인식에는 특정 국가로서의 명에 대한 인식과 보편 문명인 중화를 상징하는 명에 대한 인식이 따로 존재하고 있었고, 대명의리는 후자의 차원에서 제기된 것이었다. 병자호란으로 부정된 대명의리는, 이후 예(禮)와 사(史)의 차원에서 실천되었다. 당대의 예와 사는 첨예한 현실이나 과거의 명백한 부조리를 우회하여 명확한 도덕적 메시지를 전달하는 기능을 수행하였다. 그 실천의 방식과 수준은 개인이 처한 환경과 판단에 따라 매우 다양하였다. 정몽주가 영의정에 추증되고 문묘에 배향되거나 노산군이 복위되고 사육신이 복권되었다. 그러나 이러한 조치가 조선왕조의 개창이나 세조의 왕위 계승을 부정하는 차원에서 시행된 것은 아니었다. 이들은 보편적 의리인 충절의 차원에서 현창된 것이다. 정조대 대청 외교와 대명의리의 공존은 이와 유사한 맥락에서 가능하였다고 볼 수 있다.

두 번째 과제는 양란 이후 장기간 지속된 평화와 안정이 조선의 군사력에 미친 역설적 영향이다. 앞서 살펴본 바와 같이, 정조의 군사개혁은 당대의 맥락과 환경 속에서 요구·상상·수행되었다. 그렇다면 정조의 군사적 기획과 성취는 과연 어떠한 관점에서 재평가되어야 하는 것인가? 이에 대한 필자의 견해를 시론적으로 제시하면 다음과 같다. 최근 남·북한, 일본, 중국이 전 세계에서 차지하는 군사력 순위를 떠올려보면, 위의 문제를 민족적 우열의 관점에서 단순 비교하는 것은 무의미하다고 생각한다. 진부한 얘기 같지만, 이 문제는 능력이 아니라 필요와 상황의 관점에서 해석해야만 더욱 적절한 설명이 가능하다. 대한제국 말기의 형편없는 군사력을 보면 한숨만 나오는 지경이지만, 서구 열강의 압도적 무력은 아무런 대가 없이 선견지명의 결과로 획득된 것이 결코 아니다. 서구 절대주의 왕정의 성립과 근대국가의 형성에 수많은 전쟁과 살육이 밀접하게 관련되어 있다는 것은 널리 알려진 사실이다.[2] 군사 혁명, 즉 'Military Revolution'은 16~17세기 무렵 유럽에서 있었던 군사 기술 및 전략의 획기적인 변혁을 가리키는 용어로,[3] 이 시기 전술과 병기의 발전 그리고 이에 수반된 전쟁 수행 방식의 변화가 서구 근대 각국의 근본적이고 혁명적 변화를 초래했다는 이론이다.

이러한 관점에 입각해보면, 동아시아 3국의 군사 기술이 정체된 결정적 요인은 17~18세기 이후의 장기적 평화였다는 역설적 결론이 자연스럽게 도출된다. 패권이 부재한 상태에서 고만고만한 생산력을 가진 유럽 각국은 중세 해체기 이후에도 지속적 경쟁과 전쟁을 수행하며 조금씩 발전하였다.[4] 중국 춘추전국시대와 일본 전국시대의 혁명적 변화 역시 전쟁과 내란의 지속적 압력 아래 달성되었다. 이에 비해 조선은 지속적이고 근본적인 사회 변화를 초래할 만한 장기 전쟁을 겪은 적이 없다. 7년 전쟁이라고도 부르는 임진왜란의 경우 실제 전투 기간을 환산하면 2년 남짓할 뿐이다. 전쟁이 초래한 살육과 비인간성은 역사에 커다란 상흔을 남겼다. 반면 살아남은 인류는 전쟁을 승리로 이끌기 위해 비효율적이고 구태의연한 사회 체제의 급속한 전환을 고통스럽게 경험하였다. 이것은 한편 기득권과 구체제

---

2) 찰스 틸리, 이향순 역, 1994, 《국민국가의 형성과 계보-강압, 자본과 유럽 국가의 발전》, 학문과사상사 참조.

3) 박상섭, 1996, 《근대국가와 전쟁-근대국가의 군사적 기초, 1500~1900》, 나남출판, 73~76쪽 참조.

4) 필립 T. 호프먼, 이재만 역, 2016, 《정복의 조건-유럽은 어떻게 세계 패권을 손에 넣었는가》, 책과함께 참조.

의 몰락을 초래하여 역사의 진전을 가져오기도 하였다.

조선도 전쟁의 시기에는 양천제 운영의 개선, 세제 개혁, 은광 개발과 화폐의 유통, 상업의 발달 등 근본적 개혁 방안이 속출하였다.[5] 그러나 전쟁의 기억이 망각되고 압력이 약화되는 시기에는 종래의 지배적 관념 또는 관행에 입각한 통치로 돌아가는 일이 다반사였다. 병자호란 전후 조선의 지배 계급인 양반층이 안민(安民)을 명분으로 국가의 군사·조세 개혁에 저항한 일도 비슷한 맥락에서 발생하였다.[6] 당시 환경에서는 국방의 강화라는 사안 자체가 민생 및 재정의 안정과 공존하기가 근본적으로 힘들었다.

조선 후기 군사 재정의 비율(1/4)은 다른 서구 국가들에 비해 매우 낮은 수준이었으며, 동 시기의 중국과 비교해보아도 낮았다.[7] 이러한 형태의 재정 운영은 낮은 국민소득에서 비롯되었으며, 조공 책봉 체제 아래 중국과의 군사 동맹이 존재했기에 가능한 결과였다. 한편 조선의 경제 정책은 농민 경제의 안정을 최우선 목표로 지향하였다. 조선이 택한 유교적 '절용(節用)'의 지향은 세원을 협소하게 하여 18세기 후반 무렵 광·공·상업세의 비중이 2~3퍼센트에 불과할 정도였다.[8] 반면 비슷한 시기의 서구 국가는 무역 및 상공업의 활성화, 식민지 획득, 민간 금융의 발전과 국채 발행, 대의(代議) 기구의 확립 등을 통하여 막대한 전비를 조달하는 데 성공하였다.[9] 성리학 이데올로기

---

5) 이헌창, 2008, 〈서애 류성룡의 경제 정책론〉, 《류성룡의 학술과 경륜》, 이성무 외 8인 공저, 태학사 참조.

6) 허태구, 2019, 《병자호란과 예(禮), 그리고 중화(中華)》, 소명출판, 33~56쪽.

7) 김재호, 2013, 〈조선 후기 군사 재정의 수량적 기초〉, 《조선시대사학보》 66, 조선시대사학회, 235·236쪽 참조.

8) 이헌창, 2009, 〈조선왕조의 경제 통합 체제와 그 변화에 대한 연구〉, 《조선시대사학보》 49, 조선시대사학회, 194~197쪽 참조.

9) 박상섭, 1996, 앞의 책, 73~160쪽; 필립 T. 호프먼, 2016, 앞의 책, 125~140쪽 참조.

및 문관 우위의 관행과 충돌하는 이러한 정책 대신, 조선의 집권 세력은 증세를 통한 군비 강화를 시도하였다. 생산력이나 세원의 획기적 확대 없이 시행된 증세는 기득권층의 반발과 민생의 고통을 야기할 가능성이 컸다. 대원군의 군비 조달을 위한 호포제 개혁이 사족층의 반발을 초래하여 그가 실각하는 데 하나의 원인으로 작용했던 것처럼 말이다.[10]

세 번째 과제는 정조가 추진한 개혁의 본질과 이에 대한 평가이다. 정조가 개혁군주로서 다방면에 남긴 부정할 수 없는 업적은 여러 분야의 연구자로 하여금 한우충동(汗牛充棟)의 방대한 연구를 축적하게 한 원동력이 되었다. 국사편찬위원회의 한국사연구휘보 사이트[11]에서 대충 검색해보아도 나오는 300여 건에 달하는 관련 연구는 그동안 정조와 그 시대에 대한 많은 정보와 해석을 우리에게 제공해주었다. 그러나 머리말에서도 언급했다시피, 각 분야의 연구가 축적되었지만 그로 인해 정조 개혁의 본질과 정조 개인의 정치적 지향에 대한 합의를 도출하기에는 오히려 더욱 힘들어진 것 같다.

필자가 보기에 정조시대를 근대적 개혁의 가교이자 좌절의 시기로 재조명하려는 연구는, 정조를 성리학을 수호한 군주로서 조망한 연구와는 큰 차이가 있다. 본문에서 여러 차례 언급하였지만, 전자의 연구 시각으로는 필연적으로 정조대와 그 이후의 시기를 단절적으로 이해할 수밖에 없다. 정조와 정조시대를 바라보는 필자의 입장은 대체로 후자에 가까우며, 정조가 근대적 개혁을 의도적으로 추진했다고 보지 않는다. 정조의 문무겸전론은 어디까지나 유교적 전통 안

---

10) 기무라 간, 김세덕 역, 2007, 《조선/한국의 내셔널리즘과 소국의식》, 산처럼, 170~179쪽 참조.

11) http://db.history.go.kr/item/level.do?itemId=hb.

에 포섭되는 이념이었으며, 그의 군사 개혁도 근대적 군대를 지향하거나 국방력의 획기적 강화를 위해 추진되었다기보다 고제와 고례를 지향한 상징적 조치의 일환이었다고 생각한다. 그러나 이러한 그의 시도는 당대 맥락에서는 당연하고 자연스러운 정책으로 인식되었을 것이다. 요컨대 군사 분야를 포함한 그의 전방위적 개혁은 군사(君師)를 자임한 철인군주(哲人君主) 정조가 자신의 소명을 철저하게 자각하고 이행한 결과물이었다. 천리(天理)와 이일분수(理一分殊)라는 성리학적 세계관을 가진 국왕 정조는 분야를 가리지 않고 고제·고례의 복구에 힘썼다.[12] 정조에게 문·무·예·법은 하나의 이(理)로 통합된 세계였으며, 통치자로서 어느 것 하나 소홀히 할 수 없는 분야였다. 만능군주 정조의 진면목은 바로 이러한 점에 기인하는 것이다.

12) 이와 관련하여 정조가 전례와 음악 정비, 악서(樂書)·병서(兵書)·의서(醫書) 편찬 등에 남긴 방대한 업적에 주목할 필요가 있다. 정조가 이룬 다방면의 성취와 업적에 대해서는 임미선·송지원·김종수·노영구·김호, 2000,《정조대의 예술과 과학》, 문헌과해석사 참조.

부록

참고문헌

1. 사료

1) 연대기

《비변사등록》(한국사데이터베이스)
《승정원일기》(한국사데이터베이스)
《원사(元史)》(Sinica 漢籍電子文獻)
《일성록》(한국고전종합DB, 규장각DB)
《조선왕조실록》(한국사데이터베이스)
《청실록》(한국사데이터베이스)

국사편찬위원회 한국사데이터베이스(http://db.history.go.kr/)
서울대학교 규장각한국학연구원 DB(http://kyudb.snu.ac.kr/r)
타이완 중앙연구원 한적전자문헌(http://hanji.sinica.edu.tw/)
한국고전번역원 한국고전종합DB(http://db.itkc.or.kr/)

* 이하 이 책에서 참고한 문집이나 자료는 별도의 표기가 없으면 한국고전번역원 한국고전종합DB에 수록된 판본 또는 국역본만을 이용한 것이다.

2) 문집

권근, 《양촌집》
류성룡, 《서애집》
송시열, 《송자대전》
신숙주, 《보한재집》
장유, 《계곡집》
정도전, 《삼봉집》

정약용, 《다산시문집》
조익, 《포저집》
조헌, 《중봉집》
허전, 《성재집》
홍대용, 《담헌서》

3) 기타

노상추, 《노상추일기》(2005, 국사편찬위원회 표점본)
류성룡, 《징비록》(이재호 역, 2009, 서애선생기념사업회)
박제가, 《북학의》(이석호 역, 1972, 대양서적)
반고, 《백호통의》(신정근 역, 2005, 소명출판)
성대중, 《청성잡기》
송규빈, 《풍천유향》(성백효 역, 1990, 국방부 군사편찬위원회)
신유한, 《해유록》
원중거, 《승사록》(박동욱 역, 2011, 휴머니스트)
유형원, 《반계수록》(1982, 명문당 영인본)
이긍익, 《연려실기술》
이익, 《성호사설》
정약용, 《목민심서》
정조, 《홍재전서》
조엄, 《해사일기》

《논어》(김도련 역, 1990, 현음사)
《동문휘고보편(同文彙考補編)》(동북아역사재단 동북아역사넷, http://contents.nahf.or.kr/)
《만기요람》
《맹자》(성백효 역, 1991, 전통문화연구회)
《무예도보통지》(1970, 학문각 영인본)
《병장도설》(奎 87)
《병장설·진법》(유재호·성백효·임홍빈 역, 1983, 국방부 군사편찬연구소 국역본)
《병학통》(奎 1531)
《예기》(이상옥 역, 2003, 명문당)
《오자병법》(김경헌 역, 1998, 홍익출판사)
《이충무공전서》(이은상 역, 1960, 충무공기념사업회)
《장용영대절목》(K2-3369)

《증보문헌비고》
《춘추좌씨전》(정태현 역, 2009, 전통문화연구회)
《통신사초등록》(奎 15067)
《화성성역의궤》(奎14590-v.1-9)

2. 논저

1) 단행본

계승범, 2011, 《정지된 시간-조선의 대보단과 근대의 문턱》, 서강대학교출판부.
기무라 간, 김세덕 역, 2007, 《조선/한국의 내셔널리즘과 소국의식》, 산처럼.
김문식, 2000, 《정조의 경학과 주자학》, 문헌과해석사.
김문식, 2009, 《조선 후기 지식인의 대외 인식》, 새문사.
김성윤, 1997, 《조선 후기 탕평정치 연구》, 지식산업사.
김순남, 2007, 《조선 초기 체찰사제 연구》, 경인문화사.
김우철, 2000, 《조선 후기 지방 군제사》, 경인문화사.
김종수, 2003, 《조선 후기 중앙군제 연구-훈련도감의 설립과 사회 변동》, 혜안.
김지영, 2017, 《길 위의 조정-조선시대 국왕 행차와 정치적 문화》, 민속원.
김한규, 1999, 《한중관계사》Ⅱ, 아르케.
김한규, 2019, 《동아시아의 창화 외교》, 소나무.
나영일, 2003, 《정조시대의 무예》, 서울대학교출판부.
노대환, 2016, 《영조시대를 계승한 정조의 인간상》, 한국학중앙연구원.
노영구, 2016, 《조선 후기의 전술-《병학통》 연구를 중심으로》, 그물.
노영구, 2018, 《조선 후기 도성 방어 체계와 경기도》, 경기문화재단.
디터 쿤, 육정임 역, 2015, 《하버드 중국사 송-유교 원칙의 시대》, 너머북스.
마이클 하워드, 안두환 역, 2015, 《유럽사 속의 전쟁》, 글항아리.
마크 C. 엘리엇, 양휘웅 역, 2011, 《건륭제》, 천지인.
문숙자, 2009, 《68년의 나날들, 조선의 일상사-무관 노상추의 일기와 조선 후기의 삶》, 너머북스.
미야케 히데토시(三宅英利), 손승철 역, 1990, 《근세 한일관계사 연구》, 이론과 실천.
박광용, 1998, 《영조와 정조의 나라》, 푸른역사.
박상섭, 1996, 《근대국가와 전쟁-근대국가의 군사적 기초, 1500~1900》, 나남출판.
박재광·김영호·장필기·김태완·김준혁, 2012, 《조선 후기 군사 개혁과 장용영》, 수원화성박물관.

박현모, 2001, 《정치가 정조》, 푸른역사.
배우성, 2014, 《조선과 중화-조선이 꿈꾸고 상상한 세계와 문명》, 돌베개.
백기인, 2004, 《조선 후기 국방론 연구》, 혜안.
송기중, 2019, 《조선 후기 수군 연구-정책, 재정, 훈련에 관하여》, 역사비평사.
송지원, 2007, 《정조의 음악 정책》, 태학사.
신창호 역, 2017, 《정조 책문, 새로운 국가를 묻다》, 판미동.
아자 가트, 오숙은·이재만 역, 2017, 《문명과 전쟁》, 교유서가.
앙드레 슈미드, 정여울 역, 2007, 《제국 그 사이의 한국, 1895~1919》, 휴머니스트.
오수창, 2002, 《조선 후기 평안도 사회 발전 연구》, 일조각.
와타나베 히로시(渡邊浩), 김선희·박홍규 역, 2017, 《일본 정치사상사(17~19세기)》, 고려대학교출판문화원.
우경섭, 2013, 《조선중화주의의 성립과 동아시아》, 유니스토리.
윌리엄 맥닐, 신미원 역, 2005, 《전쟁의 세계사》, 이산.
유봉학, 1996, 《꿈의 문화유산 화성》, 신구문화사.
유봉학, 2001, 《정조대왕의 꿈-개혁과 갈등의 시대》, 신구문화사.
유봉학, 2009, 《개혁과 갈등의 시대-정조와 19세기》, 신구문화사.
유진 Y. 박, 유현재 역, 2018, 《조선 무인의 역사, 1600～1894년》, 푸른역사.
이근명 편역, 1999, 《중국역사》 하권, 신서원.
이근호·조준호·장필기·심승구 공저, 1998, 《조선 후기 수도 방위 체제》, 서울시립대학교 서울학연구소.
이민웅, 2004, 《임진왜란 해전사-7년 전쟁, 바다에서 거둔 승리의 기록》, 청어람미디어.
이와카타 히사히코(岩方久彦), 2017, 《19세기 조선의 대일 역지통신 연구》, 경인문화사.
이왕무, 2016, 《조선 후기 국왕의 능행 연구》, 민속원.
이종필, 2017, 《조선 중기의 전쟁과 고소설의 기억》, 소명출판.
이태진, 1985, 《조선 후기의 정치와 군영제 변천》, 한국연구원.
이화자, 2008, 《조청 국경 문제 연구》, 집문당.
이희근, 2016, 《산척, 조선의 사냥꾼》, 따비.
임미선·송지원·김종수·노영구·김호, 2000, 《정조대의 예술과 과학》, 문헌과해석사.
장춘우(張存武), 김택중 외 역, 2008, 《근대 한중무역사》, 교문사.
장필기, 2004, 《조선 후기 무반벌족 가문 연구》, 집문당.
전해종, 1970, 《한중관계사 연구》, 일조각.
정연식, 2015, 《영조대의 양역 정책과 균역법》, 한국학중앙연구원출판부.
정옥자, 1988, 《조선 후기 문화운동사》, 일조각.
정옥자, 1998, 《조선 후기 조선중화사상 연구》, 일지사.

정옥자, 2000, 《정조의 수상록 《일득록》 연구》, 일지사.
정은주, 2012, 《조선시대 사행 기록화-옛 그림으로 읽는 한중관계사》, 사회평론.
정해득, 2009, 《정조시대 현륭원 조성과 수원》, 신구문화사.
정해은, 2004, 《한국 전통 병서의 이해》 상권, 국방부 군사편찬연구소.
정해은, 2008, 《한국 전통 병서의 이해》 하권, 국방부 군사편찬연구소.
제레미 블랙 엮음, 박수철 역, 2009, 《역사를 바꾼 위대한 장군들》, 21세기북스.
조너선 스펜스, 이준갑 역, 2001, 《강희제》, 이산.
차문섭, 1973, 《조선시대 군제 연구》, 단국대학교출판부.
찰스 틸리, 이향순 역, 1994, 《국민국가의 형성과 계보-강압, 자본과 유럽 국가의 발전》, 학문과사상사.
최소자, 2005, 《청과 조선-근세 동아시아의 상호 인식》, 혜안.
최홍규, 2001, 《정조의 화성 건설》, 일지사.
최홍규, 2005, 《정조의 화성 경영 연구》, 일지사.
최형국, 2013, 《조선 후기 기병전술과 마상무예》, 혜안.
필립 T. 호프먼, 이재만 역, 2016, 《정복의 조건-유럽은 어떻게 세계 패권을 손에 넣었는가》, 책과함께.
하우봉, 1989, 《조선 후기 실학자의 일본관 연구》, 일지사.
한영우, 1998, 《정조의 화성 행차, 그 8일》, 효형출판.
허태구, 2019, 《병자호란과 예(禮), 그리고 중화(中華)》, 소명출판.
허태용, 2019, 《조선 후기 중화론과 역사 인식》, 아카넷.
호이트 틸만, 김병환 역, 2010, 《주희의 사유세계-주자학의 패권》, 교육과학사.

劉爲, 1988, 《淸代中朝使者往來研究》, 黑龍江教育出版社

2) 학위논문

김준혁, 2007, 〈조선 정조대 장용영 연구〉, 중앙대학교 박사학위논문.
김창수, 2016, 〈19세기 조선·청 관계와 사신 외교〉, 서울시립대학교 박사학위논문.
노영구, 2002, 〈조선 후기 병서와 전법의 연구〉, 서울대학교 박사학위논문.
박광용, 1994, 〈조선 후기 '탕평' 연구〉, 서울대학교 박사학위논문.
박범, 2017, 〈정조대 장용영의 군제와 재정 운영〉, 고려대학교 박사학위논문.
백승호, 2013, 〈정조시대 정치적 글쓰기 연구〉, 서울대학교 박사학위논문.
윤정, 2007, 〈18세기 국왕의 '문치' 사상 연구-조종사적(祖宗事蹟)의 재인식과 계지술사의 실현〉, 서울대학교 박사학위논문.
최성환, 2009, 〈정조대 탕평정국의 군신의리 연구〉, 서울대학교 박사학위논문.

김창수, 2009, 〈17세기 대청 사신의 '공식 보고'와 정치적 파장〉, 서울시립대학교 석사학위논문.

민장원, 2016, 〈정조의 '충신(忠臣)'·'충가(忠家)' 현창 사업과 이순신에 대한 기억의 재구성〉, 고려대학교 석사학위논문.

방범석, 2015, 〈장용영의 편제와 재정 운영〉, 서울대학교 석사학위논문.

이찬우, 2008, 〈조선시대 활쏘기 의식-18세기 영·정조 시대를 중심으로〉, 서울대학교 석사학위논문.

정동훈, 2009, 〈고려-명 외교 문서 서식과 왕래 방식의 성립과 배경〉, 서울대학교 석사학위논문.

3) 일반 논문

가오밍스(高明士), 1999, 〈당대(唐代)의 문과 무〉, 《동양 삼국의 왕권과 관료제》, 국학자료원.

강문식, 1996, 〈정조대 화성의 방어 체제〉, 《한국학보》 82, 일지사.

강문식, 2020, 〈정조의 주자학 연구와 《주서백선》 편찬〉, 《한국문화》 89, 서울대학교 규장각한국학연구원.

강석화, 2018, 〈17, 18세기 조선의 청 군사 기술 수용〉, 《조선시대사학보》 67, 조선시대사학회.

강신엽, 2001, 〈조선시대 대사례의 시행과 그 운영-《대사례의궤(大射禮儀軌)》를 중심으로〉, 《조선시대사학보》 16, 조선시대사학회.

계승범, 2012, 〈조선 후기 중화주의와 그 해석 문제〉, 《한국사연구》 159, 한국사연구회.

구범진, 2008, 〈청의 조선 사행 인선과 '대청제국체제'〉, 《인문논총》 59, 서울대학교 인문학연구원.

구범진, 2013, 〈조선의 건륭 칠순 진하특사와 《열하일기》〉, 《인문논총》 70, 서울대학교 인문학연구원.

구범진, 2014, 〈조선의 청 황제 성절 축하와 건륭 칠순 '진하외교'〉, 《한국문화》 68, 서울대학교 규장각한국학연구원.

구범진, 2017, 〈1780년대 청조의 조선 사신에 대한 접대의 변화〉, 《명청사연구》 48, 명청사학회.

구범진, 2018, 〈청 건륭 연간 외번 연례(宴禮)의 변화와 건륭의 '성세'〉, 《역사문화연구》 68, 한국외국어대학교 역사문화연구소.

권내현, 2019, 〈조선 후기 은광 개발 억제의 배경과 실상〉, 《한국사연구》 184, 한국사연구회.

권선홍, 2014, 〈유교의 예(禮) 규범에서 본 전통 시대 동아시아 국제 관계〉, 《한국정치외교사논총》 35-2, 한국정치외교사학회.

김경록, 2008, 〈조선의 대청 관계 인식과 외교 체계-조선 후기 외교 문서의 정리를 중심으로〉, 《이화사학연구》 37, 이화사학연구소.

김문기, 2014, 〈청미(淸米), 여역(癘疫), 대보단-강희제의 해운진제(海運賑濟)와 조선의 반응〉, 《역사학연구》 53, 호남사학회.
김문식, 1997, 〈18세기 후반 정조 능행의 의의〉, 《한국학보》 88, 일지사.
김문식, 2001, 〈조선 후기 지식인의 자아 인식과 타자 인식-대청 교섭을 중심으로〉, 《대동문화연구》 39, 성균관대학교 대동문화연구원.
김문식, 2001, 〈조선 후기 경봉각(敬奉閣)에 대하여〉, 《서지학보》 28, 한국서지학회.
김문식, 2009, 〈정조 말년의 정국 운영과 심환지〉, 《대동문화연구》 66, 성균관대학교 대동문화연구원.
김문식, 2009, 〈조선시대 국가 전례서의 편찬 양상〉, 《장서각》 21, 한국학중앙연구원.
김백철, 2010, 〈조선 후기 정조대 《대전통편(大典通編)》 〈병전(兵典)〉 편찬의 성격〉, 《군사》 76, 국방부 군사편찬연구소.
김백철, 2011, 〈1990년대 한국 사회의 '정조 신드롬' 대두와 배경-나약한 임금에서 절대계몽군주로의 재탄생〉, 《국학연구》 18, 한국국학진흥원.
김선희, 2009, 〈화성유수(華城留守) 조심태(趙心泰) 연구-수원 이읍과 화성 건설에서의 역할을 중심으로〉, 《조선시대사학보》 50, 조선시대사학회.
김승심, 2010, 〈왕유(王維) 시에 표현된 성당기상(盛唐氣象)〉, 《중국문화연구》 17, 중국문화연구학회.
김영민, 2013, 〈조선중화주의의 재검토-이론적 접근〉, 《한국사연구》 162, 한국사연구회.
김윤제, 2006, 〈규장각 소장 《통문관지》의 간행과 판본〉, 《규장각》 29, 서울대학교 규장각한국학연구원.
김재호, 2013, 〈조선 후기 군사 재정의 수량적 기초〉, 《조선시대사학보》 66, 조선시대사학회.
김정자, 2003, 〈정조대 '화성 성역' 연구의 동향과 과제〉, 《경기 지역의 역사와 문화》 24, 한신대학교출판부.
김종수, 1990, 〈17세기 군역제의 추이와 개혁론〉, 《한국사론》 22, 서울대학교 국사학과.
김종수, 2002, 〈조선 초기 중앙군제의 정비와 사병제 개혁〉, 《조선의 정치와 사회》, 최승희교수정년기념논문집간행위원회.
김준혁, 2005, 〈정조대 장용영 설치의 정치적 추이〉, 《사학연구》 98, 한국사학회.
김준혁, 2006, 〈정조대 군제 개혁론과 수총양영 통합 정책〉, 《중앙사론》 23, 중앙대학교 중앙사학연구소.
김준혁, 2011, 〈정조의 훈련대장 구선복 제거와 장용대장 임명〉, 《역사와 실학》 44, 역사실학회.
김준혁, 2017, 〈정조의 창덕궁 내원(內苑) 군신동행과 연회 정치〉, 《한국동양정치사상사연구》 16-2, 한국동양정치사상사학회.
김지영, 2013, 〈정조대 사도세자 추숭 전례(典禮) 논쟁의 재검토〉, 《한국사연구》 163, 한국사연구회.

김지영, 2016, 〈조선 후기 관왕묘 향유의 두 양상〉, 《규장각》 49, 서울대학교 규장각한국학연구원.

김창수, 2019, 〈이계 홍양호의 화이관과 청 인식의 두 층위〉, 《사림》 69, 수선사학회.

김창수, 2019, 〈건륭 연간 외교 공간의 확장과 조선 사신의 교류-조선·청 지식 교류의 기반에 관하여〉, 《한국학논총》 51, 국민대학교 한국학연구소.

김호, 2007, 〈정조의 속학 비판과 정학론〉, 《한국사연구》 139, 한국사연구회.

김홍백, 2014, 〈병서를 읽는 두 가지 방법-조선 중후기 병서 비평 자료를 중심으로〉, 《한국한문학연구》 54, 한국한문학회.

노대환, 2003, 〈숙종·영조대 대명의리론(對明義理論)의 정치·사회적 기능〉, 《한국문화》 32, 서울대학교 규장각한국학연구원.

노대환, 2018, 〈18~19세기 조선의 대청 외교〉, 《한국의 대외 관계와 외교사-조선 편》, 동북아역사재단 한국외교사편찬위원회 편, 동북아역사재단.

노영구, 1997, 〈선조대 《기효신서》의 보급과 진법 논의〉, 《군사》 34, 국방부 군사편찬연구소.

노영구, 1998, 〈조선 증간본 《기효신서》의 체제와 내용--현종 5년 재간행 《기효신서》의 병학사적 의미를 중심으로〉, 《군사》 36, 국방부 군사편찬연구소.

노영구, 1999, 〈조선 후기 성제 변화와 화성의 성곽사적 의미〉, 《진단학보》 88, 진단학회.

노영구, 2000, 〈병서〉, 《정조대의 예술과 과학》, 문헌과해석사.

노영구, 2000, 〈정조대 병서 간행의 배경과 추이〉, 《장서각》 3, 한국학중앙연구원.

노영구, 2004, 〈역사 속의 이순신 인식〉, 《역사비평》 69, 역사비평사.

노영구, 2007, 〈조선 후기 성제 변화와 다산 정약용의 축성 기술론〉, 《다산학》 10, 다산학술문화재단.

노영구, 2007, 〈'군사혁명론(Military Revolution)'과 17~18세기 조선의 군사적 변화〉, 《서양사연구》 36, 한국서양사연구회.

노영구, 2009, 〈이순신의 리더십에 나타난 소통의 능력〉, 《역사비평》 89, 역사비평사.

노영구, 2015, 〈중앙 군영과 지방군을 통해 본 조선 후기 국방 체제의 변화 양상〉, 《장서각》 33, 한국학중앙연구원.

노영구, 2017, 〈조선시대 《무경칠서(武經七書)》의 간행과 활용의 양상-《무경칠서직해(武經七書直解)》의 도입, 간행을 중심으로〉, 《조선시대사학보》 80, 조선시대사학회.

도쿠라 히데미(戸倉英美), 2003, 〈문(文)〉, 《중국사상문화사전》, 민족문화문고.

민두기, 1985, 〈중국에서의 역사의식의 전개〉, 《중국의 역사 인식》 상권, 창작과비평사.

박건주, 2008, 〈중국 고대 문무사(文武史) 서설〉, 《동양사학연구》 105, 동양사학회.

박경남, 2013, 〈청과 조선의 어제집(御製集) 편찬과 성조·정조의 《대학》 논의〉, 《민족문화연구》 61, 고려대학교 민족문화연구원.

박성순, 2008, 〈정조의 경장책과 왕권강화론-문무겸전론과 실학적 경세관을 중심으로〉, 《동양고전연구》 31, 동양고전학회.
박재광, 1995, 〈임진왜란기 화약 병기의 도입과 전술의 변화〉, 《학예지》 4, 육군사관학교 육군박물관.
배우성, 1991, 〈정조 연간 무반 군영 대장과 군영 정책〉, 《한국사론》 24, 서울대학교 국사학과.
배우성, 2001, 〈정조의 군사 정책과 《무예도보통지》 편찬의 배경〉, 《진단학보》 91, 진단학회.
배우성, 2004, 〈정조의 유수부 경영과 화성 인식〉, 《한국사연구》 127, 한국사연구회.
백민정, 2010, 〈정조의 사대부 인식과 정치철학적 입장 연구〉, 《한국실학연구》 20, 한국실학학회.
백민정, 2020, 〈정조의 경학 이해와 정치의 문제〉, 《한국문화》 89, 서울대학교 규장각한국학연구원.
백승호, 2009, 〈새로 발굴한 정조어찰첩의 내용 개관〉, 《대동문화연구》 66, 성균관대학교 대동문화연구원.
소순규, 2012, 〈조선 초 대열의(大閱儀) 의례 구조와 정치적 의미〉 《사총》 75, 고려대학교 역사연구소.
소진형, 2009, 〈정조의 명덕(明德) 해석과 왕권 강화 논리〉, 《한국사회과학》 31, 서울대학교 사회과학연구원.
손성욱, 2018, 〈청 조공국 사신 의례의 형성과 변화〉, 《동양사학연구》 143, 동양사학회.
송영배, 1999, 〈제자백가의 다양한 전쟁론과 그 철학적 문제의식 (Ⅱ)〉, 《동양학》 29, 단국대학교 동양학연구소.
송웅섭, 2017, 〈조선시대 관직의 꽃, '청요직' 이야기〉, 《역사학자들이 본 역사 속 행정 이야기》, 한국행정연구원 편, 혜안.
송일훈·진윤수·안진규, 2007, 〈《조선왕조실록》에 보이는 정조대왕의 〈궁술(弓術)〉 〈무(武)〉의 신체지(身體知)〉, 《한국사회체육학회지》 30, 한국사회체육학회.
송찬섭, 1999, 〈정조대 장용영곡의 설치와 운영〉, 《한국문화》 24, 서울대학교 규장각한국학연구원.
송현이, 2018, 〈정조대 연사례(燕射禮) 연구〉, 《국악원논문집》 38, 국립국악원.
신병주, 2002, 〈영조대 대사례의 실시와 《대사례의궤》〉, 《한국학보》 106, 일지사.
심승구, 2002, 〈조선 후기 무과의 운영 실태와 기능-만과(萬科)를 중심으로〉, 《조선시대사학보》 23, 조선시대사학회.
심승구, 2007, 〈조선시대 사냥의 추이와 특성-강무(講武)와 착호(捉虎)를 중심으로〉, 《역사민속학》 24, 한국역사민속학회.
심승구, 2009, 〈조선시대 대사례의 설행과 정치·사회적 의미-1743년(영조 19) 대사례를 중심으로〉, 《한국학논총》 32, 국민대학교 한국학연구소.
안대회, 2019, 〈정조대 군신의 비밀편지 교환과 기밀의 정치 운영〉, 《정신문화연구》 154, 한국학중앙연구원.
염정섭, 1996, 〈정조 후반 수리 시설 축조와 둔전 경영-화성 성역을 중심으로〉, 《한국학보》 82, 일지사.
오수창, 1991, 〈세도정치를 다시 본다〉, 《역사비평》 12, 역사비평사.
오종록, 2003, 〈조선 군사력의 실태〉, 《조선 중기 정치와 정책-인조~현종 시기》, 아카넷.
와타나베 히로시(渡邊浩), 이경미 역, 2016, 〈화이(華夷)와 무위(武威)-평화 지속의 어려움에 대하여〉, 《개념과 소통》 17, 한림대학교 한림과학원.
우경섭, 2012, 〈조선중화주의에 대한 학설사적 검토〉, 《한국사연구》 159, 한국사연구회.
우경섭, 2018, 〈병자호란 이후 조선의 대청 외교, 1637~1700〉, 《한국의 대외 관계와 외교사-조선편》, 동북아역사재단 한국외교사편찬위원회 편, 동북아역사재단.
유봉학, 1988, 〈18 · 19세기 대명의리론(大明義理論)과 대청 의식의 추이〉, 《한신논문집》 5, 한신대학교.
유봉학, 1996, 〈정조대 정국 동향과 화성 성역의 추이〉, 《규장각》 19, 서울대학교 규장각한국학연구원.
유승주, 1979, 〈17세기 사무역에 관한 일고찰-조·청·일 간의 염초·유황 무역을 중심으로〉, 《홍대논총》 10, 홍익대학교.
유진 Y. 박(Eugine Y. Park), 2010, 〈조선 후기의 무과 제도와 한국의 근대성〉, 《한국문화》 51, 서울대학교 규장각한국학연구원.
윤무학, 2013, 〈조선 후기의 병서 편찬과 병학 사상〉, 《한국철학논집》 36, 한국철학사연구회.
윤용출, 2018, 〈조선 후기 번벽축성(燔甓築城) 논의와 기술 도입〉, 《한국민족문화》 67, 부산대학교 한국민족문화연구소.
윤유숙, 2018, 〈조선 후기 조일 외교〉, 《한국의 대외 관계와 외교사-조선편》, 동북아역사재단 한국외교사편찬위원회 편, 동북아역사재단.
윤정, 2014, 〈숙종대 《충무공가승(忠武公家乘)》 편찬의 경위와 정치적 함의-《이충무공전서》의 원전에 대한 검토〉, 《역사와 실학》 55, 역사실학회.
윤정, 2015, 〈17세기 이순신 사적 정비와 선조대 역사의 재인식〉, 《진단학보》 125, 진단학회.
윤훈표, 2014, 〈조선 전기 병서의 강의와 무학 교육〉, 《역사문화연구》 49, 한국외국어대학교 역사문화연구소.
이겸주, 1977, 〈속오군의 성립과 군제 개편의 방향〉, 《한국군제사-근세 조선 후기편》, 육군사관학교 한국군사연구실 편, 육군본부.
이경구, 2017, 〈정조와 세도정치 이해를 위한 세 가지 고려〉, 《내일을 여는 역사》 68, 내일을 여는 역사.
이민웅, 2006, 〈영·정조시대 수군 체제의 재정비〉, 《한국군사사 8권-조선 후기 Ⅱ》, 육군군사연구소 기획·주간, 육군본부.

이민웅, 2008, 〈충무공 이순신의 성장 배경과 문무겸전〉, 《이순신연구논총》 10, 순천향대학교 이순신연구소.

이방섭, 2010, 〈정조의 장용영 운영과 정치적 구상〉, 《조선시대사학보》 53, 조선시대사학회.

이범학, 1989, 〈왕안석의 대외경략책과 신법〉, 《역사와 인간의 대응-중국사편》, 고병익선생회갑기념 사학논총간행위원회.

이병주, 1977, 〈19세기 후반의 정정(政情)과 군비(軍備)-개화기 군제 강화의 배경〉, 《한국군제사-근세 조선 후기편》, 육군사관학교 한국군사연구실 편, 육군본부.

이와카타 히사히코(岩方久彦), 2015, 〈정조대 대마도 역지통신 교섭과 '에도 통신(江戶通信)' 연구〉, 《한일관계사연구》 52, 한일관계사학회.

이왕무, 2012, 〈화성 축조와 장용영 창설〉, 《한국군사사 7권-조선 후기 I》, 육군군사연구소 기획·주간, 육군본부.

이욱, 2006, 〈조선 후기 전쟁의 기억과 대보단 제향〉, 《종교연구》 42, 한국종교학회.

이은영, 2011, 〈조선시대 표전(表箋) 연구(1)-보국(保國)과 화국(華國)의 역할을 중심으로〉, 《한국한문학연구》 48, 한국한문학회.

이태진, 1968, 〈군역의 변질과 납포제 실시〉, 《한국군제사-근세 조선 전기편》, 육군사관학교 한국군사연구실 편, 육군본부.

이태진, 1977, 〈중앙 오군영제의 성립 과정〉, 《한국군제사-근세 조선 후기편》, 육군사관학교 한국군사연구실 편, 육군본부.

이태진, 1977, 〈삼군문(三軍門) 도성 수비 체제의 확립과 그 변천〉, 《한국군제사-근세 조선 후기편》, 육군사관학교 한국군사연구실 편, 육군본부.

이태진, 1993, 〈정조-유교적 계몽절대군주〉, 《한국사시민강좌》 13, 일조각.

이태진, 1994, 〈조선 후기 대명의리론(對明義理論)의 변천〉, 《아시아문화》 10, 한림대학교 아시아문화연구소.

이태진, 1999, 〈18세기 한국사에서의 민의 사회적·정치적 위상〉, 《진단학보》 88, 진단학회.

이태진, 2011, 〈조선시대 '민본' 의식의 변천과 18세기 '민국' 이념의 대두〉, 《조선 후기 탕평정치의 재조명》 상, 태학사.

이태진, 2015, 〈정조대왕의 충무공 이순신 숭모〉 《충무공 이순신과 한국 해양》 2, 해군사관학교 해양연구소.

이헌창, 2008, 〈서애 류성룡의 경제 정책론〉, 《류성룡의 학술과 경륜》, 이성무 외 8인 공저, 태학사.

이헌창, 2009, 〈조선왕조의 경제 통합 체제와 그 변화에 대한 연구〉, 《조선시대사학보》 49, 조선시대사학회.

이현희, 2001, 〈《무예도보통지》와 그 언해본〉, 《진단학보》 91, 진단학회.

이훈, 2018, 〈국서(國書)의 형식과 전달로 본 '통신사외교'〉, 《한일관계사연구》 61, 한일관계사학회.
임민혁, 2004, 〈임진왜란 전후 국방 의식 변화와 국방 전략〉, 《군사사연구총서》 4, 국방부 군사편찬연구소.
임용한, 2012, 〈군역제의 동요〉, 《한국군사사 5권-조선 전기 I 》, 육군군사연구소 기획·주간, 육군본부.
장을연, 2017, 〈정조 활쏘기와 고풍〉, 《규장각》 51, 서울대학교 규장각한국학연구원.
정다함, 2015, 〈《용비어천가》에 나타난 역성혁명의 구체적 서사와 그 함의〉, 《조선시대사학보》 72, 조선시대사학회.
정동훈, 2012, 〈명대의 예제 질서에서 조선 국왕의 위상〉, 《역사와 현실》 84, 한국역사연구회.
정두희, 2007, 〈이순신에 대한 기억의 역사와 역사화-400년간 이어진 이순신 담론의 계보화〉, 《임진왜란 동아시아 삼국전쟁》, 휴머니스트.
정순우, 2015, 〈정조의 통치 이념에 깃든 순자적 사유〉, 《한국실학연구》 29, 한국실학학회.
정연식, 2001, 〈화성의 방어 시설과 총포〉, 《진단학보》 91, 진단학회.
정재민, 2015, 〈무인구관담의 전승 변이와 문인-무인의 관계〉, 《한일군사문화연구》 20, 한일군사문화학회.
정재민, 2016, 〈조선 후기 설화에 나타난 무인의 위상과 문무 관계〉, 《한일군사문화연구》 21, 한일군사문화학회.
정재훈, 2012, 〈18세기의 연행과 정조〉, 《동국사학》 53, 동국대학교 동국역사문화연구소.
정하정, 2015, 〈사도세자 추존을 위한 정조의 서술 전략-〈현륭원지(顯隆園誌)〉를 중심으로〉, 《대동한문학》 45, 대동한문학회.
정해은, 2001, 〈조선 후기 선천(宣薦)의 운영과 선천인의 서반직 진출 양상〉, 《역사와 현실》 39, 한국역사연구회.
정해은, 2007, 〈18세기 무예 보급에 대한 새로운 검토-《어영청중순등록(御營廳中旬謄錄)》을 중심으로〉, 《이순신연구논총》 9, 순천향대학교 이순신연구소.
정해은, 2007, 〈17세기 상천(常賤) 무과 급제자에 대한 차별과 사족의 권무(勸武)〉, 《조선시대사학보》 42, 조선시대사학회.
정해은, 2012, 〈조선시대 군사사상〉, 《한국군사사 12권-군사사상》, 육군군사연구소 기획·주간, 육군본부.
정해은, 2012, 〈국토 방어 전략〉, 《한국군사사 12권-군사사상》, 육군군사연구소 기획·주간, 육군본부.
정형우, 1970, 〈정조의 문예 부흥 정책〉, 《동방학지》 11, 연세대학교 동방학연구소.
제임스 루이스(James B. Lewis), 2009, 〈문명의 가격?-17~19세기 조선의 일본으로의 사절의 역할과 비용〉, 《대동문화연구》 68, 성균관대학교 대동문화연구원.
조성산, 2011, 〈실학 개념 논쟁과 그 귀결〉, 《한국사시민강좌》 48, 일조각.

차문섭, 1983, 〈조선 중기 왜란기의 군령·군사지휘권 연구-도체찰사·도원수를 중심으로〉, 《한국사학》 5, 한국학중앙연구원.
최성환, 2009, 〈정조대 초반의 탕평 의리와 충역론(忠逆論)〉, 《태동고전연구》 25, 한림대학교 태동고전연구소.
최성환, 2011, 〈'정조-심환지 어찰'과 조선 후기 정치사 연구의 전망〉, 《역사와 현실》 79, 한국역사연구회.
최성환, 2011, 〈정조의 의리탕평과 노론 벽파의 대응〉, 《정조의 비밀 어찰-정조가 그의 시대를 말하다》, 권두환 외 9인 공저, 푸른역사.
최영진, 2010, 〈조선시대 문/무에 대한 인식과 이론적 근거〉, 《유교사상연구》 41, 한국유교학회.
최종석, 2019, 〈고려 후기 배표례의 창출·존속과 몽골 임팩트〉, 《한국문화》 86, 서울대학교 규장각한국학연구원.
최진욱, 2007, 〈정약용의 민보방위론(民堡防衛論)의 성격〉, 《사학연구》 87, 한국사학회.
최형국, 2012, 〈정조의 문무겸전론과 병서 간행-인식과 의미를 중심으로〉, 《역사민속학》 39, 한국역사민속학회.
한명기, 2007, 〈병자호란 무렵 조선의 대일 정책과 인식〉, 《동북아역사논총》 17, 동북아역사재단.
한명기, 2018, 〈조선시대 대외 관계와 외교사 총론〉, 《한국의 대외 관계와 외교사-조선편》, 동북아역사재단 한국외교사편찬위원회 편, 동북아역사재단.
한문종, 2013, 〈조선 전기 한일 관계와 대마(對馬)〉, 《동북아역사논총》 41, 동북아역사재단.
허선도, 1969, 〈무예도보통지-정예병 양성의 신묘한 기련(技鍊)〉, 《한국의 명저》, 현암사.
허태구, 2014, 〈김성일 초유(招諭) 활동의 배경과 경상우도 의병 봉기의 함의〉, 《남명학연구》 40, 경상대학교 경남문화연구원 남명학연구소.
허태구, 2017, 〈효종 원년(1650) 용주(龍洲) 조경(趙絅)의 백마산성 유수(幽囚)〉, 《한국학연구》 47, 인하대학교 한국학연구소.
허태용, 2006, 〈'북학사상'을 연구하는 시각의 전개와 재검토〉, 《오늘의 동양사상》 14, 예문서원.
허태용, 2013, 〈정조의 계지술사 기념사업과 《국조보감》 편찬〉, 《한국사상사학》 43, 한국사상사학회.
홍선이, 2014, 〈세폐 · 방물을 통해 본 조청 관계의 특징-인조대 세폐·방물의 구성과 재정 부담을 중심으로〉, 《한국사학보》 55, 고려사학회.
홍성구, 2017, 〈청 질서의 성립과 조청 관계의 안정화-1644~1700〉, 《동양사학연구》 140, 동양사학회.
홍성덕, 1990, 〈조선 후기 대일 외교사절 문위행 연구〉, 《국사관논총》 93, 국사편찬위원회.
홍종필, 1977, 〈삼번란(三藩亂)을 전후한 현종·숙종 연간의 북벌론-특히 유림과 윤휴를 중심으로〉, 《사학연구》 27, 한국사학회.
홍형순, 2015, 〈정조의 궁원(宮苑) 유락(遊樂)〉, 《한국전통조경학회지》 33-4, 한국전통조경학회.

찾아보기

ㅈ

정조학 총서 2

정조의 무치

문무를 갖춘 완전한 나라를 꿈꾸다

1판 1쇄 발행일 2020년 11월 30일

지은이 허태구

발행인 김학원
발행처 (주)휴머니스트출판그룹
출판등록 제313-2007-000007호(2007년 1월 5일)
주소 (03991) 서울시 마포구 동교로23길 76(연남동)
전화 02-335-4422 **팩스** 02-334-3427
저자·독자 서비스 humanist@humanistbooks.com
홈페이지 www.humanistbooks.com
유튜브 youtube.com/user/humanistma **포스트** post.naver.com/hmcv
페이스북 facebook.com/hmcv2001 **인스타그램** @humanist_insta

편집주간 황서현 **편집** 최인영 강창훈 **디자인** 김태형
조판 이희수 com. **용지** 화인페이퍼 **인쇄** 청아디앤피 **제본** 경일제책사

ISBN 979-11-6080-510-9 94910
ISBN 979-11-6080-508-6 94910 (세트)